들뢰즈 입문

파인 홈을 비껴가기

이 책은 2025년 대한민국 교육부와 한국연구재단의 인문한국3.0(HK3.0) 지원사업의 지원을 받아 수행된 연구(NRF-2025-S1A6B5-A02003693)입니다.

들뢰즈 입문

파인 홈을 비껴가기

김재인 지음

필로소픽

차례

일러두기

- 들뢰즈 저작의 서지 사항은 268쪽에 모아서 정리하고, 인용 시에는 약자와 쪽수만 표기했다(예: AO 136). 나머지 서지 사항은 인용문과 함께 전체 서지 정보를 적었다.
- 본문에 인용된 들뢰즈의 저작은 모두 지은이가 직접 번역한 것이다.
- 인용문에 '〔 〕'로 표시한 내용은 독자의 이해를 돕기 위해 지은이(인용자)가 덧붙인 것이다.

♦ 들어가는 글 ♦

비로소 '들뢰즈의 세기'가 왔다

2025년은 질 들뢰즈(1925.1.18~1995.11.4)의 탄생 100주년 및 사망 30주년이 되는 해다. 들뢰즈가 인류에게 남긴 철학적 선물은 그 층과 깊이가 남다르다. 서양 철학사의 여러 장면에 대한 새로운 해석과 발굴, 대중의 욕망과 격정을 분석해 혁명과 파시즘 문제를 파헤친 '자본주의와 분열증' 정치철학, 감각의 창조라는 관점에서 본 미학과 예술철학, 존재와 사회 그리고 인간을 기계로 이해한 비인간주의 존재론과 기술철학, 왕립 과학에 맞선 유목 과학이라는 과학철학의 새 길, 영화를 매개로 한 이미지와 뇌에 대한 새로운 해석 등 그 주제가 다채롭기 그지없다. 심지어 1995년 저서에서는 인공지능과 뇌의 작동 방식 차이를 다루며, 인공지능의 원리상 한계를 지적하기까지 했으니, 명실상부 다방면에 걸쳐 현재성이 있는 철학자라고 할 수 있겠다. 최근 유행하는 행위자 네트워크 이론, 존재론적 전회, 신유물론 등은 들뢰즈의 철학에 수원지를 두고 있지만, 개인적으로 평가하기에 여기서 더 진전하지 못하고 있다.

미셸 푸코는 1970년에 들뢰즈의 『차이와 반복』 및 『의미의 논리』에 대한 서평을 「철학 극장」이라는 제목으로 발표한다. 그 글에서 푸코는 "아마도 언젠가 세기는 들뢰즈의 것이 되리라Un jour, peut-être, le siècle sera deleuzien"라는 유명한 구절을 남겼다. 그가 말한 '들뢰즈의 세기'는 언제를 가리키는 걸까? 원문은 단순미래 시제로 표현되었기 때문에, 20세기를 가리킬 수도 있고 21세기를 가리킬 수도 있다. 아마도 푸코가 염두에 둔 것은 20세기였겠지만, 들뢰즈의 철학은 21세기에 더 적실하다. 그가 던진 주제들은 오늘날 더 현재적으로 다가오기 때문이다. 2023년 한국에서 열린 한 국제학술대회에서 일본 철학자 히로세 준廣瀨 純은 '들뢰즈-과타리의 세기가 왔다'는 주제로 강의를 했는데,* 사회자로서 그리고 동료 연구자로서 그의 선언에 동감할 수밖에 없었다. 동시에 이 선언의 의미를 대중에게 알려야겠다는 의무감도 살짝 발동했다.

이 책은 들뢰즈의 철학 전반에 대한 입문 그 이상도 이하도 아니다. 독자들이 이 책을 읽고 나서 들뢰즈에 대해 '뭔가 잡히는' 것이 있기를 바랄 뿐이다. 그렇다고 해서 지금까지 들뢰즈를 '잡게' 해줄 입문서가 없었다는 말은 아니다. 문제는 디테일이다. 들뢰즈 철학의 짜임은 하도 어수선해서 개념 하나를 잡아 뽑으려 하면 감자처럼 다른 개념들이 줄줄 이어지는 모양새를 하고 있다. 이른바 '리좀' 형태다. 들뢰즈의 글을 따라가다 보면 한 개념의 윤곽이 완전히 한정되지 않은 채 어느새 다른 개념으로 이행해 있다. 물론 철학의 개념이라는 것에 대체로 그런 성격이 있긴 하다. 철학자 중에 체계 전체에 비추어 이해하지 않아도 되는 개념을 사용한 사람이 있던가. 하지만 들뢰즈는 좀 심하다. 아니, 서양철학의 역사에서 가장 심하다. 이런 연유로 들뢰즈 철학의 입문서는 많은 경우 디테일에만 머물기 쉽다. 말하자면 나무는 좀 보이는데 숲은 보이지 않는 식이다. 이는 학자들의 연구 역량 탓만은 아니다. 들뢰즈가 죽은 지 겨우 삼십 년이 지났을 뿐이며, 그의 방대한

* The 2023 ICCTP Conference, "Theorizing Global Authoritarianism: To Reclaim Critical Theory Against the Grain". https://youtu.be/XE_PVn_9XcA

작업이 아직 다 공간公刊된 것도 아니다. 시간이 지나면 학자들은 나무와 숲을 함께 보여 줄 수 있을 것이다. 나도 개인적으로 박사학위논문과 소논문들을 통해 들뢰즈의 디테일을 소개해 왔다. 그러면서 『베르그손주의』, 『안티 오이디푸스』, 『천 개의 고원』을 한국어로 번역했고, 여러 해에 걸쳐 『니체와 철학』, 『안티 오이디푸스』, 『감각의 논리』를 강독하며 강의했다. 그러나 이들 역시 여전히 디테일에 머물러 있다. 수없이 많은 디테일을 정확히 잡아내는 것도 보통 작업이 아닌 탓이다.

들뢰즈는 한국에서 한동안 꽤 많이 언급되었다고 한다. 하지만 정작 철학계 내부에서는 그다지 많이 논의되지 않았기에, 이쪽 업계에서는 소문으로만 그렇다고 안다. 요즈음은 예전만 못하다는 소식도 전해 듣는다. 한국에서 들뢰즈를 둘러싸고 대체 무슨 일이 벌어졌던 걸까? 연구자, 글쟁이, 예술가, 실천가, 평론가, 시민, 학생 들에게 들뢰즈는 무엇일까? 스피노자의 표현을 빌려서 말하자면 들뢰즈는 "드물뿐만 아니라 어려운" 그 무엇인 것 같다. 가끔 들뢰즈에 대한 강의 청탁이 들어온다. 대개는 '좀 쉽게'라는 단서가 붙는데 참 까다로운 요청이다. 강의는 보통 두세 시간 진행되거나 가끔은 두 시간씩 몇 회에 걸쳐 진행되기도 하지만, 본론에 들어가다 말았다는 느낌을 주지 않으면 다행이고, 그간 잘못 알고 있던 내용을 교정하는 일도 쉽지 않다. 한국에서 들뢰즈는 여전히 '어렵다'고 인식된다. 바꿔 말하면 들뢰즈는 아직도 손에 잡히지 않는다.

솔직히 말하면 프랑스어라는 장벽만 해도 꽤 높다. 그나마 쉽게 접할 수 있는 한국어나 영어 번역도 상태가 좋다고 말하기 어렵다. 내게도 일부 책임이 있지만, 개념의 번역어 선택도 제각각이다. 하지만 이런 문제는 본질적이지 않다. 단순히 언어가 문제라면 프랑스 학자들 또는 프랑스어에 능한 학자들이 겪는 어려움이 설명되지 않는다. 그보다는 차라리, 들뢰즈가 서양 철학사 전체를 상대한다는 데에서 오는 어려움이 큰 것 같다(문학, 영화, 회화, 음악, 기술, 수학, 과학 등은 별도로 하더라도). 일본 철학자 고쿠분 고이치로國分 功一郎의 표현을 빌려 말하자면, 들뢰즈는 '자유간접화법'으로 서양 철학사를 서술한다. '직접화법'이란 자기 목소리로 말하는 방식이고 '간접화법'이란 남의 말을 인용부호를 써 가며 말하는 방식이다. 이에 반해 '자유간접화법'은 인용부호 없이 자기 목소리와 남의 목소리를 수시로 오가면서 결국 자기 말을 하는 방식이다. 이 경우에 어느 것이 들뢰즈가 다루는 철학자의 생각이고 어느 것이 들뢰즈 자신의 생각인지 구별할 수 없다. 하지만 결국 모든 것은 들뢰즈의 해석을 거친 생각이다. 그렇기에 서양 철학사 전체에 대한 안목 없이는 들뢰즈 철학의 요점과 얼개를 알기 어렵다. 이런 사정 때문에 들뢰즈는 계속 어려운 채로 남아 있는 것이다. 한국에서든 다른 나라에서든.

그렇다면 이런 종류의 책을 쓰겠다는 시도는 무모하거나 오만한 일이 아닐까? 이 책의 목표는 들뢰즈를 한국어로 번역하고 이해하는 과정에서 나타날 수 있는 시행착오를 줄이는 것이다. 나 역시 들뢰즈를 잘못 해석했을 수는 있지만, 그래도 35년 넘게 들뢰즈의 디테일을 따라가며 읽고 생각했으니 완전히 그럴 수는 없을 것이다. 더욱이 최근 몇 해 동안, 들뢰즈 관련 국제 학술대회에 참가해서 발표와 토론을 하면서, 나의 연구가 학계에 기여하고 있음을 확인하기도 했다. 내가 파악한 들뢰즈가 전 세계 학자들의 동감을 샀던 것이다. 오랜 연구자로서 특히 들뢰즈 탄생 100주년, 사망 30주년을 맞아 교양 독자 수준의 해설서를 낼 수 있게 되어 기쁘게 생각한다.

이 책의 초판은 『혁명의 거리에서 들뢰즈를 읽자』로, 2016년 느티

나무책방에서 출간되었지만 2쇄를 끝으로 절판 상태가 꽤 지속되었다. 그러나 이 책을 찾는 독자들은 최근까지도 꾸준히 있었던 바, 이번 기회에 기존의 책을 다듬고 보완해서 새로 출간하기로 결정했다.

세 차례 강의가 이 책 초판의 뼈대를 이룬다. 2015년 12월 5일 '대안연구공동체'에서 행한 '키워드로 읽는 현대 철학—들뢰즈', 2016년 1월 31일 '다중지성의 정원'에서 행한 '들뢰즈와 우리 시대—좌파는 들뢰즈를 왜 꺼리는가?', 2016년 3월 2일 이랑도서관 '철학 서성이다'에서 행한 '차이의 철학, 질 들뢰즈를 만나다'가 그것이다. 예상했던 것보다 들뢰즈에 대해 뭔가 좀 알게 되었다는 반응들이 많았다. 이에 자신감을 얻어 강의 내용을 책으로 소개하기로 결정했다. 강의 형식을 살린 구어체와 책에 적합한 문어체 사이에서 원래 분위기를 최대한 살리자는 의견이 많아서 전체 체제는 구어체로 했다. 아무래도 강의 형식이기 때문에 말하는 중에 프랑스어보다 영어를 많이 사용했는데, 이 경우 적절하게 번역하고 괄호에 표기하거나 가끔은 영어 발음을 그대로 두었다. 한편, 들뢰즈 원문 인용, 논문으로 이미 발표한 내용, 주요 개념에 대한 설명, 그밖에 필요한 사항 등은 강의 흐름을 끊지 않기 위해 본문에 별도로 삽입하여 처리했다. 따로 진행한 강의를 모은 것이다 보니 중복되는 부분도 조금은 있으나, 흐름상 필요한 대목은 최소한으로 삭제하여 살려 두었고, 내용을 적절히 재구성했다. 모든 입문이 그렇듯 어느 정도의 단순화와 생략은 불가피했으며, 과감한 해석의 시도도 적지 않다.

새 판본에는 초판 출간 후에 있었던 많은 강의의 질의응답 중에서 의미 있는 내용을 추려 수록했다. 초판에 없던 4부의 내용이 그것이다. 초판의 부록에 수록된 내용을 과감하게 삭제하고, 새로 원고지 300매가 넘는 분량을 추가했다. 또한 들뢰즈와 과타리의 주요 개념을 찾아볼 수 있도록 '주요 개념 찾아보기' 꼭지를 추가해, 한 개념이 본문에서 집중적으로 설명되는 대목을 연결했다. 이렇게 함으로써 들뢰즈에 처음 입문하는 독자뿐 아니라 중급 이상의 독자에게도 개념 나침반을 제공하려 했다.

이 책의 일차적인 독자로는 철학 입문을 어느 정도 마친, 하지만 좀처럼 현대 철학의 지도가 잘 그려지지 않는 이들을 염두에 두었다. 그런 점에서 초보자가 읽기엔 여전히 어렵다는 생각이 들 수도 있다. 하지만 뭔지 모를 들뢰즈의 매력을 한 번이라도 느껴 본 사람이라면 큰 그림을 그리는 데 도움을 얻을 수 있으리라 기대한다. 이 책에 이어 훨씬 전문적인 두 권의 책을 출간할 생각이다. 하나는 박사학위논문을 읽기 좋게 수정한 책이고, 다른 하나는 그동안 출간했던 논문들을 모아 정리한 책이다.

초판 편집을 담당해 준 장은수 형, 김수진 님, 그리고 장은성 대표께 감사드리며, 개정증보판을 기꺼이 출판해 주신 필로소픽 출판사에도 감사드린다.

첫 번째 강의

들뢰즈 철학의 전반적인 개요와 특징

들뢰즈의 독창성은 어디에 있으며, 그의 철학은 실천적 대안이 될 수 있을까?

강의의 시작에 어떤 질문이 어울릴까 했을 때, 이 질문이 눈에 띄었습니다. 이른바 '포스트모더니즘' 계열의 다른 학자와 구별되는 들뢰즈 철학의 독창성은 어디에 있을까? 한마디로 말해서 현대 사상가들, 특히 '포스트post'가 붙어 있는 많은 사상들 중에 들뢰즈만이 갖고 있는 독창성이 무엇인가 하는 물음입니다. 이와 연관해서 '들뢰즈가 포스트구조주의 이후의 실천적 대안으로 기능할 수 있는가?' 하는 질문을 던질 수도 있겠죠. 포스트라는 말이 붙은 여러 사상적 흐름이 있다고 했을 때, 그 이후라고 해야 할지 모르겠으나, 어쨌든 일군의 현대 철학자 중에서 들뢰즈가 실천적 대안을 제공할 수 있을까, 하는 질문으로 이 부분을 정리할 수 있습니다. 들뢰즈의 독창성은 무엇인지, 그리고 들뢰즈가 과연 실천적 대안이 될 수 있는지로 일단 나누어서 답변을 드리고 싶습니다.

들뢰즈는 1925년에 태어났고, 1995년에 사망했습니다. 1925년의 유럽을, 파리를 먼저 떠올려 봐야 합니다. 들뢰즈가 스무 살이 됐을 때가 1945년이지요. 열네 살인 1939년에 제2차 세계대전이 발발했고,

만으로 열아홉 살 되던 1944년에 종전을 맞이했습니다. 그러니까 중고등학교 청소년기를 전쟁의 와중에 보냈다고 할 수 있습니다. 제1차 세계대전이 끝난 게 1919년이니까, 태어난 시기도 전쟁의 폐허와 관련이 있지요. 2차 대전 때는 독일에 점령당해서 피란을 가야만 했고, 2차 대전이 끝나고 나서도 경제적으로 굉장히 어려웠죠. 이것이 그 무렵에 태어나서 전쟁 끝나고 활동을 시작한 일부 작가, 사상가, 예술가들이 처했던 시대적 배경이었습니다.

들뢰즈뿐 아니라 그와 비슷한 시기에 태어난 많은 사상가, 가령 푸코, 료타르, 데리다 등 일군의 철학자들을 이해하려고 할 때 가장 먼저 떠올려야 할 단어가 바로 '전쟁'이라고 생각합니다. 이들은 유년기부터 청년기에 이르는 일련의 시간을 '전쟁' 속에서 보냈습니다. 따라서 이들의 사상을 하나의 화두로 과감하게 정리한다면 '전쟁 속의 사상'이라고 해도 좋을 정도입니다. 특히 프랑스가 그렇습니다. 독일은 조금 다르죠. 패전국인 데다가 전범도 많았고 양심의 가책도 컸습니다. 그래서 전쟁에 대한 성찰을 상대적으로 늦게, 수적으로도 적은 사람들이 시도했습니다. 하지만 프랑스는 그렇지 않았습니다. 프랑스인들은 전쟁 중 나치랑 싸우는 레지스탕스 운동에 뛰어드는 등 지하에서 치열하게 현실에 참여했습니다. 아니, 할 수밖에 없었습니다. 이를 프랑스어로 '앙가주망engagement'이라고 합니다. 사르트르, 메를로퐁티, 카바이에스, 카뮈 등 지식인들의 활동도 활발했습니다. 사상이 생각에만 그친 것이 아니라, 어찌 보면 문무를 겸비한 투쟁으로 발전했던 겁니다. 전쟁이라는 상황과 맞물리면서 상대적으로 굉장히 일찍 움직일 수밖에 없었다고 할 수도 있습니다. 그리고 들뢰즈는 바로 그 후배 세대, 새로운 철학자 세대라고 할 수 있죠(이 부분에 대해서는 나중에 더 자세히 언급하겠습니다).

전쟁 속에서 이들이 어떤 일을 겪었을까요? 기존의 유럽 문명(물질 문명만 가리키는 건 아니고, 정신문명도 마찬가지입니다)을 떠받치던 토대가 처참히 무너진 걸 깨달았습니다. 그저 발견한 정도가 아니라 온몸으로 확인했죠. 그래서 기존 사상으로는 안 되겠다는 절망감 또는 허무감이 굉장히 강했습니다. 따라서 어떻게 해서든지 이를 사상적으로 극복하려는 전면적인 시도를 할 수밖에 없었습니다. 물론 '해방Liberation'의 환희도 있었습니다. 전쟁이 끝난 1944년부터 프랑스 철학이 추구했던 것은 기존의 낡은 사상과 맞서 싸우고, 이를 완전히 새로운 지평에서 건설하려는 시도였다고 할 수 있습니다.

1944년에 들뢰즈는 소르본 대학교에 입학합니다. 역사상 초유의, 세계사적 사건의 와중에 대학을 다녔던 거죠. 그리고 사상적으로 성숙할 시기인 마흔세 살에는 68년 5월 사건이 있었습니다. 그해에 들뢰즈는 국가 박사학위논문 심사에 통과합니다. 어찌 보면 청소년기 이후 대략 스무 해 넘는 기간 동안, 한편으로는 전쟁의 폐허를 겪고 다른 한편으로는 해방 및 68혁명을 겪으면서 그 체험을 바탕으로 자기 사상을 정리해 내기도 하고, 또 대안이 될 만한 사상을 제출하기도 하고, 이런 식으로 활동했던 거죠.

들뢰즈 세대에게는 전쟁이라는 화두, 그다음 해방과 혁명이라는 화두가 앞뒤로 있었습니다. 전쟁은 절망적인 경험이었습니다. 그런데 그 경험은 단지 기존 질서에 대한 파괴로 그치지 않고, 나치즘에서 볼 수 있듯이, 사람들이 파시즘을 자발적으로 원한다는 일종의 변태적 욕망도 동시에 드러냈습니다. 그런데 해방과 68혁명에서는 똑같은 사람들이 혁명을 욕망하기도 하고 해방을 욕망하기도 하고 저항하기도 한다는 또 다른 사실이 드러났습니다. 이 이율배반적인 두 측면, 모순된 사건 전체를 해명하는 일이 그 당시 젊은 프랑스 철학자들에게, 문학이나 영화나 음악이나 그림을 하는 예술가들 전반에게 과제로 주어졌죠. 이런 사정이 반드시 프랑스에만 해당하는 건 아니었지만, 프랑스는 승전국이기도 했고 선구자 격인 이들이 있었기 때문에 앞장서서 그런 활동을 개진해 갈 수 있었습니다.

이런 상황에서 들뢰즈는 프랑스에서 나타난 그 다양한 흐름 중 어디에 속해 있었을까요? 이때 꼭 염두에 두어야 할 사실이 있습니다. 프랑스 철학에 입문할 때 흔히 시대를 십 년 정도씩 나눠서 현상학과 실존주의 시대가 있고, 구조주의 시대가 있고, 뒤이어 탈구조주의가 온다는 식으로 끊어서 이야기하는 게 익숙한데, 실제로는 말이 안 됩니다. 십 년 전에 중요했던 어떤 사상가가 십 년 지났다고 용도 폐기되거나 작업을 멈추거나 하지는 않죠. 그런 건 언론 등에서 좋아하는 트렌드 구분에 지나지 않는다고 할 수 있습니다. 실존주의, 구조주의, 탈구조주의 같은 분류를 지우고 생각해 보면, 사상가들은 그런 흐름과 상관없이 각자 나름의 궤적을 그려 간다고 할 수 있습니다. 가령, 사르트르의 후기 걸작 중 하나인 『변증법적 이성비판』은 구조주의가 한창이던 1960년에 출간됐습니다. 레비스토로스를 유명하게 만든 『슬픈 열대』는 실존주의가 팽배하던 1955년에 출간됐습니다. 들뢰즈가 과타리와 함께 쓴 『천 개의 고원』은 이미 탈구조주의라고 부르는 경향도 내려앉아서 신자유주의가 득세하던 1980년에야 출간됐습니다. 데리다의 정치철학을 담은 『마르크스의 유령들』은 1993년에, 『법의 힘』은 1994년에 출간되었죠. 이런 것을 볼 때, 사상을 이야기할 때에는 십 년 단위로 잘라서 이해하는 방식이 완전히 부당합니다. 그 대안이 되는 접근법은 각 사상가들의 개별적인 흐름을 따라가면서 이해하는 겁니다. 이런 관점에서 들뢰즈의 위치 또는 독창성, 그가 다른 사상가들과 구별되는 지점을 말씀드리겠습니다. 한마디로 들뢰즈의 계보를 찾아보자는 겁니다.

당시 파리 학계에는 크게 두 가지 흐름이 있었습니다. 한쪽으로는 3H라고 흔히들 부르는, 헤겔, 후설, 하이데거가 있었죠. 달리 말하면, '관념론idealism'적 흐름이라고 할 수 있습니다. 여기에는 1960년대를 풍미한 정신분석이 첨가될 수 있습니다. 전쟁 전후로 해서 관념론적 흐름이 파리 대학가를 풍미했고, 그 현대판이 정신분석이었던 거죠. 정신분석은 전후 사상의 흐름에서 중요한 역할을 할 수밖에 없었습니다. 그 까닭은 의식철학 또는 주체철학의 한계와 관련됩니다. 행동의 주체, 인식의 주체, 즉 인간을 행동과 인식의 중심으로 놓았던 사고방식, 이걸 의식철학 또는 주체철학이라고 부를 수 있는데, 데카르트에서 시작한 근대 철학 상당수가 여기에 토대를 두었습니다. 그 한 버전이 칸트이고, 또 한 버전이 헤겔이며, 좀 더 최신 버전이 현상학입니다. 하이데거는 현상학의 갈래 중 하나였고, 이 현상학이 레비나스를 거쳐 프랑스로 건너와서 사르트르, 보부아르의 실존주의와 메를로퐁티로 이어졌습니다. 요컨대 데카르트에서 시작된 의식철학 또는 주체철학이 칸트와 헤겔을 거쳐 현상학에 이르렀고, 현상학이 하이데거라는 지류와 함께 유통되었습니다. 그런데 세상을 풍미한 이러한 의식철학이 전쟁이라는 상황에서 파국을 맞이합니다. 따라서 젊은 사상가들에게는 대안이 필요해진 거죠. 사람들을 움직이는 힘으로, 의식 말고 다른 힘에 관심을 품었던 겁니다. 그리고 그 관심이 바로 '무의식'이라는 용어로 정립됐습니다. 이런 연유로 무의식에 대한 탐구의 최전선에 있다고 자임하는 정신분석이 전쟁 후 프랑스 지성계를 지배할 수밖에 없었습니다. 아시다시피 그 대표 주자는 라캉이었습니다.

그런데 프랑스에는 지적 전통의 또 다른 축이 있었습니다. 의외로 많이 주목되지 않지만, 실증주의 또는 과학철학 전통입니다. 19세기

콩트에서 시작한 이 전통에는 여러 계승자가 있지만, 특히 19세기에서 20세기로 넘어오는 시점에 앙리 베르그손이 있었습니다. 그리고 이 전통을 가스통 바슐라르, 조르주 캉길렘이 이어받아 프랑스 과학철학이 진행되고 있었습니다. 프랑스 과학철학은 영미권의 과학철학과는 다릅니다. 프랑스 과학철학의 중심엔 실증주의가 있습니다. 실증주의란, 한마디로 말하자면, 자연과학적 탐구 결과를 적극적으로 수용하는 태도라고 할 수 있습니다. 가령 얼마 전 중력파가 발견되었죠? 중력파의 존재를 실험이나 관측을 통해 입증했고, 또 반복해서 확인할 수 있다면, 그 지식을 최대한 존중하자는 태도입니다. 프랑스에는 자연과학적 지식의 위상을 상당히 높게 인정하고 존중하는 전통이 의식철학의 다른 편에 있었던 겁니다. 이쪽은 자연과학 전통이니까 '유물론materialism'이라고 부를 수 있겠죠. 138억 년 전에 빅뱅과 함께 우리 우주가 생겨났고, 당연히 그때는 영혼, 정신, 마음이라든지 하는 게 없었지요. 그로부터 우주 진화의 과정을 통해 태양계 및 지구가 탄생하고 생명이 생겨나고 진화를 거치면서 어느덧 현생 인류도 생겨났지요. 우주론과 생명론은 본래 맞닿아 있는 거죠. 현재 인간이 살아가는 사회를 이런 순서로 이해하려는 입장도 실증주의에 포함됩니다. 유물론이라고 했지만, 다른 말로 하자면 '자연주의naturalism'라고 부를 수도 있습니다. 이 말에도 다양한 의미가 있기 때문에, 방금 말씀드린 자연과학 지식을 존중하고 받아들이는 태도로 '자연주의'라는 말을 이해하면 좋겠습니다.

> 최초의 철학자는 자연주의자다. 그는 신들을 논하는 대신 자연을 논한다. (…) 자연학은 사변적 관점에서 본 '자연주의'이다. (…) 무한의 규정은 논리적으로 필연적인 탐구의 대상이다. 그리고 기묘하게

도 바로 이 형식 아래에서 자연학이 윤리 내지 실천에 대해 자신의 종속을 증언한다. 마치 자연학이 실천에 종속된 수단인 양 모든 일이 일어난다. 하지만 이 실천은, 이 수단이 없었다면, 결코 혼자서는 발견하지 못했을 자신의 목적을 실현할 능력이 없다. 실천은 거짓된 무한의 부인을 통해서만 자기 고유의 목적을 실현한다. (Gilles Deleuze, "Lucréce et le naturalisme"(1961), *Etudes philosophiques* 16:1, pp. 25, 28.)

거칠게 정리하면, 해방 후 프랑스의 지적 흐름은 크게 두 가지로 구분됩니다. 하나는 관념론으로 그 정점에 의식을 대체한 정신분석이 있고, 다른 하나로는 실증과학의 성과를 수용하는 유물론, 자연주의가 있었습니다. 구조주의를 별도로 언급하지 않는 건, 사실 진정한 구조주의자는 레비스트로스밖에 없었는데, 엄밀히 말하면 그 자신도 구조주의의 범위를 넘어서 있었기 때문입니다. 더욱이 소쉬르 언어학에서 출발한 구조주의는 사실상 라캉에게 전부 흡수되어 재구성되어 버렸습니다. 이 흐름 중에서 주목할 만한 사상가가 알튀세르인데, 입장이 좀 어중간합니다. 한편으로는 유물론이지만, 한편으로는 라캉주의자이거든요. 그런 탓에 입장이 애매하고, 둘 사이에서 오락가락한다고 개인적으로 생각합니다.

자연주의 쪽 계보에서 가장 중심에 있는 게 푸코입니다. 푸코야말로 실증과학의 성과들을 적극적으로 수용합니다. 또 거기서 그치지 않고 실증과학을 연구하는 데 개입할 수 있는 어떤 오류, 그 오류가 지식과 진실로 만들어지는 일련의 과정까지도 탐구했죠. 어떤 것이 한 시기에는 진실의 영역에 속하지 않다가, 다른 어떤 시기가 되면 그 동일한 것이 진실로 그리고 과학적 지식으로 정립되는 과정들을 추적했던 겁니다. 푸코는 이 작업을 지식의 고고학과 계보학이라고 불렀습니다. 이 맥락에서 개입한 게 니체였습니다. 니체는 조르주 바타유, 피에르 클로솝스키, 모리스 블랑쇼 등을 통해 1920년대부터 프랑스에 수용되었습니다. 프랑스의 자연주의 전통과 결합되는 방식으로 말입니다. 그리고 푸코와 나란히 들뢰즈가 있습니다. 들뢰즈 역시 푸코와 비슷한 자연주의적 태도를 견지했습니다. 데카르트, 헤겔, 현상학, 그다음에 정신분석 등 당시 파리 지성계를 풍미했던 전통을 들뢰즈가 지긋지긋하게 여겼다는 증언에서 이 점을 잘 알 수 있습니다. 들뢰즈가 대학 다닐 때 탐독했던 게 흄입니다. 영국의 '경험주의empiricism'가 이런 관념론적 흐름을 대신해야 하고, 대신할 수 있다고 생각했던 거죠.

> 프랑스 사상을 한 단계에서는 프로이트-마르크스주의로 제시하고, 그다음 단계에서는 니체를 발견했다고 제시하는 이런 종합 형식들을 나는 항상 얼마간 의심하고 있다. (…) 우리가 잊지 말아야 할 것은, 1945년에서 1955년에 이르는 기간 내내 프랑스에서, 프랑스 대학 전체가, 특히 전통적 대학과 대립하는 젊은 프랑스 대학이 프로이트-마르크스주의 관계가 아닌 후설-마르크스주의 관계, 현상학-마르크스주의 관계를 건설하는 임무에 대단히 몰두했으며, 심지어 사로잡혀 있었다는 것이다. (…) 나중에 일종의 구조적 사고, 구조적 방법이 발전되자 구조주의가 현상학을 대신하고 마르크스주의와 결합했다. (…) 그래서 우리는 프로이트-구조주의-마르크스주의를 갖게 되었다. (…) 하지만 이 운동을 따르지 않은 사람도 있었다. 내가 염두에 두는 건 과학사에 관심이 있던 사람들인데, 과학사는 프랑스에서, 아마 오귀스트 콩트 시대 이래로 중요한 한 전통이다.

프랑스 대학 중에서도 젊은 프랑스 대학에서 극단적으로 영향력 있는 인물이었던 조르주 캉길렘 주변에서 특히 그러했다. 캉길렘의 많은 학생은 마르크스주의자도, 프로이트주의자도, 구조주의자도 아니었다. 나는 지금 내 얘기를 하는 것이다. (…) 이상하게 보이겠지만 나는 지식의 역사, 이성의 역사에 대한 탐구라는 관점에서 1953년에 니체를 읽었다. (…) 현상학적, 초역사적 주체가 이성의 역사성에 대한 설명을 제시할 수 있을까? 이 지점에서 니체를 읽은 건 나한테 단절 지점이었다. (…) 나는 니체를 우연히 읽었고, 당시 프랑스에서 가장 영향력 있는 과학사가인 캉길렘도 니체에 매우 관심이 있다는 걸 알고는 놀랐으며, 내가 하고자 하는 일에 니체를 아주 선뜻 수용했다. (…) 들뢰즈 이야기도 해야겠다. 들뢰즈는 1960년대에 니체에 대한 책을 썼다. 그는 경험주의에, 흄에 관심이 있었고, '현상학의 주체 이론은 만족스러운 걸까?'라는 의문에도 관심이 있었다. 그는 흄의 경험론에 경도되어 이 문제를 피해 갈 수 있었다. 나는 들뢰즈가 같은 조건에서 니체를 만났다고 확신한다. 그래서 나는 1960년대에 일어난 모든 일이 현상학적 주체 이론에 대한 불만족에서 비롯되었다고 하는 것이다. 언어학 쪽이건 정신분석 쪽이건 니체 쪽이건 간에. (Michel Foucault, "Structuralism and Post-structuralism"(1983), *Aesthetics, Method, and Epistemology*, pp. 436~438.)

들뢰즈가 지속해서 관심을 품었던 선배 철학자들은 과학주의 전통, 자연주의 전통에 속한, 또는 유물론 전통에 속한 사람들이었습니다. 통상의 철학사적 지식을 지워 버리고 냉정하게 텍스트 자체만 놓고 본다면, 그 선배에 속하는 대표적인 학자를 시대 순으로 다섯 명 꼽을 수 있습니다.

무엇보다 먼저, 고대 유물론자들이 있습니다. 대표 주자는 에피쿠로스죠. 그러나 에피쿠로스의 저작은 오늘날까지 직접 전해지는 게 거의 없고, 후배인 루크레티우스를 통해 기록되어 전수되었습니다. 다행히 한국에는 에피쿠로스 전집인 『쾌락』과 루크레티우스의 『자연의 본성에 관하여』가 모두 번역되어 있습니다. 희랍어 원전 번역이므로, 훌륭하게 참고할 수 있습니다('희랍'은 로마인이 '그라이키아Graecia'라고 부르고 오늘날에는 '그리스'라고 부르는 나라와 민족이 스스로를 지칭하던 명칭인 '헬레네스Hellenes'를 음차音借한 한자어입니다). 루크레티우스와 에피쿠로스는 다른 사람입니다만, 들뢰즈 철학 내에서는 같은 사상을 지칭한다고 보시면 됩니다. 1961년에 쓴 논문 「루크레티우스와 자연주의」에서 들뢰즈는 루크레티우스가 최초의 자연주의자이며 처음으로 신을 말하지 않고 자연을 말했다고 이야기합니다. 자연, 즉 물질세계에 관심을 기울인 최초의 학자라는 뜻입니다. 그러고 나서 시대가 한참 지난 다음, 스피노자가 중요한 인물로 거론되죠. 그다음 흄이 있고요, 그다음 니체가 있고 마지막으로 베르그손이 있습니다. 들뢰즈 본인은 이렇게 다섯 명을 꼽습니다. 대학 시절에 관념론에 맞서 싸우기 위해 사용한 또는 발굴한 선배 철학자들의 계보로 루크레티우스, 스피노자, 흄, 니체, 베르그손 이렇게 다섯 사람을 드는 겁니다. 이들에 대한 들뢰즈의 탐구 결과는 각각 논문이나 저술을 통해 분명한 형태로 나타납니다. 그러나 이 방식이 아니라 조금 우회적인 방식으로 들뢰즈가 적극 수용한 또 다른 철학자는 마르크스입니다. 『안티 오이디푸스』는 마르크스에 헌정되었습니다(이 문제는 나중에 더 자세히 언급하겠습니다). 그러니까 들뢰즈의 자연주의 계보에 마르크스라는 숨은 선배 그리고 동시대인이었던 푸코가 추가될 수 있습니다.

나는 철학사가 여전히 강요될 때, 철학사에서 시작했다. 나로서는 거기에서 벗어날 길이 보이지 않았으니까. 나는 데카르트, 즉 이원론과 코기토를, 또 헤겔, 즉 삼항관계triades와 부정의 노동을 견딜 수 없었다. 그래서 나는 철학사의 일부를 이루는 듯하지만, 어떤 점에서, 또는 모든 점에서 철학사에서 빠져나가는 저자들, 즉 루크레티우스, 스피노자, 흄, 니체, 베르그손을 좋아했다. (D 21)

나는 한 세대, 철학사에 많든 적든 유린당한 저 마지막 세대의 하나에 속한다. 철학사는 철학에서 명백히 억압적 기능을 행사한다. 그것은 철학 고유의 오이디푸스이다. "너는 이런저런 것을 읽지도 않고서, 이것에 대해 저렇다고, 저것에 대해 이렇다고 감히 네 이름으로 말하려 들지는 않겠지." 내 세대에서 많은 사람들이 여기서 빠져나오지 못했지만, 몇몇 사람들은 나름의 고유한 방법들, 새로운 규칙들, 새로운 어조들을 발명함으로써 거기에서 빠져나왔다. 나도 오랫동안 철학사를 '했고', 이런저런 저자에 대해 여러 책을 읽었다. 하지만 나는 여러 방식으로 나 자신에게 보상했다. 나는 무엇보다 철학사의 이성주의 전통tradition rationaliste에 반대되는 저자들을 좋아했다(내가 보기에 루크레티우스, 흄, 스피노자, 니체 사이에는 은밀한 연계가 있는데, 이 연계는 부정적인 것의 비판, 기쁨의 문화culture de la joie, 내부성에 대한 증오, 힘들과 관계들의 외부성, 권력의 규탄 등을 통해 구성된다). 내가 무엇보다 증오한 것은 헤겔주의와 변증법이었다. (PP 14) 〔베르그손은 이어지는 문단에서 따로 언급된다.〕

참고로 다른 쪽에 있는, 관념론과 정신분석에 경도된 학자들에 누가 있는지도 잠깐 짚고 가겠습니다. 여기에 속한 대표적인 사람이 라캉과 데리다입니다. 데리다야말로 현상학과 정신분석에 아주 경도된 학자입니다. 물론 헤겔과 하이데거도 많이 참조하죠. 정신분석과 거리가 있지만 레비나스도 현상학 쪽에 많이 경도되었습니다. 프랑스에 현상학을 소개하는 데 많이 이바지했죠. 조금 애매한 입장인데 료타르도 정신분석과 실천철학의 중간쯤에 있습니다. 알튀세르와 함께 료타르는 한 발은 정신분석에 걸치고, 다른 발은 마르크스주의에 걸치고 있다는 정도로 이야기할 수 있습니다. 알튀세르와 그 동료들인 에티엔 발리바르, 피에르 마슈레 등과 관련해 마키아벨리나 스피노자의 중요성을 강조하는 경우도 있습니다만, 여기에서는 이런 논쟁점을 다룰 생각은 없습니다. 지금은 저 나름대로 큰 그림을 그려 보는 중이니까요.

제 생각에는 1960년대 프랑스의 중요한 사상가들이 자리한 위치를 이렇게 분류할 수 있습니다. 가장 유물론적인 쪽에 푸코와 들뢰즈가 있고, 가장 관념론적인 쪽에 (이건 철저하게 제 해석이니까 그쪽 전공자나 연구자가 화를 낼지도 모르지만) 데리다가 있습니다. 데리다 옆에 레비나스가 있고요, 중간에 료타르와 알튀세르가 있는데, 이 둘은 정신분석적 측면과 마르크스에서 유래한 측면을 둘 다 공유하기 때문에 제3의 포지션으로 놓아도 상관없을 것 같습니다.

이제 들뢰즈의 독특함이 어디에 있느냐를 보겠습니다. 무엇보다, 자연과학이 알려 주는 앎에 대한 존중 그리고 그 앎을 끝까지 견지한다는 점이 있습니다. 그런데 자연과학은 지식 자체가 아니라 지식을 얻는 방법과 태도입니다. 자연과학 지식 중에는 폐기된 것이 많습니다. 그러나 예전 지식 중에서 가장 최근까지 남은 지식이 있다면, 그것에는 그 지식이 살아남을 수 있는 이유가 다 들어있습니다. 특정한 방법을 통해 계속 검증하거든요. 그 방법을 '실험'이라고 합니다. 동일한 조건이라면 누가 관측해도 동일한 결과가 나온다는 점이 핵심입니다. 그렇게 해서 인간이 발견하고, 계속 사용 가능한 그런 종류의 지식 또는 앎은 아주 그럴듯한 지식으로, 99.99퍼센트의 확률로 받아들일 만하다는 겁니다. 자연과학자들이 100퍼센트라고 이야기하는 지식은 없으니까, 99.99퍼센트 정도까지 받아들일 수 있는 앎이 자연과학의 결과물인 거죠. 예를 들어 보죠. 인간의 눈에 보이지 않는 전자기파가 없으면 휴대전화 역시 작동이 불가능합니다. 이 휴대전화를 작동시키는 데 필요한 지식이 있습니다. 휴대전화는 그 지식에 바탕을 둔 기술로 만들어 낸 물건입니다. 휴대전화를 만들어 내는 바탕이 되는 지식들, 인간이 감각적인 수준에서 볼 수도 없고 들을 수도 없고 감지도 불가능하지만, 그 감각을 넘어서는 다른 수단을 통해 알게 된 지식들에 대해 어떤 태도를 품을 것인가는 아주 중요합니다.

> 과학은 완전한 지식을 주는 도구와는 거리가 멀다. 과학은 우리가 가진 최선의 도구일 뿐이다. 이 관점에서 볼 때 과학은 민주주의와 비슷하다. 과학 스스로는 인간 행위의 방향을 지지할 수 없지만, 대안적 행위의 방향들에서 비롯될 가능성 있는 귀결들에 대해서는 확실히 설명할 수 있다. (…) 과학은 아무리 이단적이라도 새로운 아이디어라면 무제한적으로 개방적일 것과, 모든 것을 가장 엄격한 태도로 회의적으로 검토할 것, 다시 말해 새로운 아이디어와 기성의 지혜 사이에서 섬세한 균형을 유지할 것을 촉구한다. 또한 이런 종류의 사고는 변화의 시대에 민주주의를 지탱하는 본질적인 도구이기도 하다. 과학이 성공한 이유 중의 하나는 오류 수정의 기제가 과학 그 자체에 마련되어 있기 때문이다. (칼 세이건, 『악령이 출몰하는 세상』, 이상헌 옮김, 김영사, 2001, 39~40쪽.)

이와 대비되는 태도로 현상학이 있습니다. 현상학은 인간의 감각이나 지각을 중시하고, 그것을 출발점으로 삼습니다. 그러나 과학은 인간을 지우는 데서 출발한다고 해도 과언이 아닙니다. 지운다는 말은 '인간이 인간 규모human scale에서 인간의 감각이나 지각 등을 통해 얻을 수 있는 지식'이 있고, 양자量子 세계나 우주처럼 '그런 방식으로는 인간이 죽었다 깨어나도 얻을 수 없는 지식'도 인간은 얻을 수 있다는 이중의 입장을 모두 견지한다는 뜻입니다. 예를 들어 망원경이나 현미경을 통해서 보면 아주 멀리 있는 것과 아주 작은 것을 볼 수 있습니다. 그러나 맨눈으로는 절대로 보이지 않죠. 망원경이나 현미경 같은 측정 도구를 통해서 누가 봐도 관측할 수 있는 것이 있다면, 이를 지식의 일부로 삼자는 것이 과학의 태도입니다. 인간이 직접 감각으로 확인할 수 있는 것을 넘어서는 지식을 인정하는 겁니다. 그리고 그 태도를 통해서 현대 과학은 우주의 기원에서부터 생명의 특성까지를 알아냈습니다.

기본적으로 현상학자들은 과학은 지식을 얻는 과정에서 조작을 가하기 때문에, 즉 과학의 지식은 조작적 관찰이고 측정이기 때문에 신뢰할 수 없다는 태도를 지닙니다. 자연과학의 태도 자체를 부인하는 게 바로 현상학의 출발점입니다. 현상학에서 유일하게 인정되는 출발점이 '직접 경험lived experience'입니다. 이런 입장을 바로 '인간주의humanism'라고 부를 수 있습니다. 인간주의적 입장은 관념론과 통합니다. 그러나 직접 체험한 것들이 얼마나 오류가 많은지, 또 직접 체험할 수 없는 영역이 얼마나 많은지 우리는 잘 압니다. 현상학 계열의 학자들은 자연과학 쪽에 있는 분들과 화합하기 어려워 보입니다. 둘이 만나서 대화하는 건 아주 힘들죠. 한쪽이 과학기술을 근거 삼아 직접 경험을 비판하면, 다른 쪽은 휴대전화 탓에 인간 삶이 망가지는 중이다, 이런 식으로 대화가 오가는 거죠.

아무튼 이 두 태도, 즉 '관념론적 태도'와 '자연주의적 태도'에 어떤 함의가 있느냐를 살펴야 합니다. 특히 그 실천적 함의에 주목할 필요가 있습니다. 사회에서 우리는 늘 윤리나 정치와 같은 실천 영역에 함께 연루되어 있습니다. 따라서 두 입장 중 어떤 토대에 설 때 윤리적이고 정치적인 실천에 더 효과적인가 하는 점이 판단의 열쇠라고 할 수 있습니다. 관념론적 토대 위에서 실천하느냐, 자연과학적 토대 위에서 실천하느냐에 따라 차이는 아주 커집니다. 여기에는 여러 문제가 함께 연결되어 있습니다. 그리고 관념론적 토대에 대해 사상누각 같은 비유를 쓸 수밖에 없다고 봅니다. 관념적으로 구성된 세계상世界像에 입각해 어떤 실천을 하려는 것은 아무리 그럴듯해 보여도 결국 실패할 운명이라고 생각합니다. 과학적 토대를 디디고 실천할 때, 설령 그 실천이 앞이 안 보이고 힘들지라도 그 방법 말고 다른 방법을 택하는 것은 어리석다는 입장입니다. 들뢰즈 철학의 실천적 힘은 자연과학이라는 탄탄한 토대 위에 있다는 점에서 기인합니다. 달리 말하자면 들뢰즈의 철학은 현실에서 통할 수 있다. 즉 효과적effective이라는 겁니다. 들뢰즈는 작동 가능한 토대 위에서만 실천적 발언들을 한다, 또는 하고자 합니다. 이게 가장 중요합니다. 그러지 않으면 아무리 멋있어 보여도 실천 자체가 실패할 수밖에 없으니까요. 지금까지 들뢰즈 철학의 독창성을 현대 프랑스 사상의 흐름 속에서 조명하고, 그 사상이 어떻게 실천적 대안이 될 수 있느냐 하는 문제에 대해 말씀드렸습니다.

들뢰즈가 정신분석을 비판하는 이유와 분열분석을 통해 제시한 새로운 무의식 개념은 무엇인가?

실천적 대안과 관련해서 조금 더 말씀드리겠습니다. 들뢰즈 역시 의식철학 또는 주체철학의 한계를 누구보다 분명히 깨닫고 있었습니다. 그래서 그걸 극복하려 했고, 당연히 정신분석에도 관심을 가졌지만, 상당히 이른 시기에 포기합니다. 하지만 정신분석이 탐구 대상으로 삼는 무의식에 대한 탐구는 나름의 방식으로 진행합니다. 이 부분이 아주 중요합니다. 사람들은 보통 정신분석이 무의식에 대한 탐구를 독점했다고 생각합니다. 하지만 사실이 아니죠. 사실은 들뢰즈와 과타리가 무의식에 대한 진짜 탐구를 해냈습니다. 그런데 이 부분은 많이 알려지지 않았습니다. 왜냐하면 들뢰즈 철학이 욕망과 관련지어 주로 논의됐기 때문입니다.

초기에, 그리고 어쩌면 지금도 들뢰즈는 '욕망의 철학자'라고 소개되는데, 이는 아주 부적절한 요약입니다. 물론 들뢰즈가 욕망을 말하기는 하지만, 욕망의 철학과 들뢰즈는 필연적 관계가 아닙니다. 들뢰즈를 이해할 때 더 중요한 건 무의식입니다. 들뢰즈는 무의식의 철학자이고, 무의식 개념을 새로 쓰려고 했습니다. 특히 프로이트와 라캉의 정신분석을 대신하려고 했던 사람이라고 평가하는 게 맞습니다. 들뢰즈의 텍스트에는 프로이트와 라캉을 찬양하는 대목이 종종 있습니다. 『안티 오이디푸스』에는 여러 번 나옵니다. 하지만 그건 수사학rhetoric입니다. 『천 개의 고원』에서 정신분석을 중점적으로 다루는 부분은 「1914년-늑대는 한 마리인가 여러 마리인가」밖에 없습니다. 그 글이 처음 발표된 건 1973년으로, 『안티 오이디푸스』를 쓴 직후입니다. 『안티 오이디푸스』를 전후한 시기에만 들뢰즈는 정신분석 비판에 매진했고, 『천 개의 고원』에 가게 되면 무의식 이론 전체를 재편하는 단계로 나아갑니다. 욕망과 무의식, 이 두 개념은 섞여 있지만, 또 구분되기도 합니다. 예를 들어 『안티 오이디푸스』에서는 '욕망 기계', '욕망적 생산' 등 욕망 개념이 전면에 등장했다가 『천 개의 고원』에서는 욕망 개념이 거의 등장하지 않는다고 비평가들은 말합니다. 그래서 들뢰즈와 과타리가 욕망 개념을 포기했다고 말하곤 하는데, 사실은 그게 아닙니다. '욕망'을 키워드로 삼으면 그 말도 일리가 있지만, '무의식' 탐구라는 관점에서 보면 작업이 연속됩니다. 『천 개의 고원』이라는 책은 사실 한 쪽 한 쪽이 모두 무의식에 대한 탐구라고 할 수 있습니다. 욕망 대신에 무의식이 확장되는 겁니다.

일단, 들뢰즈의 욕망 개념을 간략히 설명하겠습니다. 들뢰즈에게 '욕망'은 '생산' 또는 '구성'과 같은 뜻이라고 보셔야 합니다. 엄밀히 말하면 욕망은 명사가 아니라 동사입니다. '욕망한다'고 해야지, '나의 욕망'이라고 하면 안 됩니다. 명사가 아니라 동사라고 볼 수 있다면, 들뢰즈의 욕망 이론은 거의 이해됩니다. '욕망한다'는 말을 쓰지 않더라도 '생산한다', '구성한다', '조립한다', '배치한다' 같은 말을 쓸 수 있기 때문에, 오히려 나중에는 '욕망한다'는 말을 많이 쓰지 않는 거죠. 프로이트와 직접 맞서려고 『안티 오이디푸스』에서는 그 말을 많이 썼지만, 프로이트를 극복한 나중에 가서는 그 말을 쓸 필요가 없었던 겁니다. 가령, '배치하다agencer'라는 동사는 '이미 마련된 가구 따위를 배치하고, 또 그런 행위를 통해서 배치된 것'이라는 뜻의 '배치체agencement'라는 명사와 함께 쓰입니다. 들뢰즈는 '배치체', '집합체ensemble', '결집체agregat' 등의 말을 호환해서 사용할 때가 많습니다. 그런데 바로 그런 배치체 또는 집합체를 만드는 일이 곧 무의식을 만드는 일입니다. 사람들은 배치체를 만들기를 욕망합니다. 그리고 그

속에 자신이 부분으로 들어가는 거예요. 노력하고 애쓰는 거예요. 그것은 내가 원한다고 자동으로 이루어지는 게 아니니까, 심지어 어떤 배치체의 일부로 포함되느냐에 따라 자신이 완전히 달라지기 때문에, 그런 집합체를 만드는 일은 사회 속에서 집단의 문제로 나타나곤 합니다. 그러므로 집단의 성격 자체를 반동적이지 않고 혁명적으로 만드는 것이 과제입니다. 이는 상명하달 방식으로 이루어질 수도 없고, 어느 한 사람의 노력으로 될 수도 없는 문제입니다. 노력이 원하는 결과로 이어지리라는 법은 없으니까요. 따라서 항상 지금 상태가 어떠한지를 체크하고 계속해서 미세 조정을 해 나가는 수밖에 없습니다. 그렇게 해서 만들어 낸 시공간 속 집합체, 그런 게 무의식입니다. 무의식을 건설하고 동시에 혁명적인 성격을 부여해야만 하는 겁니다.

> 『안티 오이디푸스』, 그것은 홀로 이룩된 단절인데, 두 가지 주제에서 출발한다. [i] 무의식은 극장이 아니라 공장, 생산하는 기계다. [ii] 무의식은 아빠-엄마를 망상하지 않는다. 무의식은 인종들, 부족들, 대륙들, 역사, 지리를, 항상 사회장을 망상한다. 우리는 무의식의 종합들에 대한 내재적 착상, 내재적 사용, 무의식의 생산주의productivisme 또는 구성주의constructivisme를 찾으려 했다. (…) 우리는 흐름들의 논리에 따라 사회적인 동시에 욕망적인 하나의 생산une production qui fot à la fois sociale et désirante을 동일 평면에sur un même plan 놓으려 했다. 망상은 현실계le réel에서 작동한다. 우리는 현실계가 아닌 다른 요소를 알지 못한다. 상상계l'imaginaire나 상징계le symbolique는 우리에겐 가짜 범주들로 보인다. 『안티 오이디푸스』, 그것은 현실계의 일의성univocité이며, 무의식의 일종의 스피노자주의이다. (…) 『안티 오이디푸스』가 정신분석을 비판한다고 주장한다면, 옳든 그르

> 든 이 책에서 다듬어진 무의식에 대한 착상과 관련해서 그렇다. (PP 197~198, 1988년의 인터뷰)

> 『안티 오이디푸스』는 아름다운 책이다. 내 생각에 거기에는 무의식에 대한 착상이, 무의식에 대한 이런 종류의 착상으로선 유일한 사례가 있기 때문이다. 난 두세 가지 요점을 염두에 두고 있다. [i] 무의식의 다양체들, [ii] 가족 망상이 아닌 세계 망상으로서의 망상, 즉 우주적 망상, 인종들에 대한 망상, 부족들에 대한 망상, 좋다, 그리고 [iii] 극장이 아닌 기계와 공장으로서의 무의식. 이 요점 중 바꿀 건 하나도 없고, 내 생각에 정신분석 전체가 재구성된 이상 여전히 절대적으로 새로운 채로 남아 있다. ("D comme Désir", *L'Abécédérede Gilles Deleuze*, avec Clair Parnet, 1988년의 대담.)

정신분석에서 생각하는 무의식은 우리 정신세계에 국한됩니다. 프로이트 자신이 직접 그렇게 이야기했습니다. 전체 집합은 정신이고, 정신 안에 의식이 있습니다. 그리고 의식의 바깥 부분, 즉 **의식의 여집합**이 무의식입니다. 프로이트는 무의식을 정신 안에 있는 의식의 집합으로 규정합니다. 무의식이 의식을 형성한다. 이게 요점이죠. 그다음에는 무의식의 메커니즘, 그리고 무의식이 의식을 형성하는 메커니즘이 설명되어야 하겠죠. 그 메커니즘을 잘 설명했다고 여겨지는 사람이 라캉입니다. 라캉은 프로이트를 넘나들죠. 프로이트나 라캉을 잘 알지 못해서, 직접 읽거나 접한 범위 내에서만, 그래서 이해한 범위 안에서만 말씀드리겠습니다. '무의식無意識'이라는 말이 한자 문화권에서는 명사형으로 인식되지만, 독일어, 프랑스어, 영어로는 형용사형으로 표현됩니다. 그에 반해 '의식意識'은 명사입니다. '의식'과 '무의식'

의 원어는 독일어 'das Bewußtsein'과 'das Unbewußte', 프랑스어 'le conscience'와 'l'inconscient', 영어 'consciousness'와 'the unconscious' 입니다. '무의식'을 표현할 때는 모두 '정관사+부정을 나타내는 접두사+형용사' 형으로 쓰는데, '의식적이지 않은 것'을 가리킵니다. 그렇다면 '의식적이지 않은 것'의 바깥쪽을 가리키는 어떤 경계선도 있을 텐데, 그 경계선이 프로이트 정신분석에서는 정신이라는 거죠. 따라서 무의식은 정신 안에 있는 현상입니다. 정신 또는 마음psyche, mind 안에 있는, 의식되지 않은 부분이 바로 무의식인 겁니다.

> 정신적 과정들seelischen Vorgänge은 그 자체가 무의식적이며, 의식적인 것은 정신활동 전체 중에서 단지 일부분에 지나지 않는다. (…) 정신분석은 의식과 정신의 동일성을 인정할 수 없다. 정신분석은 정신을 감정, 사고, 의지와 같은 과정으로 정의하며 무의식적인 사고나 무의식적인 의지가 있다는 입장이다. (…) 무의식적인 정신 과정을 설정함으로써 이 세상과 학문의 세계에 결정적으로 새로운 방향이 확립되었다. (Sigmund Freud, *Vorlesungen zur Einführung in die Psychoanalyse*, in Studiensausgabe Band I., Fischer Taschenbuch Verlag, 1982, p. 47.)

이에 반해 들뢰즈와 과타리의 경우에는 그렇지 않습니다. 바깥 경계선이 더 확장됩니다. **무의식은 철저하게 의식의 여집합 전체를 가리킵니다.** 정신이라는 바깥 경계를 특별하게 설정하지 않습니다. **이러면 무의식이 정신 영역을 넘어서서 몸과 우주 전체로까지 확장됩니다.**

의식이란 우주 전체의 결과물입니다. 우주 전체가 빚어내는 어떤 효과에 해당합니다. 물론 정신이 없다는 건 아닙니다. 그러나 무의식은 정신적psychic이기보다도 더 나아가 물질적material이라는 겁니다. 물론 '의식'이라는 말도 굉장히 여러 함의가 있기 때문에 한마디로 규정하기 어려운 측면이 있습니다. '의식'은 본래 '함께 안다'는 뜻의 라틴어 '콘스키엔티아conscientia'에서 유래한 말로 '양심'이라는 뜻도 포함합니다. 심리학이나 인지과학에서는 보통 의식을 '자각awareness'이라고 봅니다. 저도 그 정도 수준에서 이해합니다. '아, 이거구나!'라고 자기가 자기를 느끼고 파악하는 겁니다. 내가 '아, 뭐다'라고 깨달으면 의식한다고 하는 거죠. 의식은 어디에서 유래하는 걸까요? 의식을 형성하는 우리가 알지 못하는 모든 것, 이게 '무의식'입니다. 명사라기보다는 형용사로 표현되기 적합한 말이죠. 서양 사람들은 보통 그렇게 받아들인다고 봐도 큰 상관은 없습니다. 그러나 그 말이 가리키는 층위는 천차만별이죠. 그중 대표적인 게 정신 영역 안쪽에 해당하는 층위와 정신 영역에 국한되지 않는 곳으로까지 확장된 층위 두 가지입니다. 들뢰즈와 과타리는 후자에 속합니다. '의식'을 또는 '자각된 앎'을 만들어 내되('만든다'는 말은 '생산한다', '형성한다', '구성한다', '조직한다' 등 많은 말로 표현할 수 있습니다), 우리가 알지 못하는 무엇들, 자각되지도 않는 무엇들, 그 전체가 무의식에 해당한다면, 그중 대표적인 게 무엇일까요? 가령, 니체는 '몸'을 무의식으로 봤습니다. 다른 말로 '큰 이성'이라고도 했죠. '이성'이 '의식'에 대응하는 말이라면, 『차라투스트라는 이렇게 말했다』에서 니체는 의식을 형성하는 의식보다 더 커다란 무엇을 '몸'과 '큰 이성'이라고 불렀습니다. 어떤 미지의 영역인 거죠.

> 몸을 경멸하는 자들에게 내 말을 하겠다. 그들이 다시 배우고 다시 가르쳐야 한다는 말이 아니다. 그저 자기 몸에 작별을 고하고 입 닥

치라는 말이다.

"나는 몸이자 영혼이다." 아이는 이렇게 말한다. 그렇다면 아이처럼 말하면 왜 안 될까?

깨어난 자, 아는 자는 말한다. 나는 전적으로 몸이며 단지 그뿐이다. 영혼은 몸에 있는 뭔가를 위한 낱말일 뿐이다.

몸은 하나의 큰 이성이며, 하나의 의미를 가진 다양多樣이고, 전쟁이자 평화고, 가축 떼이자 양치기다.

형제야, 네가 '정신'이라 부르는 네 작은 이성도 네 몸의 도구다. 네 큰 이성의 작은 도구이자 장난감이다.

너는 '자아自我'라 말하고 이 낱말을 자랑한다. 넌 믿고 싶지 않겠지만, [자아보다] 더 큰 것은 네 몸과 네 몸의 큰 이성이다. 그것은 자아를 말하지 않고 자아를 행한다.

감각이 느끼고 정신이 인식하는 것은 그 자체로는 목적이 없다. 그러나 감각과 정신은 자기가 만물의 목적인 양 너를 설득하려 한다. 그것들은 이렇게나 허황되다.

감각과 정신은 도구이자 장난감이다. 그것들 뒤에는 여전히 자신自身이 있다. 자신도 감각의 눈으로 탐색하고 정신의 귀로 경청한다.

자신은 항상 경청하고 탐색한다. 그것은 비교하고 강요하고 정복하고 파괴한다. 그것은 지배하며, 자아의 통치자이기도 하다.

형제야, 네 생각과 감정 뒤에는, 강력한 명령자, 미지의 현자가 있으니, 그 이름이 자신이다. 그것은 네 몸 안에 살고 있다. 그것은 네 몸이다.

네 최선의 지혜보다 네 몸에 더 많은 이성이 있다. 그런데도 네 몸이 무엇을 위해 네 최선의 지혜가 꼭 필요한지 대체 누가 알고 있을까?

너의 자신은 네 자아와 자아의 거만한 도약跳躍을 비웃는다. 자신은

> 혼잣말한다. "내게 생각의 이런 도약과 비약은 뭘까? 내 목적으로 가는 우회로다. 나는 자아의 고삐이며, 자아의 개념들을 넌지시 일러주는 자다."
> 자신은 자아에게 말한다. "여기서 고통을 느껴라!" 그러면 자아는 괴로워하고, 어떻게 해야 괴롭지 않을지 숙고한다. 그러기 위해 자아는 생각**해야만 한다**.
> 자신은 자아에게 말한다. "여기서 쾌를 느껴라!" 그러면 자아는 기뻐하고, 어떻게 해야 더 자주 기쁠지 숙고한다. 그러기 위해 자아는 생각**해야만 한다**. (니체, 「몸을 경멸하는 자들에 대해」; "Von den Verächtern des Leibes", *Also Sprach Zarathustra*, in *Friedrich Nietzsche: Sämtliche Werke*, Band 4, Walter de Gruyter, 1999, pp. 39~40. 강조는 원문.)

니체는 프로이트보다 먼저 무의식을 발견하고 탐구했습니다. 프로이트는 니체가 무의식을 먼저 발견하고 연구했다는 걸 알았지만, 그렇기 때문에 니체를 일부러 읽지 않았다고 고백합니다. 그럼 대체 어떻게 알았을까 궁금합니다, 안 읽었는데? 니체가 무의식을 연구했는지 어떻게 알았을까요? 아무튼! 그런데 들뢰즈와 과타리는 더 확장합니다. 더 확장된 무의식, 어쩌면 '물질적 무의식'이라고 할 수 있습니다. 그런데 이 표현이 구체적으로 무얼 뜻하는지는 제가 아는 한, 잘 설명한 사람이 없었습니다.

이 자리에 올 때 길을 걸어서, 아니면 차를 타고 오셨을 겁니다. 그런데 공간을 이동할 때 우리는 이미 나 있는 길들을 통해서 움직이지만, 그 사실을 거의 의식하지 못한 채로 이동합니다. 그건 우리가 생각하고 자시고 할 문제가 아니에요. 이미 나 있는 도로망에 올라 타 있는 거죠. 인간은 그런 식으로 살아가고 행동합니다. 이것이 바로 물질적

하부구조입니다. 들뢰즈는 욕망과 무의식은 하부구조에 속한다고 말합니다. 방금 이야기했던 취지로 이 말을 이해하면 좋습니다. 우리는 무의식적으로 이미 나 있는 길을 따라서만 움직이는 거죠. 하지만 이동하는 데 있어서 굳이 길을 따라가야 할 이유는 없습니다. 따라서 위험하기도 합니다만, 이미 나 있는 길들을 가로질러서 이동한다는 가능성이 제기됩니다. 그렇게 가로지를 수 있는 공간을 매끈한 공간이라고 합니다.

『천 개의 고원』 14번째 편은 공간에 대해 논합니다. '매끈한 공간'과 '홈 파인 공간'의 구별을 중요하게 다뤄요. 우리가 놀러 간다고 해보죠. 보통은 호텔이나 펜션, 리조트에 묵지요? 그곳 몇 동 몇 호에 들어가겠지요? 이미 지정돼 있는 방에 우리가 할당되는 거예요. 이게 공간을 차지하는 한 가지 방식이에요. 이런 정주민의 방식은 홈 파인 공간의 특성을 잘 보여 줍니다. 근데 야영한다고 생각해 보세요. 사람들이 일정한 범위 내에서 아무 데나 텐트를 쳐요. 물론 아무 데나가 그야말로 '아무 곳'은 아니에요. 괜찮다 싶은 곳에 텐트를 치는 거죠. 그래서 공간이 굉장히 즉흥적으로 점유됩니다. 이게 매끈한 공간에 우리가 분배되는 방식이고, 유목민의 방식입니다. 이처럼 정주민과 유목민의 차이는 공간과 관련이 돼 있습니다.

홈 파인 공간은 우리가 살아가는 현실적이고 구체적인 공간이에요. 우리는 파인 홈을 따라 살아간다는 게 14번째 편의 핵심 진단입니다. 따라서 『천 개의 고원』은 홈 파인 공간을 다시 매끈한 공간으로, 즉 어디로든 흘러갈 수 있고 빠져나갈 수 있는 공간으로 바꾸는 일을 중요한 실천적 과제로 제기합니다. 들뢰즈와 과타리의 정치 철학의 핵심은 공간의 문제입니다. 그럼 왜 굳이 홈 파인 공간이 아니라 매끈한 공간이어야 하느냐는 질문이 제기됩니다. 홈은 자기가 판 게 아니니까,

남들이 파 놓은 홈에 편입되는 방식입니다. 그 방식이 마음에 든다면 상관없어요. 그냥 살아가면 돼요. 기존 체제에 순응하는 방식으로 살아가면 아무 문제도 없는 거예요. 하지만 그게 만족스럽지 않으면 자기 식의 삶의 방식을 건설해야 하는데, 그때는 남들이 파 놓은 공간의 틀을 비켜 갈 수밖에 없습니다. 기존의 홈 파인 공간의 입장에서 보면 홈을 지워가고 가로지르는 활동이 될 수밖에 없습니다. 내 식으로 내 마음에 드는 나의 삶을 살겠다는 건 그렇게 관점에 따라 가치 평가가 달라지는 일입니다. 나는 내 식으로 길을 만들고 홈을 팔 뿐이지만 기존의 체제나 시스템의 관점에서 보면 그건 기존의 홈을 망치는 일이에요. 이렇게 항상 충돌이 있을 수밖에 없습니다. 이렇게 기존 체제에 편입되지 않고 자기 식대로 살겠다는 작업은 굉장히 전투적인 작업입니다. 그리고 이 활동을 이제 '전쟁 기계'라고 부를 수가 있고요. 들뢰즈와 과타리의 어려운 개념 중 하나인 '전쟁 기계'는 바로 이 '매끈한 공간 만들기'와 관련해 이해하는 것이 가장 적합하고 쉽습니다.

홈 파인 공간과 매끈한 공간 사이의 관계, 이것이 바로 무의식의 문제와 직결됩니다. 저는 충청남도 홍성군에 있는 리里 단위의 작은 마을에 살았습니다. 2015년 늦가을, 충남 서북 지역에 가뭄이 심해서 제한 급수를 했습니다. 그 와중에 비가 내린 적이 한두 번 있었습니다. 서울에서 강의하는데, 비가 오더라고요. 문득 학생들한테 "저 비를 보면 뭐가 생각나니?" 하고 물어보았더니 여러 가지로 답하더군요. 기분이 가라앉는다느니, 술이 당긴다느니, 음악이 듣고 싶다느니…. 저는 어땠을까요? '드디어 해갈이 되는구나!' 하는 생각이 제일 먼저 떠올랐어요. 가뭄과 비가 제 의식을 규정했던 겁니다. 바닷가에 사는 사람들의 의식적 행동을 유발하는 중요한 원인으로 달이 있습니다. 바닷가 사람들한테는 조수 간만의 차이, 달의 역할이 행동 전체를 좌우합니다.

다른 예를 하나 더 들어보겠습니다. 2016년 1월, 오사카에 세미나 발표를 하러 갔습니다. 식구들도 데려가서 일주일 정도 있었어요. 비슷한 시기에, 통영하고 제주도에도 각각 며칠씩 도망쳤어요. 따뜻한 남쪽 나라를 찾아간 거죠. 제 결심이나 결정, 이런 것들은 어디에서 비롯했을까요? 시골집에 사니까 겨울이 되면 난방 문제가 엄청 크거든요. 그 추위가 제 식구를 오사카로, 통영으로, 제주도로 보낸 겁니다. 그런데 그 강추위는 어떻게 해서 일어났을까요? 기후 변화, 특히 엘니뇨 현상 탓에 벌어졌다고 하더군요. 그러니까 우리가 어떤 행동과 생각과 결심을 하게 만든 원인을 실제로 찾아보면, 엄마 아빠 무슨 콤플렉스 이런 것과는 전혀 상관이 없는 거예요. **우리를 자각하고 의식하고 행동하게끔 하는 힘은 무의식입니다. 그런데 그 무의식은 오이디푸스 콤플렉스, 다시 말해 어릴 적 겪었던 부모 가족 관계와 그다지 상관없다는 겁니다. 물론 약간 영향을 주긴 하겠죠. 하지만 그보다는 태양이 지구에 에너지를 주는 것과 달이 바다를 변화시키는 것이 우리 행동을 야기하는 진짜 강력한 원인입니다.** 우리가 알든 모르든 말입니다. 물론 우리는 주로 이를 잊고 살아가죠. 거기까지 일일이 어떻게 생각하고 살겠어요? 그러나 가끔은 그에 대해 생각하고 그 힘을 발견할 수 있습니다. 들뢰즈와 과타리는 **이런 것들을 통칭해서 '물질적 무의식' 또는 '무의식의 물질성'이라 부르고, 그로부터 사회 변화라든지 실천에 관해 이야기해 보자는 겁니다.**

지금 이 순간 우리가 입은 옷을 결정하도록 한, 그 옷을 입고 오도록 만든 원인 역시 태양입니다. 이런 뜻에서 볼 때, 해와 달과 별은 물론이고 다른 자연 현상 역시 무의식의 일부입니다. 그중에는 우리가 실천을 통해 바꿀 수 있는 것도 있고 그럴 수 없는 것도 있습니다. 무의식에는 물질적이고 물리적인 게 함께 포함되어 있으니까요. 당연히 무의식에는 제도 같은 것도 들어 있습니다. 자신도 모르게 행동하도록 만드는 무의식적 상황들, 목적지는 어떻게 찾아가야 하고 지하철 타려면 얼마를 지불해야 한다는 것 등 이 모든 것이 무의식에 속합니다. 따라서 사회와 제도 또한 우리 무의식의 일부입니다. 더 정확하게 말하면, 들뢰즈와 과타리가 말하는 '물질적 무의식'은 사회를 가리킵니다. 사회 밖에 날것으로 존재하는 자연도, 자연에 기반을 두지 않은 사회도 없으니까요(이 점에 대해서는 뒤에서 다시 언급할 기회가 있습니다).

무엇이 우리가 의식하고 자각하는 영역에 해당하고, 무엇이 그렇지 않은지 꼽아 보세요. 그러면 우리가 애써서 바꿀 수 있는 것들이 한정되어 있음을 확인할 수 있습니다. '세계를 변혁하겠다'는 말은, 우리를 살아가게 하는 하부구조(여기엔 많은 것이 들어 있죠)를 하나하나 점검하면서 그것들을 어떻게 바꿀 수 있는지를 논하겠다는 것입니다. 정말로 어려운 일이죠. 세상을 바꿔 보자고 구호를 외치긴 쉽지만, 하나하나 정밀하게 파고 들어가 그것이 어떻게 되어 있는지를 살핀 후, 그것이 어떻게 바뀔 수 있는지 알아내고, 나아가 실제로 그것을 바꿀 수 있는 구체적인 실천 방식을 알아내야 하니까요. 따라서 바꾸는 것은 항상 현재 수준에서 조금씩 나아가는 방식으로 진행할 수밖에 없어요. 한꺼번에 모든 걸 바꿀 수 없어요. 아주 정밀하게 살짝살짝 바꿔 가는 식으로밖에는 실천적인 제안을 할 수 없기 때문에 세상을 실제로 바꾸는 일은 대단히 갑갑해 보입니다.

무의식, 즉 우리를 살아가게끔 하는 지반이 이런 성격을 가졌다면, 세상을 단번에 바꿀 수 있다는 커다란 제안을 하는 건 오히려 과도합니다. 들뢰즈와 과타리가 이른바 '좌파'한테 외면당하는 이유가 여기 있습니다. 별로 멋있어 보이지도 않고, 해야 할 과업이나 임무도 쪼잔해 보이고, 실효성이 나타나는 걸 즉각 확인하기도 힘들어요. 게다가 협업이 돼야 합니다. 나 혼자 땅 판다고 지구를 바꿀 수 있는 건 아니죠. 다 같이 어느 정도 속도를 맞춰 가면서 해야 하는 이런 종류의 일을 하자고 한다면, 어느 누가, 특히 젊은 사람 중에 누가 그걸 받아들이고 싶겠습니까. 들뢰즈와 과타리는 주로 그런 종류의 제안을 합니다. 들뢰즈와 과타리가 '미크로'라는 말을 쓸 때 가장 염두에 두는 게 그런 지점들입니다. '마크로macro'와 '미크로micro'를 구분할 때, 우리말로 '거시'와 '미시'라고 하든, '거대'와 '미세'라고 하든 상관없이 어떻게 부르든 간에 미크로 수준에서 진행되는 것만이 진짜 일이고, 무의식에 대한 탐구이자 동시에 실천입니다. 마크로 수준에서 하는 이야기들은 별 쓸모가 없습니다. 물론 정치의 경우에는 '미시 정치'와 '거시 정치' 둘을 나눌 수 있지만, 그 둘은 서로 떨어져 있지 않습니다. 미시 변화가 거시 변화로 이어지도록 하는 게 관건이지만, 거시 수준의 전략으로는 변화가 일어날 수 없다는 게 요점입니다. 그래서 철학자는 항상 미크로 수준에서 분석과 작업을 행해야 합니다. 무의식 탐구가 '분열분석', '미시 정치' 등 여러 다른 이름으로도 불리는 이유죠. 전통적 시각에서 봤을 때는 별로 달콤하게 들리지 않는 말들인데도 말입니다.

데리다는 반대쪽으로 갔습니다. 데리다의 전략은 아주 황당합니다. 특히 후기 데리다는 더욱 그렇습니다. 지나치게 단순화한 것이긴 하지만, 후기 정치철학과 관련한 데리다의 논의를 살펴보면 가령 이런 식입니다. '혁명은 도래하리라.' 어떻게? 거기에 대한 답은 없어요. 그래서 '메시아 없는 메시아주의'라는 표현을 씁니다. 혁명이 도래할 것이라는 믿음을 저버리면 안 되지만, 현실을 살아가는 우리한테 중요한 것은 '어떻게?'라는 소박한 물음에 대한 한두 마디 답변일 텐데, 데리다한테는 그 답이 없습니다. '도래할 미래'나 '메시아 없는 메시아주의' 정도를 이야기할 뿐입니다. 솔직히 말해 보죠. 사실 메시아는 올 것 같으면서도 안 오는 거잖아요. 온 적이 한 번도 없죠. 희화해서 이야기하기는 했지만, 데리다의 정치철학 관련 저서를 읽다 보면 마지막에 갑갑함을 느낍니다. 들뢰즈와 과타리와는 다르죠. 들뢰즈와 과타리는 다른 측면에서 갑갑함이 오죠. '도대체 언제까지 이 일을 해야 하나? 이렇게 해서 언제 한국에서 극우 수구 계열이 없어지나?' 이런 느낌 비슷할 겁니다. 아주 오래 걸리겠죠. 이런 유의 고민을 자꾸 언급하고, 그 해법을 찾으려고 꼼꼼하게 한 땀 한 땀 해야 할 일을 이야기하니까 들뢰즈와 과타리한테 갑갑함과 어려움이 있는 거지요.

정신분석을 비판하는 지점과 분열분석이 강조하는 지점은 이런 식으로 이어져 있습니다. 두 질문을 연결하는 교집합은 무의식입니다. 정신분석은 무의식의 영역을 정신 안에 국한합니다. 그리고 그것이 의식 속에 드러나는, 즉 무의식 속에 있다가 의식 속으로 돌출하는 메커니즘을 '오이디푸스 콤플렉스'라는 말로 요약합니다. 오이디푸스 콤플렉스는 아빠, 엄마, 나의 복합적인 갈등 관계입니다. 복합적이라서 '콤플렉스'라고 부르는 겁니다. 특히, 내가 아들로서, 유아기에 이루어졌던 관계가 평생을 좌우한다는 게 핵심입니다. 정신분석을 이야기하는 책을 보면, 어려운 용어도 많이 쓰고 심지어는 공식도 많이 쓰는데, 다 부질없다고 생각합니다. 극단적으로 말하자면, 엄마랑 좀 더 같이 있고 싶은데 아빠가 자꾸 쫓아내니까 아빠를 죽이고 싶다는 걸로 요약됩니다. 실제로는 그러지 못하니까 아빠를 그냥 승인하는 거죠. 경험적으로 볼 때, 어느 정도 사실이기도 합니다. 하지만 그 감정이 서른 살, 마흔 살까지 직접 영향을 준다는 것은 믿을 수 없는 사실이죠. 실제로는 유년기만 놓고 봐도 사태가 단순하지 않습니다. 『부자 아빠 가난한 아빠』라는 책이 있었죠. 저자의 의도나 책의 내용과는 완전히 무관하지만, 이 제목에 요점이 담겨있습니다. 아이한테 중요한 건 그냥 아빠가 아니라 '부자 아빠냐 가난한 아빠냐'라는 거죠. **부자 아빠 가난한 아빠는 사회 현상 자체입니다. 이런 식으로 우리를 둘러싼 사회 자체가 우리 각자에게는 우주예요, 존재 자체입니다. 들뢰즈와 과타리는 정신분석을 비판하면서, 가족관계 안에 사회관계가 다 들어와 있다고 말합니다.** 바로 이 부분이 핵심입니다.

예를 들어, 일제 강점기 때 조선인의 삶과 일본인의 삶을 비교해 보죠. 기본적으로 볼 때 식민 치하에서 피지배자로 사는 조선인들의 엄마-아빠-나의 구조와 지배자로 사는 일본인들의 엄마-아빠-나의 구조는 다를 수밖에 없습니다. 따라서 정치적, 경제적 의미로 사회 전체가 가족 속에 녹아 있다는 게 들뢰즈와 과타리의 통찰입니다. 오이디푸스 구조 자체가 처음부터 균열되어 있다는 겁니다. 달리 말하자면, 가족은 사회의 일부라는 것입니다. 이 사례는 식민지 아프리카인을 분석한 프란츠 파농의 사례를 빗댄 겁니다. 들뢰즈와 과타리는 파농을 많이 활용했습니다.

분열분석을 통해 들뢰즈와 과타리가 말하려는 것은 무엇일까요? 앞에서 설명했듯이, 무의식은 물질세계 전체입니다. 그런데 그중 인간이 직접 맞닥뜨리는 물질세계는 사회입니다. 이 지점이 중요합니다. 인간은 붕 뜬 채로 허공에 존재한 적이 없습니다. 항상 사회를 매개로 자연 또는 우주와 맞닿아 있습니다. 탐사선이 가서 찍은 화성 사진을 본 적이 있죠? 그렇다면 화성까지도 이미 인간화된 자연 또는 인간화된 우주의 일부인 겁니다. 이제 화성은 그냥 화성이 아닙니다. 그러니까 물질이라는 말을 추상적으로 생각하면 굉장히 어렵지만, 구체적으로 생각하면 사회의 극한이라고 이야기할 수 있습니다. 인간이 지금까지 도달한 지점까지는 모두 사회입니다. 그것이 곧 물질이고 우주이고 자연입니다. 들뢰즈와 과타리는 이를 무의식이라고 부릅니다. 『안티 오이디푸스』에 보면 이런 문장이 있습니다. "이 경향성으로 늘 더 멀리 가면, 마침내 자본주의는 자신의 모든 흐름과 더불어 달나라에 이를 것이다."(AO 41~42) 인간이 달나라까지 점령했다. 그 비슷한 이야기입니다. 현재는 화성까지 갔고, 보이저호는 태양계를 벗어났다고 합니다. 거기까지가 인간 사회고, 인간 무의식의 극단 지점, 극한이라고 할 수 있습니다. 따라서 들뢰즈와 과타리는 프로이트와는 스케일이 다릅니다. 『안티 오이디푸스』에서 두 사람은 정신분석이 아빠-엄마-나의 놀이, 즉 소꿉놀이 같은 것에 머문다고 비판합니다. 무의식은 소꿉놀이 같은 게 아니라 세계 정복과 우주 전쟁까지 포함한다고 말합니다. 분열분석은 현실 전반과 관련된 반면에 정신분석은 극장에서 상연하는 인형극 같은 수준이라고 구분할 수도 있겠습니다.

> 우리는 『안티 오이디푸스』에서 무얼 하려 했던가? 정신분석과 직접 대립되는 세 가지 요점이 있다고 생각한다. 이 세 가지 요점, 나도 그렇지만 펠릭스도 마찬가지라고 생각하는데, 우리는 그중 하나도 바꾸려 하지 않는다. 세 가지 요점은 이렇다. [i] 무의식은 극장이 아니라 (…) 공장이다. 무의식은 생산이다. 거기서 무의식은 생산한다, 부단히 생산한다. 무의식은 공장처럼 기능한다. 이건 극장으로서의 무의식이라는 정신분석의 견해와 정반대된다. (…) [ii] 두 번째 주제는, 망상, 이건 욕망과 아주 긴밀하게 연관되어 있는데, 욕망하기는 얼마간은 망상하기라는 점이다. 그 어떤 망상이든 잘 들여다보면 그건 뭔가에 대한 거다. 그 어떤 망상이든 그건 정신분석이 거기에 들러 붙여 놓았던 것의 정확히 반대이다. 말하자면 우리는 아버지나 어머니를 망상하는 데로 가지 않는다. 오히려 사람들은 완전히 다른 뭔

가에 대해 망상한다. 이것이 망상의 위대한 비밀이다. 우리는 전 세계에 대해 망상한다. 말하자면, 사람들은 역사, 지리, 부족들, 사막들, 민족들, 종족들, 기후들에 대해 망상한다. 이게 우리가 망상하는 내용이다. (…) 망상은 지정학적인데, 정신분석은 항상 망상을 가족의 규정자들과 연관시킨다. 『안티 오이디푸스』가 출간된 지 아주 많은 햇수가 흘렀지만, 정신분석은 망상 현상에 대해 아무것도 이해하지 못했다고 말하는 거다. (…) [iii] 셋째 요점은 다시 욕망이다. 욕망은 항상 배치체들을 구성하며 하나의 배치체 안에 자신을 건설하고, 항상 여러 요인을 가동하지만, 정신분석은 끊임없이 우리를 단일한 요인으로, 항상 같은 거로, 때론 아버지로, 때론 어머니로, 때론 남근으로 … 우리를 환원시킨다. 정신분석은 다양체가 뭔지 전혀 모르며, 구성주의를 전혀 모르며, 말하자면 배치체들을 전혀 모른다. ("D comme Désir", *L'Abécédére de Gilles Deleuze*, avec Clair Parnet, 1988년의 대담.)

'이즈is, est'와 '앤드and, et'를 왜 구별해야 하는가? 도대체 '일의성'이란 무엇인가?

지금까지 들뢰즈 철학을 정치적, 사회적 맥락과 관련해서 이야기했습니다. 다음으로 '이즈is'와 '앤드and'에 대해 이야기하겠습니다. 이는 사실 '존재'에 관한 이야기입니다. '이즈'는 영어 비be 동사의 3인칭 단수 현재형이죠. '앤드'는 '그리고'라는 뜻이고요. 둘 다 프랑스어로는 '에est/et'라고 발음합니다. 발음이 같은 걸 이용해 들뢰즈는 "'에est'가 아니라 '에et'다"라고 말장난을 하곤 했습니다. 이 진술은 보기보다 많은 것을 담고 있습니다.

서양 철학에는 '존재란 무엇인가?'라는 질문을 둘러싼 오랜 전통이 있습니다(이 전통에 대해서는 나중에 더 자세히 설명할 기회가 있을 겁니다). 파르메니데스라는 고대 희랍 철학자에서 시작하지요. 파르메니데스는 존재에 관해 처음으로 논리적인, 희랍어로 쓰자면 '로고스logos' 차원의 논의를 전개한 사람입니다. 여기에서 로고스 차원이란 이성적이고 논리적이고 언어적으로 분석한다는 뜻입니다.

앞에서 이야기한 프랑스어 '에est'에 대응하는 희랍어 동사는 '에스티esti'입니다. 동사 원형은 '에이나이einai'입니다. 인도유럽어 전통에서 이 말에는 세 가지 뜻이 있습니다. 간략히 말하면, '존재한다', '~이다', '참이다'라는 뜻입니다. '에이나이'는 생성 변화에 노출되지 않고, 불변하고 영원하며, 늘 그러하고, 참으로 그렇다는 뜻을 동시에 갖고 있습니다. 파르메니데스가 '로고스'를 통해, 즉 언어적, 논리적, 이성적으로 '에스티'라는 말을 살펴보니 그런 뜻을 인식할 수 있었다는 말입니다. '에스티'의 명사형이 '온on'입니다. 오늘날 우리말로 '존재'라고 옮기곤 하는 여러 가지 서양어들이 여기에 해당합니다. 영어로는 '비잉being', 프랑스어로는 '에트르être', 독일어로는 '자인sein'이지요. 이로부터 존재하는 것과 존재하지 않는 것의 구별도 자연스레 도출됩니다.

> 있는 것은 생성되지 않고 소멸되지 않으며, 온전한 하나이고 흔들림 없으며 완결된 것이다. 그것은 언젠가 있었던 것도 아니고, 있을 것도 아니다. 왜냐하면 지금 전부 함께 하나로 연속적인 것으로 있으니까. 그것의 어떤 생겨남을 도대체 그대가 찾아내랴? 어떻게, 무엇에서 그것이 자라난 걸까? 나는 그대가 있지 않은 것에서라고 말하는 것도 생각하는 것도 허용하지 않으리라. 왜냐하면 있지 않다는 것은 말할 수도 없고 생각할 수도 없으니까. 그리고 어떤 필요가 먼저보다

는 나중에 그것이 아무것도 아닌 것에서 시작해서 자라나도록 강제했을까? 따라서 전적으로 있거나 아니면 전적으로 없거나 해야 한다. 또 확신의 힘은 있지 않은 것에서 도대체 어떤 것이 그것 곁에 생겨나도록 허용하지도 않으리라. 그것을 위해 정의dike는 족쇄를 풀어서 생겨나도록 또 소멸하도록 허용하지 않았고, 오히려 꽉 붙들고 있다. 이것들에 관한 판가름은 다음의 것에 달려 있다. 있거나 아니면 있지 않거나. (…) 그런데 어떻게 있는 것이 나중에 있을 수 있으랴? 또 어떻게 그것이 생겨날 수 있었으랴? 왜냐하면 생겨났다면 그것은 있지 않고, 언젠가 있을 것이라면 역시 있지 않으니까. 이런 식으로 생성은 꺼져 없어졌고 소멸은 들리지 않는다. [그것은] 나누어질 수 있는 것도 아니다. 왜냐하면 전체가 균일하기에. 또 여기에 조금도 더 많이 있지도 않고(그런 상태는 그것이 함께 이어져 있지 못하도록 막으리라), 조금도 더 적게 있지도 않으며, 오히려 전체가 있는 것으로 꽉 차 있다. 이런 방식으로 전체가 연속적이다. 왜냐하면 있는 것이 있는 것에 다가가니까. 하나 [그것은] 커다란 속박들의 한계들 안에서 부동不動이며 시작이 없으며 그침이 없는 것으로 있다. 왜냐하면 생성과 소멸이 아주 멀리 쫓겨나 떠돌아다니게 되었는데, 참된 확신이 그것들을 밀쳐냈기 때문이다. 같은 것 안에 같은 것으로 머물러 있음으로써, 그 자체만으로 놓여 있고 또 그렇게 확고하게 그 자리에 머물러 있다. 왜냐하면 강한 필연ananke이 그것을 빙 둘러 에워싼 한계의 속박들 안에 [그것을] 꽉 붙들고 있으니까. 따라서 있는 것이 미완결이라는 것은 옳지 않다. 왜냐하면 결핍된 것이 아니며, 만일 결핍된 것이라면 그것은 모든 것이 결핍된 것일 테니까. (파르메니데스, 「단편 8」, 『소크라테스 이전 철학자들의 단편 선집』, 강철웅 외 옮김, 아카넷, 2005, 280~284쪽을 인용자가 가공한 것이다.)

자, 이제 우리 현실을 볼까요. 실제로 보면, 세계는 변화무쌍합니다. 하지만 파르메니데스에 따르면, 존재 세계에는 운동이 있으면 안 되죠. 존재는 운동, 변화, 생성, 소멸 등에서 벗어나 있다고 했습니다. 로고스 차원에서는 그렇습니다. 언어를 분석해 보면, 논리적으로 따져 보면, 이성적으로 생각하면, 우리가 살고 있는 이 현실은 존재하는 게 아닙니다. 이것이 서구의 뿌리 깊은 전통 중 하나입니다. 들뢰즈가 '에et'와 '그리고'를 통해 반박하려는 것이 바로 파르메니데스적 존재입니다. 현실은 계속 변합니다. '그리고, 그다음에, 그다음에et… et puis… et puis…' 하는 식으로 바뀝니다. '이즈'가 아니라 '앤드'라고 말할 때, 들뢰즈는 바로 이 중대한 이야기를 하는 중입니다. 또한 여기에는 실천적인 의미도 있습니다. 고정 상태로 세계를 놔두는 것이 아니라 계속해서 바꾸어 나가자(미시 수준에서 꼼꼼하게 한 땀 한 땀 바꾸자고 이야기한 바대로)는 겁니다. 말로만 세상을 바꾸자고 외치는 것이 아니라. 그것이 '이즈'와 '앤드'의 가장 중요한 차이 중 하나입니다. '앤드'를 강조하는 것은 결국 어떤 종류의 실천을 함축합니다. 파르메니데스가 저런 주장을 강변할 때, 제자 하나가 빠른 속도로 그 앞에서 왔다 갔다 했다고 합니다. 파르메니데스가 "그만 좀 움직여, 정신 사나워!"라고 외쳤다지요. 그 제자는 운동이 있음을 그런 식으로 반증했다는 이야기가 전해지기도 합니다.

이제 관념론과 유물론(또는 자연주의), 이 둘의 관계를 언급할 차례입니다. 이 문제는 첫 번째 질문과 이어집니다. 그러니까 '이즈' 또는 '앤드'라는 존재의 특성과 관련됩니다. '일의성一義性'이 바로 존재의 특성에 관련된 이야기입니다. 일의성 테제란 도대체 무엇일까요? 일의성이란, 프랑스어로 '위니보시테univocité', 영어로 '유니보시티univocity'에 해당합니다. 라틴어 '우니uni'는 '하나'라는 뜻이고, 라틴어 '복스vox'

의 2격genetive인 '보키스vocis'는 '목소리'라는 뜻입니다. '일의성'은 이 두 말을 합쳐서 만든 말입니다. 그러니까 '한 목소리'라는 뜻이죠. 이에 대비되는 말은 본래 '다의성多義性' 또는 '양의성兩義性'으로 번역하는 '에퀴보시테equivocité/이퀴보시티equivocity'인데, '같은'이라는 뜻의 라틴어 '아이쿠우스aequus'와 목소리vox, vocis를 합친 말입니다. '같은 목소리'라는 뜻이죠. 사전을 찾아보면, 이 말은 동음이의어同音異議語를 가리킵니다. 발음은 같지만 의미는 다르다는 것이지요. 이 점을 더 명확히 하려고 들뢰즈는 '유비analogie'라는 말을 사용합니다.

지금까지 목소리라고 했는데, 그렇다면 그 목소리는 누구의 것일까요? 바로 '존재의 목소리'입니다. 아리스토텔레스는 종종 "존재는 여러 가지로 말해진다"라고 했는데, 이 명제가 바로 '존재의 다의성'이라는 테제입니다. 이해하기 쉽게 설명해 보겠습니다. 아리스토텔레스에 따르면, 희랍어의 '에스티(있다, 이다, 참이다)'는 여러 가지 의미로 구별될 수 있습니다. '에스티'는 조금 넓은 의미로는 '술어術語'라고도 합니다. 즉, 에스티 또는 술어는 여러 가지로 분류될 수 있다는 겁니다. 전통적으로 그 분류를 '범주category'라고 불렀습니다. 이때 가장 중요한 것은 '실체'와 실체에 '따라다니는 것들' 사이의 구분입니다. 가령, 소크라테스라는 실체가 있어야 키와 몸무게가 얼마고, 피부색이 어떻고 따위를 말할 수 있습니다. 여기에서부터 소크라테스가 '실체'이고, '키와 몸무게'는 양, '피부색'은 질이라는 구별과 분류가 생기는 겁니다. 관건은 '실체'와 '따라다니는 것들'이 존재의 등급으로 볼 때 과연 같은가 하는 점입니다. 둘 중에서 '실체'가 우선인 것처럼 보이거든요. '따라다니는 것들'은 사실상 실체 없이 홀로 있을 수 없잖아요. '존재의 다의성' 테제란 바로 이것을 말합니다. 최고의 실체와 다른 존재자들은 존재의 등급이 다르며, 서로 다른 목소리를 낸다고, 즉 실체에 비해 유비적으로만 존재한다고 할 수 있다는 겁니다.

> 술어란 무엇인가? 우리가 서로 의사소통을 할 때는 당연히 세상에 존재하는 여러 가지 대상들을 가리키고 그에 관하여 이러저러한 정보를 교환하게 된다. 이때 바로 이러저러한 정보를 담고 있는 말이 곧 술어라고 할 수 있는 것이다. (…) 술어의 예를 머릿속으로 열거해 보면 우리는 곧 그것들이 유형별로 분류될 수 있음을 발견하게 될 것이다. 가령, 붉다거나 푸르다거나 하얗다거나 하는 것과 착하다거나 심술궂다거나 하는 것, 60킬로그램이거나 70킬로그램이라거나 하는 것 등이 그 예가 되겠는데, 이것들은 각각 색깔이거나 성품이거나 무게라는 이름하에 한 군데 묶여 분류될 수 있는 것들이다. 아리스토텔레스는 이런 모든 술어를 유형별로 정리해 보려는 시도를 했다. 이것이 정말 일거리가 될 수 있는 것은 유형 분류의 적합한 기준을 찾아내는 일이 그리 간단치 않기 때문이다. 얼른 생각해 보아도 기준을 택하기에 따라 큰 분류도 가능하고 아주 작은 분류도 가능하다는 것을 알 수 있을 것이다. (…) 여러 방식의 가능한 분류 중에 아리스토텔레스가 관심을 가진 것은 가장 크게 분류하는 방식이었다. (…) 그가 제시한 큰 종류는 모두 열 가지가 된다. 열거해 보자면 방금 예로 든 질性質, quality과 양量, quantity 외에도 실체實體, substance, 관계, 시간, 장소, 능동, 수동, 소유, 상태 등이 그것이다.
>
> 이 열 가지 항목을 전통적으로 바로 '범주'라는 이름으로 불렀다. (…) 열 가지 범주 중 가장 중요한 것은 실체이다. 이 범주 안에 드는 것은 예컨대 소, 말, 사람, 사과, 책상 같은 것들이다. 요컨대 '그것이 무엇이냐?'는 질문에 대하여 답으로 줄 수 있는 것들의 범위가 실체의 범위라고 보면 크게 틀리지 않는다. 실제로 아리스토텔레스는 실체라

는 어려운 말 대신 '무엇임to ti esti'이란 말도 같은 뜻으로 자주 사용했다. 실체가 중요한 이유는 그것이 여타의 범주에 속하는 것들에 대하여 중심 기둥 노릇을 하는 것이기 때문이다. 실체가 마치 숙주宿主처럼 가운데 존재하고 다른 것들은 거기에 붙어서 존재하게 되는 것이다. (…) 이렇게 실체에 의존해서 존재하는 것들을 아리스토텔레스는 종종 한마디로 '따라다니는 것symbebekos'이라고 묶어 부르기도 한다. 질과 양뿐 아니라 실체를 제외한 나머지 범주에 속하는 술어가 가리키는 것 모두가 다 '따라다니는 것'으로 취급된다. (…)

많은 아리스토텔레스의 추종자들(…)이 보기에는 범주의 구별이 술어의 유형에 대한 구별이라고 해서 단순히 언어의 차원에서만 성립하는 구별에 불과한 것이 아니다. 범주는 결국 언어 밖에 실재하는 세계를 그대로 반영하고 있다는 것이다. 즉, 범주는 각 술어에 해당하는 실재 세계에 객관적으로 존재하는 공통점을 추상해서 얻은 결과라는 것이다. 그래서 전통적으로 범주는 곧 '최고의 유개념類槪念'이라는 이해가 일반화되어 있었다.

'유개념'이란 간단히 말해서 여러 대상에서 공통점을 추상해 내어 구성한 것으로서 그중 상대적인 추상의 정도가 높은 개념을 뜻한다. 예컨대 개, 말, 사람 등의 공통점을 추상해 내서 동물이란 개념을 얻어냈을 때, 동물을 개, 말, 사람 등을 포괄하는 유개념이라 부른다. 또 동물과 식물의 공통점을 추상해 내서 생물이란 개념을 얻어내면 생물이 동식물에 대하여 유개념이 된다. (이때 유개념에 포괄되는 추상 정도가 덜한 하위의 것들, 가령 동물이나 식물을 보통 생물에 대한 '종개념種槪念'이라고 한다.) 최고의 유개념이란 이런 식으로 추상해서 올라가서 더 이상 추상을 할 수 없는 단계에서 얻는 개념을 일컫는다.

이런 설명의 기본에 깔려 있는 생각은 최고의 유개념이 사물들 간에 실재하는 공통점을 추상해서 얻어낸 것인 만큼 그것이 임의적으로 만들어진 것은 아니라는 점이다. 다시 말해 어디까지나 실재 존재의 세계에서 발견되는 것을 바탕으로 해서 출발했으니까 그 최종의 도달점에서 이루어진 범주의 구별은 결국 실재 세계의 객관적 질서를 반영할 수밖에 없으며 그러한 범주 구별의 기준은 보편타당성을 지닌다는 것이다.

그러나 이런 생각은 아무래도 언어와 세계의 관계를 너무 쉽게 지나쳐 버리고 있는 것 같다. 우리로서는 어쨌든 희랍어와 실재하는 세계 간에 특별한 관계가 좀 더 설득력 있게 입증이 되지 않는 한 범주의 문제에 대하여 덮어놓고 아리스토텔레스에서 유래한 전통적인 범주론을 추종할 의무가 없다. (이태수, 「범주」, 『철학과 현실』 1990년 가을호, 329~344쪽.)

'존재의 다의성' 테제는 결국 실체와 다른 것들 사이에는 교집합이 없다는 뜻입니다. 우주에 존재하는 것이 다 똑같은 목소리냐, 아니면 다른 목소리를 내는 특별한 존재가 또 있느냐 하는 문제입니다. 관건은 당연히 '신'입니다. 신과 피조물이 같은 존재의 등급에 속하느냐, 교집합이 없기 때문에 배타적이고 등급 차이가 나느냐 하는 것이지요. 이 문제는 특히 『차이와 반복』에서 많이 언급되는데, 복잡한 맥락을 간추리면 이와 같습니다. '신의 세계와 인간의 세계 사이의 관계가 무엇인가?' 하는 문제라고 할 수 있습니다. 또는 우리가 출발하는 곳은 여기 이곳, 즉 자연 세계인데, 이와 성격과 등급을 달리하는 다른 세계, 초월 세계가 있느냐는 문제이기도 합니다. 가능한 답은 무엇일까요? 우리는 모른다는 겁니다.

그런데 많은 철학자가 우리가 속한 자연 세계를 설명하려고 초월

세계를 도입했습니다. 대표적인 사람이 아리스토텔레스입니다. 아리스토텔레스가 든 예를 빌려서 말해 보죠. 가령, 사람한테는 부모가 있습니다. 그 부모한테도 부모가 있죠. 그렇게 계속 거슬러 오르다 보면 언젠가는(이런 식으로 결국 가설 형태를 취하기 때문에 '도입했다'고 이야기한 것입니다) 무한한 소급이 끝나야만 하고, 최초의 시작점에 있는 어느 누구는 누군가로부터 태어나지는 않았으면서 다른 누군가를 낳은 어떤 존재이리라고 가정할 수 있습니다. 자기는 다른 것에 의해 운동 당하지 않았으면서 운동을 일으켰다는 점에서, 철학 용어로 이 존재를 '부동의 원동자The Unmoved Mover, The First Mover'라고 합니다. 한마디로 최초의 어떤 존재가 있다는 겁니다. 그 존재로부터 모든 존재가 시작됐다는 거죠. 유대-기독교의 '신'이 떠오르지요? 그 존재는 당연히 그 후에 생겨나는 존재들하고는 존재 방식이 다릅니다. 아리스토텔레스는 이 존재를 도입해야만 우리가 살아가는 자연과 우주가 설명될 수 있다고 생각했습니다. 이 초월적인 존재는 앞에서 이야기했던 '이즈(에스티)'의 특성을 모두 다 가졌습니다. 변치 않고 영원하며 완벽하고 급이 떨어지는 일도 없죠. 파르메니데스가 말한 존재의 특성을 다 가졌습니다. 그다음에 존재하는 것들부터는 어떤 점에서든 급이 떨어지는 거죠. 그래서 등급의 차이를 둡니다. 우리 세계에 존재하는 것들은 저 완벽한 존재와 같이 존재라는 말을 쓸 수는 있지만, 유비적으로만 그 말을 쓸 수 있고 실제로는 그렇지 않다고 보는 겁니다. 급이 다르다는 거죠. 어떻게 생각하시나요?

방금의 논증 과정에서 이미 드러났듯이, 원인을 찾아 무한히 거슬러 올라가는 일을 계속하는 것도 보통 사람은 하지 않는 이상한 짓이지만, 어느 존재에서 갑자기 멈춰선 후 그 존재가 그 후의 세계를 산출했다는 것도 하나의 가설일 뿐이죠. 아리스토텔레스와 달리, 들뢰즈는 멈추지 않기로 합니다. 이번에는 들뢰즈를 좇아서 가장 중요한 논거를 현대적으로 찾아보죠. 어떤 결과가 있으면 그 결과에는 반드시 원인이 있습니다. 아리스토텔레스는 이를 부모 자식 관계로 비유해서 풀었습니다. 그렇게 거슬러 오르다, 결과가 아니면서 원인인 존재가 있어야 한다는 쪽으로 결론짓습니다. 하지만 그 최초의 존재가 그다음 존재, 즉 성격이 완전히 다르고 급도 떨어지는 존재를 왜 낳았으며, 또 낳을 필요가 있었겠느냐는 의문이 생깁니다. 완벽한 존재가 무슨 필요가 있다고 세계를 따로 만들어 냈을까요? 뭔가 만들어 내야 했다면, 설사 지루함을 견디지 못해서 세계를 만들었다 할지라도, 왜 부족하도록 만들었을까요? 이것이 아리스토텔레스의 첫 번째 궁지입니다. 또한 그런 식으로 따졌을 때, 이 가설은 다른 문제도 야기합니다. 초월적 세계가 물리적 자연 세계에 인과적으로 어떻게 영향을 줄 수 있느냐 하는 거지요. 물리 세계는 우리가 아는 한에서는 인과적으로 서로 얽혀 있습니다. 우주 바깥에서 이 우주를 마치 꼭두각시 인형처럼 조작하는 존재를 필요로 하지 않습니다. 우주는 우주 자체로 운행됩니다. 그런데도 굳이 우주 바깥의 존재를 설정해야 하는 이유가 있을까요? 관념론에서 말하는 '주체' 역시 '부동의 원동자' 또는 '신'의 성격을 갖습니다. 물리적 세계 바깥에서 물리적 세계에 인과적으로 효력을 미치는 특성이 있는 것입니다.

이에 반해서 자연주의 유물론에서는 그런 종류의 주체를 거부합니다. '의식'이라 불리든, '자유의지'라 불리든 마찬가지입니다. 자유의지의 문제하고 의식, 주체, 인과의 문제는 서로 긴밀하게 이어져 있습니다. 그걸 본격적으로 이야기한 사람이 칸트였죠.

인과관계를 설명할 때 흔히 당구공을 예로 듭니다. 여기에 하얀 당구공이 정지해 있습니다. 그 당구공에 빨간 당구공이 부딪히면 하얀 당구공은 특정한 속도로 운동을 시작합니다. 이럴 때 보통 빨간 당구공을 원인, 하얀 당구공을 결과라고 합니다. 그런데 이 말은 전혀 맞지 않습니다. 정확히 말하자면, 빨간 당구공이 하얀 당구공에 부딪힌 사건이 있고, 하얀 당구공이 움직이기 시작한 사건이 있습니다. 원인과 결과라는 말은 이 두 사건 사이의 관계를 이야기할 때 써야 합니다. 인과관계는 어떤 선행 사건과 후행 사건의 관계입니다. 어떤 사건이 원인이 되어 다른 사건을 결과로 낳습니다. 그러고는 그 결과가 또 다른 원인이 되어 또 다른 결과를 낳지요. 그리고 그 결과가 또 다시 원인이 되는 식으로 계속 이어지는 겁니다. 이를 '인과의 사슬'이라고 부를 수 있습니다. 엄밀히 말하면, 인과의 사슬이라기보다는 차라리 '인과의 그물'이라고, 더 정확히 말하면, 인과의 입체 그물이라고 해야 적합하죠. 다수에 영향을 미치고 다수로부터 영향을 받는 관계니까요. 하지만 그 범위는 자연 세계에 한정됩니다. 자유의지나 초월적 원인이나 신의 개입 같은 말들이 뜻하는 바는, 인과의 입체 그물 바깥에서, 즉 이 우주 바깥에서 힘을 행사하는 무엇이 존재하고, 그 존재로 인해 인과의 입체 그물이 다르게 바뀔 수 있다는 것입니다.

자, 여기에 선을 하나 그어 보죠. 선분 AEB는 자유의지가 없을 때 인과가 작용하는 경로입니다. 반면에 인과의 사슬 바깥으로부터 작용하는 자유의지(선분 CED)가 있다면, 두 선이 만나는 지점인 E에서 B로 인과가 작용하는 것이 아니라 D로 비스듬히 꺾여서 작용하는 일이 일어날 수 있습니다(AED). 우주 전체로 보자면 신이 그 역할을 할 수 있겠죠. 신이 인간화된 것이 개인의 자유의지이고, 자유의지의 시작점이 주체이며, 인과가 향하는 방향을 결정하는 것이 의식입니다. 기이한 일은, 지젝과 같은 자칭 유물론자조차 이러한 관념론적 입장을 내세운다는 점입니다. 따라서 '유물론자'를 식별하려면 그의 주장이 아니라 그가 실제로 이야기하는 내용을 점검해야 합니다.

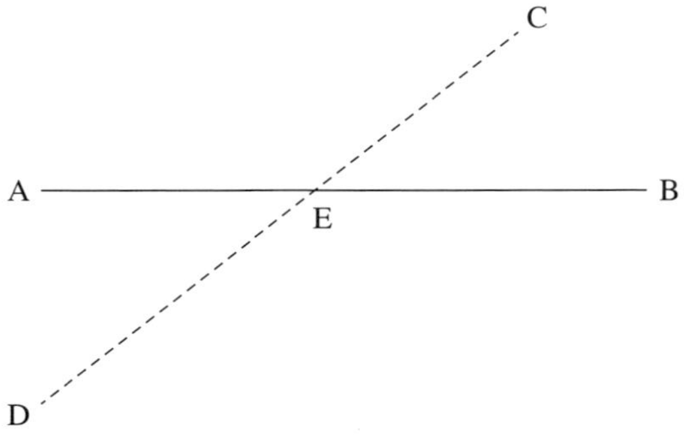

주체는 반성성의 주름인 바, 이를 통해 나는 나를 규정하도록 허용된 원인들을 소급적으로retroactively 규정하거나 적어도 이 선형적 규정의 양태를 규정한다. 그러므로 '자유'는 본래부터 소급적이다. 가장 기초적인 차원에서, 자유는 아무 데도 아닌 곳nowhere으로부터 새로운 인과적 연계link를 시작하는 자유로운 행위에 불과한 것이 아니라, 나아가 필연성들의 어떠한 연계/연쇄가 나를 규정할 것인지를 승인하는 소급적 행위이다. (…) 자신의 원인들에 대한 결과의 이 과잉excess은 또한 결과가 소급적으로 자신의 원인의 원인임을 의미한다. (…) 이 소급적 인과성은, 결과 그 자체에 의해 자신의 원인들에 행사되는바, 자유의 최소한의 필수 조건sine qua non이다. 만약 이 자유가 없다면 결과들은 어떤 면에서 자신의 원인들 속에 선재할 뿐 아니라 곧바로 자신의 원인들보다 선재하지 않겠는가? 말하자면, 만약 원인과 결과 사이에 과잉/틈이 없다면 결과는, 자신의 원인에 앞서 미리 주어지리라는—그리고 인과적 연계의 전개를 그 전개의 숨겨진 목적telos으로서 규제할 것이라는—의미에서, 자신의 원인보다 선재하리라. (헤겔의 말처럼) 목적론은 선형적, 기계적 인과성의 진실이니까. 한 발 더 나아가 본다면, 역설적이게도 우리는 자신의 원인에 대한 결과의 과잉에 관한 이러한 언명이, 자유의 가능성에 관한 이러한 언명이, 들뢰즈 유물론의 근본적인 언명이라고 주장해야 한다. 다시 말해, 요점은 단지 다수의 물체들의 물질적 현실에 대한 비물질적 과잉이 있다는 점뿐만 아니라, 이 과잉이 물체들 자체의 층위에 내재적이라는 점이기도 하다. (…) 의미-사건은 물체적 원인들의 복합적 그물로부터 창발하는 어떤 것이지 않은가? (…) 자유는 내가 결코 전적으로 환경의 희생물이지는 않다는 것을 의미한다. 언제나 나는 어떤 환경이 나를 규정할지를 규정하는 최소한의 자유를 이용한다. (…) 해결책은 바로 물리적 인과성의 불완전성이라는 생각에 있다. 자유는 나를 규정하는 인과 사슬을 소급적으로 규정하며, 이와 같은 선택의 최소 공간은 물리적 과정들 그 자체의 본래적 비결정성에 의해 지탱된다. 실체적 의미에서, 당연히 자유는 의식의 인과적 역할이 순수하게 타동사적transitive이지 않다는 것을, 의식은 '그것이 야기하도록 야기되지 않는 것들을 야기할cause things it isn't caused to cause' 수 있다는 것을, 그리고 칸트 자신이 말했듯, 새로운 인과적 선/사슬을 무에서ex nihilo 시작할 수 있다는 것을 의미한다. 그렇지만 이 '무nihilo'는 물리적 현실 그 자체 안에 그것의 인과적 불완전성으로서 위치하고 있다. (…) 자유의 공간을 또 다른 정립적positive 인과성에 의해 채워지지 않은 채 열어놓는 것은 바로 물리적 인과성 속의 틈 그 자체이다. 들뢰즈가 표현했듯이, 물체적 인과성의 '너머에 그리고 그 위에 있는' 유일한 인과성은 비물질적인 준-원인의 인과성이다. (Slavoj Žižek, *Organs without Bodies: Deleuze and Consequences*, Routledge, 2004, pp. 112~114; 한글판 215~220쪽.)

과연 우주가 본래 어떤 모양새를 하고 있느냐가 관건입니다. 우주가 변해 간다고 할 때 그 변화하는 양상이 자연 안에 있는 원인들과 결과들이 계속 이어지는 형태인가, 아니면 자연 밖에서 무엇인가가 개입해서 우주의 운행 방향이 바뀌는가 하는 것이 쟁점입니다. 관념론이나 신학 전통에서는 바깥에서 무언가가 개입해서 우주의 운행 방향이 바뀔 수 있다고 보는 것이고, 유물론이나 자연주의 전통에서는 그럴 수 없다고 보는 것입니다. 우주에 개입할 만한 어떤 힘도 우주 바깥에는 없다는 것이지요. 이 지점에서 논란이 생기겠죠. '존재의 일의성' 테제는 선분 CED가 존재하지 않는다는 겁니다. 사회란 우리가 현재까지 아는 우주를 말합니다. 우리가 아는 사회와 그 사회를 바탕으로 구성된 존재론의 입장에서 볼 때, 신 같은 특별한 존재자는 없고 그저 고만고만한 존재자들, 동급의 존재자들만 우주에 가득합니다. 이 입장이 바로 '일의성' 테제입니다. 『차이와 반복』에서 들뢰즈는 이 테제가 둔스 스코투스에서 시작해서 스피노자를 거쳐 니체에서 완성된다고 말합니다. 스피노자는 실체는 신과 같다고 주장하면서, 실체와 신의 표현인 속성과 속성의 표현인 양태를 구분합니다. 그래서 3단계 위계인 것처럼 보이기도 합니다. 그러나 스피노자는 그 양태가 사실은 신의 변화, 신이 표현되는 방식이라고 얘기합니다. 양태를 라틴어로 '모두스modus'라고 합니다. 영어로는 모드mode지요. 이 말은 본래 '방식'을 뜻합니다. 최근에 프랑스에서는 스피노자의 '양태'를 영어의 '매너manner'에 해당하는 '마니에르manière'로도 번역합니다. 그러니까 개별 존재 하나하나가 양태인데, 그 하나하나는 신이 드러나는 방식 중 하나라고 설명하는 겁니다. 세상에 존재하는 만물이 다 신의 표현이라니! 생각할수록 흥미롭지요? 들뢰즈는 스피노자한테 여전히 실체와 양태의 구별이 남아 있다고 비판합니다.

3. 나는 자신 안에 있고 자신에 의해 착상되는 것, 즉 그 개념을 형성하기 위해 다른 실재의 개념을 필요로 하지 않는 것을 실체로 이해한다.
5. 나는 실체의 변용들, 곧 다른 것 안에 있으며 또한 이 다른 것에 의해 착상되는 것을 양태로 이해한다. (Baruch Spinoza, *Éthique*, tr. Robert Misrahi, Édition de l'éclat, 2005, p. 59.)

스피노자의 주장의 문제는 어떤 점에서는 일의성이 아니라 다의성, 즉 서로 다른 목소리를 가진 존재가 있는 것처럼 들린다는 것입니다. 니체 철학에 이르러서야 이러한 스피노자의 한계가 해소되었습니다. 니체는 힘과 의지로 모든 걸 설명하려고 하므로, 실체와 양태 따위의 위계적 구분을 폐기한다고 들뢰즈는 평가합니다. 물론 나중에는 스피노자에 대한 이러한 평가를 약화시켜, 니체와 동렬에 놓지만 말입니다.

'존재는 일의적이다'라는 존재론적 명제 말고는 있었던 적이 없다. 유일한 존재론, 둔스 스코투스의 존재론만이 있었는데, 그는 존재에 단일한 목소리만을 부여했다. 우리가 둔스 스코투스를 말하는 까닭은, 그가 일의적 존재를 추상이라는 대가를 치르긴 했어도 최고로 섬세한 지점으로 데려가는 법을 알았기 때문이다. (…) 하지만 실체와 양태들 사이에는 어떤 무관심이 여전히 존속한다. 스피노자에서 실체는 양태들과 독립해 있는 것처럼 보이며, 양태들은 실체에 의존하지만, 어떤 다른 것으로서 있다. 실체 그 자체는 양태들에 **대해**, 오로지 양태들에 **대해서**만 이야기되어야 한다. 그런 조건은 좀 더 일반적인 범주 전복을 대가로 해야만 채워질 수 있는데, 이런 전복이 있으면 존재가 생성에 대해 이야기되고, 동일성이 차이에 대해 이야기되고, 하나가 여럿에 대해 이야기된다. (…) 이것이 코페르니쿠스 혁명의 본성이다. (…) 영원회귀로 니체는 다른 말을 하려 한 것이 아니었다. (DR 52, 59, 강조는 원문)

만일 우리의 해석이 정확하다면, 니체보다 앞서 스피노자는 힘이 변용 능력과 분리될 수 없으며 이 변용 능력은 자신의 권력을 표현한다고 보았다. 그렇지만 니체는, 다른 요점과 관련해서, 스피노자를 비판한다. 스피노자는 권력의지une volonté de puissance라는 착상에까지 올라가지는 못했는데, 그는 권력puissance(역량)을 단순한 힘force과 혼동했으며, 힘을 반동적인 방식으로 착상했다는 것이다(코나투스와 보존 참조). (NP 70)

스피노자에게서 가장 흥미로웠던 것은 그의 실체가 아니라 유한 양태들의 구성이었다. 이것이 내 책의 가장 독창적인 측면 중 하나라고 본다. 요컨대, 실체를 유한 양태들로 전환하고, 아니면 적어도 실체 안에서 유한 양태들이 작동하는 내재면을 보려는 희망이 이 책에 나타나 있다. (…) 지금 쓰는 책『철학이란 무엇인가?』에서 나는 이 절대적 내재성이라는 문제로 돌아가려 하며, 왜 스피노자가 나에게 철학자들 중의 '군주'인지를 말하려고 한다. (들뢰즈, 마르탱 주깅에게 보낸 편지, 1990.)

내재성과 양태는 각각 무엇이며, 그것들은 변혁의 힘이 될 수 있는가?

다음으로, 내재성과 양태를 이야기해 보겠습니다. 초월 세계를 상정하는 입장과 반대로, 내재성의 철학은 우리가 아는 이 존재 세계가 전부라고 주장합니다. '내재성immanence'이란 말은 이해하기 쉽지 않습니다. 심지어 들뢰즈가 생전 마지막으로 발표한 글의 제목이 「내재성: 하나의 삶…L'Immanence: Une vie…」(1995년 9월)입니다. 그만큼 그가 마지막까지 붙잡았던 문제라는 뜻입니다. 내재성이란 '자기 안에 있다'는 뜻, 즉 자기 안에 머물러 있다는 뜻입니다. 우주가 자기 안에 머물러 있다고 좀 더 풀어 갈 수도 있습니다.

『윤리학』 첫머리에서 스피노자는 '자기 안에 있는 것'과 '자기 바깥에 있는 것'을 구분합니다. 그런데 내재성의 철학 또는 비초월성의 철학에 충실하자면, 모든 존재는 자기 안에 있다고 해야 맞습니다. 스피노자는 자기 안에 있는 존재를 '실체'라고 부릅니다. 앞에서 살펴본 것처럼, 이런 점에서 그는 '실체'와 '양태'의 구별을 묘한 형태로 남겨 둔 것 같기도 합니다. 그런데 스피노자에게 중요한 건 실체 이론이 아니라 양태 이론이었습니다. 이 세계에 있는 개별적 존재자들, 존재하는 하나하나들에 대해 말하는 것이 스피노자 철학의 핵심입니다. 들뢰즈는 말년에 가서야 이 사실에 대해 언급합니다. 중요한 건 양태밖에 없습니다. 개개로 존재하는 것들을 뛰어넘는 세계 또는 그런 존재는 없습니다. 모든 것은 우주 안에 있습니다. 우주 안에 있는 개별의 것들이 전부입니다.

흄의 비유를 빌려서, 이를 설명해 보겠습니다. 하늘에는 구름이 있습니다. 그런데 구름이라는 존재가 별도로 존재하나요? 여러분 대부분은 구름 속에 들어가 본 경험이 있을 겁니다. 구름 속에 실제로 들어가면 구름이 무엇으로 바뀌죠? 안개입니다. 구름이든 안개든 똑같이, 작은 물방울들의 모둠입니다. 저 역시 학생 때 지리산을 등반하면서, 구름과 안개는 똑같은 것이로구나, 미세한 이슬비 같은 것이로구나,

하는 걸 처음 알았습니다. 따라서 실제 존재하는 것은 구름이 아니라 물방울들뿐입니다. 구름은 별도의 실체가 아닙니다. 물론, 흄이 이런 비유를 쓴 것은 아닙니다. 구름과 안개와 물방울의 비유는 각색한 겁니다. 흄은 자아self에 대해 비슷한 이야기를 합니다. 자아는 관념idea(생각의 기본 단위)들 또는 이미지image(이때 이미지는 가장 작게 조각난 것으로 일종의 단위를 말합니다)들의 모임 또는 다발collection of ideas이라는 겁니다. 흄에 따르면, 자아라는 실체가 따로 있는 게 아니라 관념들이 모인 게 자아입니다. 그래서 그릇이 없고 그 안에 담긴 내용물만 있다거나, 무대 없이 연극이 진행된다는 비유를 들기도 합니다. 어떤 특정 시점에는 모양이 있을 수도 있고, 순간순간 나름의 경계가 있을 수도 있지만, 계속 변해 가는 어떤 것을 떠올리면 됩니다. 이것이 흄에게는 자아의 정체입니다.

통상 자아는 하나의 실체로 이해되어 왔습니다. 아리스토텔레스 이래로 실체란 변화의 전후에 변화하지 않은 채 남아 있는 것이라고 규정됩니다. 앞에서 이야기한 파르메니데스의 존재와 비슷한 성격입니다. 가령, 어떤 병이 파란색이라고 하죠. 그 파란색이 시간이 흐름에 따라 빛이 바래면서 회색이 됐다고 합시다. 이때 변하지 않은 채로 있는 게 있어야 색의 변화를 이야기할 수 있다는 것입니다. 어떤 색이 있다가 다른 색이 그 자리를 대신하는데, 그 와중에 계속 남아 있는 것을 실체 또는 주체라고 했습니다. 그릇과 비슷한 거죠. 그런데 흄은 이런 주장을 받아들이지 않았습니다. 관념들의 다발 또는 모둠 외에 다른 실체는 없다는 겁니다. 양태라는 것도 그렇게 이해할 수 있습니다. 세상에는 양태들의 변화무쌍함만이 있지 그 전체에 해당하는 어떤 다른 것이 별도로 존재하지 않는다. 별도의 어떤 것이 있어서 그것이 변하는 게 아니라, 변화무쌍함 자체만이 있습니다. 존재하는 개별적인 것들 바깥에 특별한 지위가 있는 어떤 것을 배제하는 겁니다. 이를 양태의 부활 또는 복권으로 부를 수 있습니다. 양태가 복권된다, 강조된다는 말은 우리가 사는 이 세계, 이 우주, 이 존재 세계 바깥에 있으면서 이 세계에 인과적으로 영향을 줄 수 있는 어떤 것은 없다는 뜻입니다. 이를 '일의성의 존재론' 또는 '내재성의 존재론', '양태에 대한 강조'라고 부르는 겁니다.

이런 입장의 실천적 함의는, 어떤 문제가 있을 때 이 세계 내에서 해결책을 찾을 수밖에 없다는 점에 있습니다. 바깥 세계에서 무엇인가가 개입할 수 없다는 거죠. 사회의 변화나 변혁, 혁명이 가능하려면 자연 세계 바깥에 있는 어떤 세계로부터의 개입이 반드시 필요하다는 입장이 자칭 유물론자 사이에도 만연합니다. 이는 사실 관념론자들이 취하는 입장입니다. 좋아하지는 않지만, 이런 입장에도 나름대로 이유가 있습니다. 실천 문제와 관련해서 볼 때, 가장 최근에 이런 입장을 본격적으로 내세운 사람이 바로 지젝입니다. 칸트의 입장을 따르면서, 지젝은 앞의 그림에 왼쪽에서 오른쪽으로 진행하는 선이 아니라 왼쪽 위에서 오른쪽 아래로 개입하는 사선 CED를 도입해야 한다고 주장합니다. 자기 모순적이지요. 유물론자이면서 관념론자, 마르크스주의적이면서 초월적이라는 난점을 보입니다. 지젝이든, 현상학 계열이든, 이런 식으로 실천론을 주장하는 사람들은 내재적 존재론자가 아닙니다. 마오주의자이지만 바디우 역시 내재적 존재론자가 아닙니다. 바디우는 들뢰즈를 비난하지만, 들뢰즈한테는 이미 대답거리가 있습니다(「지젝의 들뢰즈 읽기에 나타난 인간주의적-관념론적 오독」을 참고하기 바랍니다). 사실 양태를 중심에 놓지 않는다면 변화 또는 변혁 자체를 이야기하기 어렵습니다. 양태가 아니라 어떤 초월적 실체를 다시 상위에 도입하는 방식이라면, 잘못된 변혁의 지침으로 이어질 수 있습니다. 정치적 허무주의로 빠질 수도 있고요.

그런데 초월적 개입이 일어나지 않는다는 입장은 마르크스에게서 유래했습니다. 굉장히 흥미로운 지점입니다. 이는 마르크스가 『자본』 1권의 「자본의 본원적 축적」이라는 유명한 글에서 언급한 내용과 관련됩니다. 자본주의 사회가 있고, 전자본주의 사회가 있습니다. 전자본주의 사회에서 자본주의 사회로 어떻게 이행했느냐 하는 것은 세계사적 물음입니다. 아직까지 이 문제를 명확히 해결한 사람은 없습니다. 이러한 이행에는 분명히 어떤 동력이 필요하고, 그것은 신학에서의 '원죄'와 같은 역할을 한다고 마르크스는 이야기합니다. 그만큼 중요하고 필수적이라는 뜻입니다.

하지만 마르크스는 이 이행이 어떻게 일어났는지는 제대로 설명을 못합니다. 자본주의 연구자들이 이 문제를 이어받아 계속 연구했는데도 아직 설명하지 못했어요. 가령, 알튀세르의 제자이자 동료인 발리바르 같은 사람들 말입니다. 알튀세르는 그때까지 행한 세미나를 바탕으로 해서 발리바르, 마슈레, 랑시에르 등 몇몇 제자 겸 동료와 함께 1965년에 『『자본』을 읽자』라는 책을 출판합니다. 이 책에서 발리바르가 쓴 논문이 이 자본주의 전사의 문제를 다룹니다. 도대체 어떻게 자본주의가 탄생했느냐, 이 문제를 다루면서 발리바르는 묘한 말을 합니다. 이미 자본주의가 발흥할 준비가 되어 있더라도(이를 '자본의 본원적 축적'이라고 합니다), 자본주의 전단계에서 생산력이 늘어나고 잉여, 즉 남아나는 돈들이 생겨나는 등 여러 가지 조건이 갖추어져야만 자본주의가 탄생한다고 보통 이야기합니다. 그런데 발리바르는 이 조건이 자본주의가 탄생하기 전까지는 있더라도 없는 것과 마찬가지라고 말합니다. 자본주의는 우연히 탄생했다는 것이지요. 자본주의가 탄생하고 나서 돌아보니까 이러이러한 요소들이 자본주의를 생겨나게

한 원인들에 해당하는 것이었다. 그러니까 조건이 어떠했다는 걸 사후적으로 회고할 수 있다고, 발리바르의 말을 직접 인용하자면, '계보적으로' 재구성할 수 있다는 겁니다. 탄생하기 전까지는 자본주의가 어디에서, 언제 탄생할지 알 수 없으나 일단 탄생하고 난 뒤에는 어떻게 해서 탄생했는지 확인할 수 있다는, 사후적으로만 자본주의 탄생의 조건을 확인할 수 있다는 주장입니다. 자본주의를 탄생시킨 조건에 해당하는 것들이 사실은 개별적으로는 시간과 장소를 넘나들면서 이미 있었다는 거예요. 상당히 유사한 조건들이 로마 시대 때도 있었고, 봉건제에도 있었다. 그런데 그때에는 탄생하지 않았다는 것입니다.

> 화폐와 상품은 원래부터 자본은 아니다. (…) 그것들은 자본으로의 변환을 필요로 한다. 그러나 이 변환 자체는 일정한 상황 아래에서만 이루어질 수 있는데, 그 상황은 다음과 같이 요약된다. 먼저 매우 다른 종류의 상품 소유자가 서로 마주 보고 접촉해야 한다. 그 한쪽은 화폐, 생산수단, 삶의 수단의 소유자로, 그에게 관건은 다른 사람의 노동력을 구매하여 자신이 소유한 가치액을 증식하는 일이다. 다른 쪽은 자유노동자로, 자기 노동력의 판매자요, 따라서 노동의 판매자이다. (…) 상품 시장의 이 양극화와 더불어 자본주의적 생산의 기본 조건들이 주어진다. 자본 관계는 노동자들과 노동 실현 조건의 소유 사이의 분리를 전제로 한다. 자본주의적 생산이 일단 자기 발로 서면, 그것은 이 분리를 유지할 뿐 아니라 이를 끊임없이 확대하며 재생산한다. (…) 이른바 본원적 축적이란 생산자와 생산수단의 역사적 분리 과정과 다르지 않다. 그것이 '본원적ursprünglich'으로 나타나는 것은, 그것이 자본과 자본에 상응하는 생산양식의 전사前史를 형성하기 때문이다. (Karl Marx, *Das Kapital. Band I*, in *Karl Marx - Friedrich*

Engels - Werke, Band 23, 1962, p. 742.)

일단 구성된 자본주의 구조가 소유한 통일성은 그 구조의 후방에서는 발견되지 않는다. 생산양식의 전사前史에 대한 연구는 계보학의 형식을 띤다. (…) 이를 위해서는, 그 결합의 결과물에서 출발해서 식별되는 이 요소들 간의 만남이, 그리고 이 요소들 고유의 역사를 생각해야 하는 터전인 역사장이, 생산되는 것으로 또 엄밀히 생각되는 것으로 충분하다. (…) (선행하는 생산양식에 의해 구성된) 이 역사장에서, 이 요소들은 그 계보를 만들 수 있겠으나, 정확히는 '부차적 marginale' 상황, 말하자면 **비규정적** non déterminante 상황만을 갖고 있다. (Étienne Balibar, L'objet du 〈Capital〉, in Louis Althusser, Étienne Balibar, Roger Establet, Pierre Macherey, Jacques Rancière, *Lire Le Capital*, P.U.F., 1996(제3판), pp. 531~532, 강조는 원문.)

로마의 예를 보자. 재산의 사유화를 통한 부동산 흐름들의 탈코드화, 큰 재산의 형성을 통한 화폐 흐름들의 탈코드화, 상품 생산의 발전을 통한 상업 흐름들의 탈코드화, 몰수와 프롤레타리아화를 통한 생산자들의 탈코드화, 이 모든 것이 거기에 있고, 이 모든 것이 주어져 있지만, 본래 의미의 자본주의는 생산되지 않았으며 오히려 노예 옹호 체제가 있다. 또는 봉건제의 예를 보자. 여기에서도 사유재산, 상품 생산, 화폐 유입, 시장 확장, 도시들의 발전, 돈 형태의 영지 지대地代의 출현 또는 계약 노임勞賃의 출현은 자본주의경제를 전혀 생산하지 않고, 오히려 봉건적 임무들과 관계들을 다시 강화하여, 때로는 봉건제의 더 원시적 단계로 회귀하거나, 때로는 일종의 노예제도를 재건하기까지 한다. 잘 알려졌듯이, 길드들과 단체들에 유리한 독점 행위는 자본주의 생산을 날아오르게 하지 못하고, 도리어 도시와 국가의 봉건제 속에 부르주아지를 끼어들게 했는데, 이 봉건제는 탈코드화된 흐름들 자체에 대해 코드들을 다시 만들고, 마르크스의 공식을 따르자면 사회 기계의 옛 충만한 몸의 '털구멍들 자체 속에' 상인을 붙들어 두는 데서 성립한다. 따라서 봉건 체계의 붕괴를 야기하는 것은 자본주의가 아니며, 오히려 그 반대가 맞다. (AO 264)

결국 왜 근대라는 시기에 자본주의가 탄생했느냐 하는 질문에 대한 대답은 우연이라는 겁니다. 정확히 표현하면, '우연한 만남들'이 있었습니다. 자본주의를 구성하는 여러 흐름이 하필 그때 거기에서 우연히 또는 우발적으로 만났기 때문에 자본주의가 탄생했습니다. 세계사의 흐름은 우연과 우발에 좌우되며 어떤 필연적 과정을 밟지 않습니다. 이것이 마르크스의 주장이고 알튀세르의 주장입니다. 알튀세르는 미치기 전인 1975년쯤에 우연의 세계사, 우발의 유물론 이야기를 합니다. 1975년에 그 이야기를 한 배경에는 1972년 『안티 오이디푸스』의 출간이 있었습니다. 이 책에서 들뢰즈와 과타리가 이 문제를 강력하게 주장했습니다. 이 책의 한 각주를 보면, 1965년에 나온 『『자본』을 읽자』가 언급됩니다. 또 발리바르가 '계보'를 언급하는 맥락은 1962년 출간된 들뢰즈의 『니체와 철학』에서 해석한 대로입니다. 영향 관계가 대단히 복잡하죠. 그 관계를 파고드는 일은 너무 본류에서 멀어지니까 이쯤에서 멈추겠습니다.

중요한 것은 마르크스 자신의 텍스트에서도 그렇고, 마르크스에 대한 현대적 해석의 흐름도 그렇고, 세계사는 우연적으로 진행되었고 또 진행된다는 겁니다. 이 말을 거꾸로 하면 인간이 의도하는 방향으로 세계사가 전개되지 않는다는 것입니다. 엥겔스가 말한 것처럼, 어떤 단계에서 다른 단계로 넘어가는 식의 세계사 발전 공식도 전혀 통하지 않습니다(엥겔스와 관련된 얘기는 많지만 그냥 넘어가겠습니다). 그런데 세계사의 진행이 우발적이고, 인간의 의도와 관계없이 진행된다면, 엄밀히 말해 인간이 의도한 방향으로 진행되지 않는다면 큰 문제가 생깁니다. 지금 단계의 자본주의는 아주 개판이죠. 특히 한국은 '헬조선'이라고 불리기까지 하는 상황입니다. 우리가 어디를 어떻게 손대야 이 세계를 좋은 방향으로 변화시키고, 사람들이 살 만한 곳으로 만들 수 있느냐를 고민하는 이들한테, 세계사는 우연히 진행됐을 뿐이라고 하면 굉장히 허탈하죠. 이것이 들뢰즈의 정치철학 또는 자본주의 분석을 사람들이 못마땅해 하는 이유 중 하나입니다(세 번째 강의에서 이 문제를 집중해서 다루겠습니다). 설명과 근거를 확실하게 제시했지만, 결론이 못마땅해서 거부하는 거지요. 혁명을 향한 실천적 강령이나 프로그램이 있느냐 하는 물음에 대해 들뢰즈와 과타리는 그런 것은 없다고 노골적으로 말합니다.

그렇다면 들뢰즈와 과타리가 말한 근거를 실증적으로 다시 검토해야겠죠. 세계사가 과연 우연에 의해 진행되었느냐, 이 사실을 경험적으로 입증하는 게 중요합니다. 반박할 근거가 없어 보입니다. 물론 유의할 지점이 하나 있습니다. 세계사를 이끌어 온 것은 전체로서의 인간이에요. 개별적인 인간들이 세계사를 만들어온 게 아닙니다. 물론 집단을 형성해 집단적으로 나아갈 방향을 추구한 일들도 없지 않습니다. 그러나 세계가 진짜로 변하려면, 물리학에서 말하는 '합력', 즉 힘들이 종합되어 특정한 방향으로 향하는 시공간상의 어떤 만남이 있어야 합니다. 합력 없이 내가, 우리가 뜻한다고 그 방향으로 갈 수 있는 게 아닙니다. 개인적 일상조차도 내가 뜻하는 쪽으로 가지 않습니다. 우연히 차 한 대를 놓치면 지각하는 겁니다. 어떤 일이 벌어질 때에는 여러 가지가 종횡으로 얽혀 있습니다. 세계사적으로 보면 더욱 그러하고요. 그렇다면 어떻게 살아야 하는 걸까요? 도대체 어떻게 살라는 말입니까?

> 마르크스가 정식화한 규칙들을 정확하게 따른다는 조건에서, 역사 전체를 자본주의의 조명 아래 회고적으로 이해하는 일은 정당하다. 무엇보다 세계사는 우발들의 역사이지 필연의 역사가 아니며, 절단들과 극한들의 역사이지 연속성의 역사가 아니다. 왜냐하면 흐름들이 코드화를 벗어나, 이렇게 벗어나면서 그래도 자본주의 사회체라 규정될 법한 새로운 기계를 구성하려면, 큰 우연들, 즉 다른 데서 예전에 생산될 수도 있었을 법한 또는 절대로 생산될 수 없었을 법한 놀라운 만남들이 있어야 했기 때문이다. 가령, 사유재산과 상품 생산의 만남이 그것인데, 그렇지만 이 둘은 사유화私有化와 추상화抽象化라는 탈코드화의 아주 다른 두 형식으로 제시된다. 아니면 사유재산 자체의 관점에서 보자면, 자본가들이 소유한 변환 가능한 부의 흐름들과 노동력만을 소유한 노동자들의 흐름의 만남(여기에도 탈영토화의 상이한 두 형식이 있다). (AO 163~164)

> 판매되는 재산들의 흐름, 유통되는 돈의 흐름, 그림자 속에서 준비되는 생산과 생산수단의 흐름, 탈영토화하는 노동자들의 흐름 자본주의가 탄생하기 위해서는, (…) 이 모든 탈코드화된 흐름들의 만남, 이것들의 결합, 이것들 서로의 반작용이 한 번에 생산되는 이 만남, 이 결합, 이 반작용의 우발이 있어야 하리라. 우발의 세계사가 있을 뿐이다. (…) 탈코드화된 욕망들, 탈코드화의 욕망들은 늘 있었고, 역사는 이것들로 충만하다. 하지만 탈코드화된 흐름들이 하나의 욕망

> 을, 사회적인 동시에 기술적인 욕망 기계를 꿈꾸거나 결핍하는 대신 그런 기계를 생산하는 욕망을 형성하는 것은, 한 장소에서의 이 흐름들의 만남을, 시간이 걸리는 한 공간에서의 이 흐름들의 결합을 통해서이다. 바로 이런 까닭에, 자본주의와 그 절단은 단순히 탈코드화된 흐름들에 의해 정의되는 것이 아니라 흐름들의 일반화된 탈코드화와 새로운 거대한 탈영토화 그리고 탈영토화된 흐름들의 결합에 의해 정의된다. 자본주의의 보편성을 만든 것은 바로 이 결합의 특이성 singularité이다. (…) 이 결합이 사회 기계의 맨 앞줄로 이행할 때, 역으로 그것은 한 계급의 과잉 소비로서의 향유로 연결되기를 그치는 것 같으며, 노동의 원시적 연결들을 탈영토화된 새로운 충만한 몸으로서의 자본에 결부한다는 조건에서, 이 유일한 조건에서, 이 연결들을 되찾는 '생산을 위한 생산' 속에서 사치 자체를 하나의 투자 수단으로 만들고 모든 탈코드화된 흐름들을 생산으로 복귀시키는 것 같다. 생산을 위한 생산은, 거기에서부터 노동의 원시적 연결들이 방출되어 나오는 것처럼 보이는 참된 소비자이다(마치 마르크스가 묘사한 '산업 내시內侍'의 악마의 계약에서처럼, **'만일 ~라면, 따라서** 그건 네 거다'). (AO 265~266, 강조는 원문)

들뢰즈가 얘기하는 실천철학의 지침은 무엇일까요? 내가 좋다고 생각하는 방향으로 행동하는 것과 그 행동의 결과로서 내가 바라는 결과가 일어나는 것을 구분하자는 것, 별개로 생각하자는 것입니다. 내가 바라는 의도랄까 실천의 목표 같은 게 없어야 할 이유는 없습니다. 당연히 있어야죠. 하지만 그게 실현되지 않았다고 해서 실망할 필요는 없습니다. 아니, 실망해서는 안 됩니다. 왜냐하면 뜻대로 실현되지 않는 게 우주의 이치이고 역사의 원리니까요. 세계사는 지금까지 그렇게 흘러왔습니다. 운 좋으면 살아 있는 동안 실현된 결과를 맛볼 수 있지만, 그러지 못한다고 해서 좌절하거나 행동을 시도하지 않는 게 아니라 계속 무엇인가를 도모하는 겁니다. 들뢰즈와 과타리는 '실험'이라는 말을 많이 씁니다. 실험이란 결과에 의해 성립하는 게 아니라 실험 행위 자체로 성립합니다. 결과가 실패했다고 실험 자체가 실패한 것은 아니죠. 별개의 문제입니다. 이 '실험'이라는 말이 실천적으로 중요한 함의를 갖고 있다고 생각합니다. 흔히 계란으로 바위 깨기라는 말을 합니다. 이 말은 결과를 통해서 시도나 실험을 비판하는 방식입니다. 바위가 깨지지 않으니 소용없다는 식이죠.

들뢰즈는 역사와 생성을 구분하면서 역사를 비판합니다. 흔히 사람들은 말하곤 합니다. "해봐야 결국 실패하게 되어 있어, 프랑스 혁명, 68혁명을 봐. 역사를 통틀어 볼 때 궁극적으로 성공한 실험은 없었어." 역사를 말하면서 이런 맥락들을 강조하는 것은 사실 지금의 실천을 가로막고 좌절시키려는, 그래서 아무것도 실험하지 못하게 하려는 시도나 다름없습니다. 역사를 사용하는 아주 재수 없는 방식이죠. 들뢰즈는 차라리 생성을 강조합니다. 생성은 항상 지금의 실험과 실천, 도모를 살리는 방식으로 내버려두는 것입니다. 결과가 어떨지, 누가 미리 알겠습니까. 실패할 게 뻔해, 자꾸 옆에서 그러면 결국은 실패하죠. "공부해 봐야 소용없어!" 그러면 그 얘기를 듣느라고 공부할 시간이 없어져서 정말로 공부를 못하게 되죠. 따라서 무작정 해봐라, 이런 게 중요한 권장 사항입니다.

> 점차 나는 생성과 역사의 구분 가능성을 느꼈다. '비역사적 운무' 없이는 그 어떤 중요한 것도 이루어지지 않는다고 말한 것은 바로 니체이다. 영원한 것과 역사적인 것, 관조와 행위를 대립시키고 있는 것은

아니다. 니체가 말하는 것은 이루어지는 것, 즉 사건 자체 또는 생성이다. (PP 230)

'생성'은 역사에 속하지 않는다. 오늘날에도 여전히 역사는 우리가 생성을 위해, 말하자면 새로운 무엇인가를 창조하기 위해 우회하는 조건들(아무리 최근의 것이라 해도)의 집합만을 가리킨다. (QP 92)

생성은 개념 자체이다. 생성은 '역사Histoire' 속에서 탄생하며, '역사'로 다시 떨어지지만, '역사'가 아니다. 생성은 그 자체로 시작도 목적도 없으며, 단지 중간un milieu만을 갖는다. 생성은 역사적이기보다는 지리적이다. 혁명들, 사회들, 저항의 사회들은 그러하다. 왜냐하면 창조한다는 것은 저항한다는 것이므로. 즉, 내재면 위의 순수 생성들, 순수 사건들. '역사'가 사건에서 파악하는 것은 사태들이나 체험된 것 안에서의 사건의 구현인데, 하지만 자신의 생성 속에 있는, 자신의 고유한 견고함consistance 속에 있는, 개념으로서의 자기 정립 속에 있는 사건은 '역사'를 빠져나간다. (…) 사고한다는 것은 실험한다는 것이다. 하지만 실험한다는 것은 항상 형성 중에 있는 것, 즉 진실의 외양을 대신하며 진실보다 더 긴박한 새로운 것, 주목을 끄는 것, 흥미로운 것이다. 형성 중에 있는 것은 끝나는 것이 아니며, 그렇다고 시작되는 것도 아니다. 역사는 실험이 아니다. 그것은 단지 역사를 빠져나가는 것들의 실험을 가능케 하는 거의 부정적인 조건들의 집합일 뿐이다. 역사가 없다면 실험은 규정되지 않은 채로, 조건을 부여받지 못한 채로 머물겠지만, 실험은 역사적이지 않으며 철학적이다. (QP 106)

> 실험적experimental이란 낱말은, 성공과 실패의 견지에서 나중에 판단될 행위를 가리키는 것으로 이해되지 않고 단순히 그 결과issue가 미지인 행위를 가리키는 것으로 이해된다면, 적절하다. (AO 445, 존 케이지의 말)

> 〔도주선은〕 가령, 에이허브, 저 에이허브처럼 폐기, 소멸, 자기파괴의 선…에 빠져들까? 우리는 도주선의 위험과 도주선의 애매성을 너무나도 잘 안다. 위험은 항상 제기되지만 거기서 빠져나오는 것은 항상 가능하다. (…) 실험해 보라. (MP 306~307)

> 철학과 과학은 (…) 정립적이고 창조적인 '나는 모른다'를 포함하는데, 그것은 창조 자체의 조건이며, 모르는 것을 통해 규정하는 데 있다. (QP 122)

소수자 되기의 의미는 무엇이며, 현실에서 소수자 되기가 어떻게 정치적 역할을 발휘하는가?

이와 관련 있는 것이 소수자 문제입니다. 들뢰즈가 말하는 '소수자'는 통상적 의미의 소수자와는 좀 다릅니다. 보통 소수자라면 사회적 약자, 소외된 사람, 홀대받는 사람, 불우한 처지에 있는 사람을 가리킵니다. 물론 이들 역시 어떤 점에서는 소수자입니다. 그러나 소수자 문제를 이해하는 것이 이렇게 단순하지만은 않습니다. 들뢰즈의 생각이 통념과 충돌하기도 합니다. 이 점을 꼼꼼하게 살펴야 합니다.

'소수자' 문제는 '되기' 문제와 긴밀히 연관됩니다. 하지만 그동안

'되기'라는 말로 번역해 왔던 표현을 우선 수정해야만 하겠습니다. 이 말은 프랑스어 드브니르devenir 또는 독일어 베르덴Werden 또는 영어 비컴become의 번역어인데, 이 말은 대략 '생성'이라고 옮기는 편이 낫기 때문입니다(이 주제에 대해서는 「여성-생성, n개의 성 또는 생성의 정치학: 들뢰즈와 과타리의 경우」라는 글을 참조하십시오). 이 문제를 정확히 이해하려면 무엇보다도 생성에 대한 통상적인 오해를 불식하는 일이 꼭 필요합니다. 동사 '드브니르', 이 동사의 의미를 일상적 용법으로 받아들여서는 안 됩니다. 보통 프랑스어로 'A devient B'라고 하면 'A가 B로 되다'라는 뜻입니다. '인간이 동물이 된다', '남성이 여성이 된다', '어른이 아이가 된다'와 같은 식이지요. 그러나 들뢰즈가 말하는 생성에는 '항'이 없으며, '항들의 관계'도 없습니다. 어떤 학자는 생성을 '실체적 의미'가 아니라 '동사적 의미'로 이해해야 한다고 말하는데, 그 의견에 전적으로 동의합니다. 말하자면, 방금 열거한 문장들에서 '인간', '동물', '남성', '여성', '어른', '아이'와 같은 항이나 실체를 지우는 것이 일차적이지요. 사실, 이러한 항이나 실체를 남겨 둔다면, 생성은 여전히 상상이나 은유로 이해될 수밖에 없습니다. 인간이 진짜로 쥐로 변하거나 하는 것은 아니니까 인간의 쥐-생성은 상상이나 은유로밖에는 받아들일 수 없는 겁니다. 그런 점에서 '되기'라는 번역어는 꽤 부적절합니다. 'A가 B로 되는 것이 아니다'라고 아무리 강조해도 정작 '되기'라고 번역하는 순간, 'A가 B로 되기'라는 이해에서 좀처럼 벗어나기 어렵기 때문이죠.

> 생성은 포획이고, 소유고, 가치 증식이지 결코 재생산이나 모방이 아닙니다. (K 25)

> 생성, 그것은 모방하는 것도, 흉내 내는 것도, 정의의 모델이든 진실의 모델이든 어떤 모델에 따르는 것도 아니다. 출발하는 항도 없고, 도착하거나 도착해야 하는 항도 없다. "너는 무엇으로 생성하는가qu'est-ce que tu deviens?"라는 물음은 특히 어리석다. 왜냐하면 누군가 생성하는 한, 그가 생성해 가는 것ce qu'il devient은 그 못지않게 변하니 말이다. 생성들은 모방, 동화 같은 현상들이 아니라 이중 포획double capture, 비평행적 진화évolution non parallèle, 두 권역의 결혼noces entre deux règnes 같은 현상들이다. (…) 그것은 차라리 두 권역의 만남, 회로 합선, 각각 자신을 탈영토화하는 코드의 포획이다. (D 8, 25)

> 동물-생성은 꿈도 환상도 아니다. 그것은 완전히 현실적이다. 하지만 어떤 현실성이 문제가 될까? (…) 생성은 자기 자신 외에는 아무것도 생산하지 않는다. (…) 현실적인 것, 그것은 생성 자체, 생성의 블록이지 생성하는 자celui qui devient가 이행해 갈, 고정된 것으로 상정된 항들이 아니다. 생성은 생성된 동물이라는 항이 없더라도 동물-생성이라고 성격이 부여될 수 있고, 또 부여되어야만 한다. 인간의 동물-생성은 인간이 생성해 가는 동물이 현실적이지 않더라도 현실적이다. 또한 동시에 동물의 다른 것-생성은 이 다른 것이 현실적이지 않더라도 현실적이다. (…) 생성은 하나도 둘도 둘의 관계도 아니며 둘-사이entre-deux, 경계frontière 또는 도주선ligne de fuite이다. (MP 290, 360)

생성을 그림으로 그리면 아래와 같습니다. 일종의 '생성 도식'이라고 할 수 있겠네요. 조금 어렵지만 그림을 잘 보며 설명을 따라오셨으면

합니다.

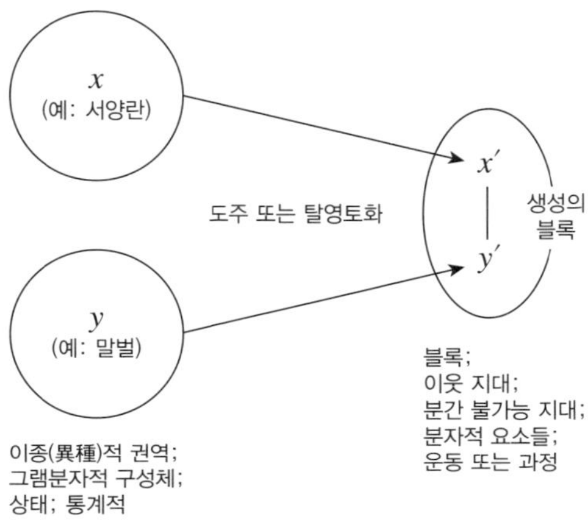

들뢰즈가 생성이 아니라고 하는 것들은 재생산(생식), 모방, 흉내, 모델 따르기, 동화 등입니다. 이것들은 x와 y 같은 그램분자적 항을 전제하고 고수합니다. 생성이 성립하려면 일단 x와 y 같은 그램분자적 항 또는 상태에서 각각 빠져나와야 합니다. 그러면 x도 y도 변하지요. 그것이 x′과 y′ 같은 것들입니다. x와 y는 원래 영토에서 빠져나와 각각 x′ 과 y′으로 바뀌었습니다. 이렇게 원래 속했던 영토에서 빠져나오는 사태에 사용하는 개념이 바로 '탈영토화' 또는 '도주'입니다. x에 대해 x′이, y에 대해 y′이 어떤 관련성이 있다면, 그것은 '그램분자적 항이나 상태' 대對 '분자적 요소나 코드'라는 의미에서뿐입니다. 그리고 x′과 y′이 하나의 블록을 형성합니다. 이 블록은 위상학적 의미에서 '이웃 지대zone de voisinage'이며, 이웃 지대에서 x와 y는 분간할 수 없다는 특성이 있습니다. '블록'이라는 이름이 붙는 건 바로 이런 이유 때문입니다. 또한 이런 식으로 'x의 y 생성' 및 'y의 x 생성'은 동시에 일어납니다. 하지만 더 정확히 말하면, 이 사건은 'x′과 y′의 동시 생성'이며, x와 y의 '사이' 또는 '경계'에서 'x′과 y′으로 이루어진 생성의 블록'이 형성되는 사건입니다. 바로 이런 의미에서 "생성은 자기 자신 외에는 아무것도 생산하지 않는다"라고 이야기할 수 있는 겁니다. 그런데 생성된 이 블록의 입장에서 보면, 이 생성의 블록은 x의 분자적 요소(x′)와 y의 분자적 요소(y′)를 포획하고 소유했다고 할 수 있지요. 이 포획은 '이중포획'이라고 불리는데, 그 까닭은 포획이 두 그램분자적 항으로부터 각각 이루어졌기 때문입니다. 물론 포획은 x도 y도 아닌 제3지대, 그러니까 'x′과 y′으로 이루어진 생성의 블록'에서 이루어졌지만 말이지요. 이 과정에서 '가치 증식plus-value'이 일어납니다. 그리고 통상의 재생산 또는 생식이 동종 간에 이루어지는 반면, 여기에서는 이종 간의 결혼이 일어나고요. 그래서 들뢰즈는 "두 권역의 결혼"이라고 표현합니다. 가령, 식물인 서양란과 동물인 말벌의 결혼이 일어나는 거지요. 그리고 '생성의 블록'은 '비평적 진화'를 하는데, 그 까닭은 식물과 동물이라는 두 권역이 서로를 가로지르는 일이 벌어졌기 때문입니다. 들뢰즈와 과타리가 "현실적인 것, 그것은 생성 자체, 생성의 블록"이라고 말한 것은 이런 '생성의 논리'에 따라서입니다. 이런 의미에서 모든 생성은 현실적입니다. 이 논리를 앞의 도식을 통해 다시 살펴보겠습니다. 생성은 x, y, x′, y′이라는 네 항을 통해 이해할 수 있습니다. 그 네 항은 xy를 밑변으로, x′y′을 윗변으로 하는, 피라미드 모양을 이룹니다. 각각 x, y라는 항에서 x′, y′이라는 분자적 요소가 새어 나오며, 반대 방향에서 보면 x′-y′의 블록은 x와 y에서 자신의 분자적 요소를 (이중으로) 포획합니다. 그렇지만 자세히 보면 x′-y′의 블록은 서로 분간 불가능한 지대, 위상학적 이웃 지대를 이루며, 따라서 무한히 접근하는 과정에 있다고 할 수 있습니다. 따라서 피라미드의 상단은 차라리 두 선분 xx′과 yy′이 서로 만나지 않는, 무한히 근접할 뿐인 하나의 극한limite과 같은, xy를 밑변으로 하는 삼각형의 꼭짓점과 더 유사합니다. 생성 그 자체 또는 생성의 블록이 자신을 생산하는 곳은 바로 그곳 x′-y′이지요.

이제 '소수자' 또는 '소수'라는 말의 뜻을 살펴볼 차례입니다. 들뢰즈와 과타리는 "남성(/인간)의 생성들은 그토록 많은데 왜 남성(/인간)-생성은 없는 걸까?" (MP 356)라고 진지하게 묻습니다. 프랑스어에서 '남성'과 '인간'은 모두 '옴므homme'라는 단어로 표현됩니다. 영어의 '맨man'과 마찬가지입니다. 따라서 이 물음은 다음과 같이 바꿔서 표현할 수 있습니다. '남성의 여성-생성', '남성의 아이-생성', '인간의 동물-생성' 같은 것들은 많은데 '여성의 남성-생성', '아이의 남성-생성', '동물의 인간-생성' 같은 건 왜 없느냐는 거죠. 이 물음에 대한 답으로 등장하는 것이 '소수자' 또는 '소수'입니다. 아무 생성이나 다 가능한 게 아닙니다. 오직 소수-생성만이 있을 뿐입니다. '다수'와 '소수'의 대립은 뿌리부터 정치적 성격을 지닐 수밖에 없습니다.

다수성은 표준입니다. 자신을 중심으로 세상에 존재하는 모든 것들의 등급을 매기고 권력을 행사합니다. 따라서 모든 생성이 소수적이라는 말은, 탁월하게 정치적인 의미를 띱니다. 사실 '○○생성'의 '○○' 자리에 오는 것들에는 소수라는 공통점이 있습니다. 아무것이나 이 자리에 올 수 있는 것이 아닙니다. 그렇지만 조심해야 합니다. 그 상태에 머물러 있을 수도 있기 때문입니다. 이런 점에서 모든 생성은 정치적 실천을 요청합니다.

요즘 유행하는 말로 간편하게 표현해 보죠. '흙수저'가 바로 소수자이고, 다수자는 '금수저'입니다. 아주 예외적이지만 흙수저가 금수저가 될 수도 있습니다. 사회 속에는 그런 경우가 때때로 섞여 있어요.

예를 들어 여성은 보통 태어났을 때는 흙수저인데, 어쩌다 보면 제일 힘센 나라의 대통령 후보까지 갈 수도 있죠. 여성으로 태어났다는 것과 구체적인 한 여성이 자리한 현재의 지위는 구분해야 합니다. 소수자는 모든 흙수저가 모여 있는 교집합 같은 것입니다. 물론 개별적인 소수자들도 있습니다. 여성이나 유대인, 아이나 유색 인종 등 많이 있습니다. 들뢰즈는 이들을 집합 또는 상태라는 말로 부릅니다. 태어났을 때의 조건이라고 볼 수도 있습니다. 소수자는 필연적으로 주류, 즉 금수저와 대결 관계 속에 있을 수밖에 없습니다. 계속 핍박받으니까요. 그랬을 때 흙수저는 주류를 어떤 방식으로 대할까요? 순응적으로 대하는 방식도 있고, 자기 고집을 계속 부리는 방식도 있습니다. 소수자-생성 또는 여성-생성이라는 것은 상태로서의 여성 또는 상태로서의 특정한 소수자를 의미하지 않습니다. 오히려 여성일지라도 여성-생성을 해야 한다, 소수자일지라도 소수자-생성을 해야 한다고 요구받는 겁니다. 생성은 상태와 구분됩니다. 가령, 처음에는 소수자였습니다. 그런데 어쩌다가 보니 기득권에 안착하게 되었습니다. 만약 누군가가 그 상태로 머무른다면, 그것은 겉모습으로는 소수자일 수 있습니다. 하지만 그것을 생성이라고 하지 않습니다. 생성은 항상 중심, 주류, 다수로부터 벗어나는 힘과 운동이니까요.

왜 그럴까요. 소수냐 다수냐 하는 것은 숫자의 문제가 아니고 항상 권력의 문제입니다. 주류 기득권 권력 쪽에 속하느냐, 아니면 그 가장자리에 있느냐에 따라 둘이 구분됩니다. 말하자면 상태로서의 소수자와 생성 중에 있는 소수자를 구분할 수 있다는 겁니다. 그렇다면, 왜 주류가 나쁜가 하는 질문이 가능합니다. 또 주류에 속하는 수적으로 많고 권력을 지닌 소수자는 있을 수 없느냐 하는 질문도 가능합니다. 물론 권력을 지닌 소수자도 있을 수 있습니다. 그 자체가 불가능한 건 아닙니다. 그러나 시간이 지나면서 보통 권력에 정착하고 맙니다. 따라서 소수-생성은 멈추지 않는 운동이어야 하는 것입니다.

> 남성(/인간)의 생성들은 그토록 많은데 왜 남성(/인간)-생성은 없는 걸까? 그 까닭은 무엇보다 남성(/인간)은 탁월하게 다수적majoritaire인 반면, 생성들은 소수적minoritaire이며, 모든 생성은 소수-생성이기 때문이다. 우리가 이해하기에 다수성은 상대적으로 더 큰 양이 아니다. 다수성은 그와 관련하여 더 작은 양뿐만 아니라 더 큰 양도 소수라고 말할 수 있을 어떤 상태나 표준의 규정la détermination d'un état ou d'un étalon, 가령 남성-어른-백인-인간-등이다. 다수성이 지배 상태를 전제하는 것이지, 그 역이 아니다. 인간보다 모기나 파리가 더 많은지를 아는 것이 중요한 게 아니라, 어떻게 '인간'이 우주 속에서 하나의 기준을, 그와 관련하여 인간들이 필연적으로 (분석적으로) 다수성을 형성하는 기준을 구성했는지를 아는 것이 중요하다. 도시에서 다수성은 투표권을 전제하며, 그 수가 많든 적든 간에 투표권을 소유한 자들 사이에서 설립될 뿐 아니라 투표권을 갖지 않은 자들에게 행사되는 것이기도 하다. 이와 마찬가지로 우주에서 다수성은 인간의 권리나 권력을 이미 주어진 것으로 전제한다. 바로 이런 의미에서, 여성들, 아이들, 그리고 동물들, 식물들, 분자들은 소수적이다. 아마도 남성-기준과 관련한 여성의 특별한 위치가 소수 그 자체인 모든 생성이 여성-생성을 통과하도록 만드는 것 같다. 그렇지만 생성이나 과정devenir ou processus으로서의 '소수minoritaire'와 집합이나 상태ensemble ou état로서의 '소수성minorité'을 혼동해서는 안 된다. 유대인, 집시 등은 특정 조건에서는 소수성을 형성할 수 있다. 하지만 그것은 아직 이들을 생성들로 만들기에 충분치 않다. 상태로서의 소

> 수성 위에서 자신을 재영토화하거나 자신을 재영토화하도록 하는 일이 있으니까. 하지만 생성 속에서는 자신을 탈영토화하는 일이 일어난다. 흑표범단이 말했듯, 흑인조차도 흑인-생성을 해야만 한다. 여성들조차도 여성-생성을 해야만 한다. 유대인조차 유대인-생성을 해야만 한다(상태로는 충분치 않다는 건 틀림없다). 하지만 그런 일이 일어나면, 유대인-생성은 유대인 못지않게 필연적으로 비-유대인도 변용한다. (…) 여성-생성은 여성들 못지않게 남성들도 필연적으로 변용한다. 어떤 점에서, 생성의 주체인 건 언제나 '남성'이다. (…) 여성도 여성-생성을 해야 한다. 하지만 남성 전체의 여성-생성 속에서 그래야 한다. (MP 356~357)

앞에서 '기득권'이라는 말을 '소수자'에게 부여했습니다. 이상하지 않나요? 도대체 소수자에게 기득권이 있을 수 있을까요? 소수자에게 기득권은 그저 있기만 한 것이 아니라, 심각한 문제이기도 합니다. 들뢰즈와 과타리는 이 문제를 '소수자의 기득권'이라는 개념으로 다루지 않았습니다. 하지만 그들의 말하는 '미시 파시즘'이라는 개념은 분명히 이와 관련이 있습니다. 들뢰즈와 과타리는 '미시 정치'의 관점에서 소수자의 기득권 문제를 사실상 다루고 있습니다. 기득권은 누구에게나 있습니다. 많고 적은 차이가 있을 뿐이지요. 기득권이란 소유권입니다. 노숙자마저도 자기 영토가 있습니다. 먼저 자리를 잡고 오래 머물렀기 때문에 생긴 기득권입니다. 구걸을 하는 데도 이른바 '나와바리'가 있습니다. 자기 영토입니다.

물론 약자의 기득권은 작습니다. 하지만 기득권은 늘 상대적입니다. 기득권에는 증감이 중요하지, 절대적 크기가 중요하지 않습니다. 현재의 기득권이 커지느냐 작아지느냐가 가장 중요한 관심사입니다.

누구든 기득권이 줄어들지 않도록, 나아가 기득권이 커지도록 노력합니다. 사람들이 본능적으로 가장 두려워하는 건 현재의 기득권이 줄어드는 일입니다. 기득권 또는 소유권은 힘과 권력의 문제입니다. 자기 기득권과 관련되면 사람들은 본능적으로 반응합니다. 합리적 판단이 이루어지기 전에 먼저 무의식적 본능이 발휘되는 거지요. 기득권을 단순한 이익이나 이해관계 차원에서 분석하는 것은 실패할 수밖에 없습니다. 들뢰즈와 과타리가 무의식과 욕망의 차원으로 가야 한다고 주장한 건 이 때문입니다. 이 문제를 들뢰즈 자신의 삶을 예로 들어서 살펴보도록 하겠습니다.

1988년의 인터뷰에서 들뢰즈는 자신의 어린 시절을 자세히 회상합니다. 들뢰즈는 파리의 우파 부르주아 가정에서 태어났습니다. 아버지는 엔지니어였고요. 열 살 무렵, 들뢰즈 가족은 경제 위기의 여파로 돈 문제에 시달렸습니다. 그 탓에 들뢰즈는 예수회와 공립 중고등학교에서 공부해야 했습니다. 당시 '인민전선'에 대한 부르주아의 공포는 믿기 힘들 정도였다고 들뢰즈는 회고합니다. 인민전선의 이미지는 '68년 5월'보다 나쁜 혼돈의 이미지였다고 합니다. 특히 인민전선의 수장 레옹 블룸에 대한 증오는 섬뜩할 정도였습니다. 유급 휴가를 최초로 실시했기 때문입니다. 유급 휴가란 부르주아에게는 끔찍한 사태였습니다. 그래서 블룸은 악마보다 더 나쁘다고 여겨졌습니다. 페탱이 권력을 잡은 배경에는 프랑스의 반유대주의와 블룸 정부의 사회 정책에 대한 증오가 있었습니다.

아버지가 사랑스럽고 자비롭고 선하고 매력적이라고 들뢰즈는 생각했는데, 그래서 아버지가 노동자들에게 보인 폭력적 태도는 더더욱 놀라운 것이었다고 말합니다. 들뢰즈의 부모는 도빌에서 여름휴가를 보내곤 했는데, 유급 휴가가 도입되자 노동자들이 도빌 해변에 와서 생전 처음 바다를 보며 경탄하는 일이 일어났습니다. 그전까지 도빌 해변은 아주 오랫동안 부르주아들만이 즐기던 사적 해변이었습니다. 거기에 유급 휴가를 받은 노동자들이, 생전 바다를 본 적이 없던 사람들이 들이닥친 겁니다. "저 따위 인간들이 있는 해변에는 절대로 갈 수 없어." 가장 훌륭한 여인이라고 생각했던 들뢰즈의 어머니마저 그렇게 말할 정도의 사태였습니다.

노동자들이 유급 휴가를 받는다는 건 부르주아의 모든 특권이 사라진다는 뜻이었습니다. 도빌 해변이라는 장소, 이 역시 영토의 문제입니다. 막노동꾼이 도빌 해변에 올 수 있다는 건, 부르주아들한테는 갑자기 공룡 시대로 돌아간 것과도 같은 일이었습니다. 그것은 공격이었습니다. 독일군보다, 독일군 탱크들이 해변에 들이닥친 것보다 더 나쁜 일이었습니다. 우파 부르주아가 노동자보다 약자라는 말은 물론 아닙니다. 하지만 독일군 탱크가 해변에 들이닥친 것보다 노동자가 해변에 들이닥친 것이 더 두렵고 공격적이고 견딜 수 없는 일이었다는 것은 이성적으로는 이해되지 않는 일입니다. 그러나 현실은 그러했습니다. 죽으면 죽었지 기득권은 놓치지 않겠다는 거죠.

이런 일은 비일비재합니다. 기득권 앞에서는 눈이 멀고 본능이 앞섭니다. 우리가 선거 때마다 겪는 비참함의 원천이기도 합니다. 세금을 더 내자면 대부분 반대하는데, 실제로 복지 제도를 통해 돌려받는 것까지 감안하면, 세금이 느는 사람의 비중은 얼마 안 되잖아요? 또 뉴타운 공약 같은 대표적 사례도 있습니다. 정작 원주민은 대부분 쫓겨나는 게 현실인데, 환호작약해 버리잖아요? 부동산 문제도 그렇습니다. 큰 집을 가졌든 작은 집을 가졌든, 집 있는 사람은 누구도 집값이 떨어지는 것을 바라지 않습니다. 하지만 집값의 전반적 하락은 자기 세대는 물론이고 자식 세대에게도 이득입니다. 부동산은 현금화되기 전까지는 주거지에 불과해요. 과시 효과가 있지만, 환금성은 떨어지죠. 당장 쓸 수 없는, 땅에 파묻어 둔 돈과 같습니다. 물론 담보 대출을 통해 일부를 현금화할 수 있지만, 은행에 이자를 지불한다는 대가가 따르지요. 자기 집을 온전히 소유하지 못하고 은행에 월세를 내는 세입자가 되는 셈입니다. 자연적 인플레이션을 고려하지 않고, 집값이 전체적으로 같은 비율로 떨어지면 어떤 일이 일어날까요? 불가능하겠습니다만, 가정을 한번 해보자는 겁니다. 자기 집이 4억 원이었다고 하죠. 집값이 고르게 25% 하락했다면, 집값은 3억 원이 됩니다. 이런 상황에서 같은 평수로 이사할 때는 전혀 변한 게 없지요? 큰 평수로 가면 어떨까요? 예전에 6억 원이었던 집으로 옮긴다고 해 보죠. 그 사이 6억 원짜리 집은 4억 5000만 원이 되었겠죠. 과거 같으면 6억 원에서 4억 원을 제외한 2억 원을 추가로 부담해야 합니다. 지금은 4억 5000만 원에서 3억 원을 제외한 1억 5000만 원만 더 부담하면 됩니다. 5000만 원 이익입니다. 자식이 분가해서 첫 주택을 구매하는 상황에서도 집값이 떨어졌으니 부담이 줄어들지요. 집값이 전체적으로 같은 비율로 오른다면, 반대의 일이 벌어지겠죠. 그런데도 집을 가진 사람은 누구나 집값이 오르기를 바랍니다. 왜 자기 이익에 거스르는 상황을 바랄까요?

이 때문에 바로 집단 욕망의 분석이 필요합니다. 요즈음 한국에서는 '갑을 관계'에 대한 논란이 크잖아요? 하지만 자세히 살펴보면, 을이 갑한테 '자발적으로' 을 노릇을 하는 경우가 많습니다. 한편으로는 '갑질'이 두렵지만, 다른 한편으로는 현재의 작은 기득권마저 빼앗길까 봐 생긴 두려움이 큽니다. 니체라면 이렇게 말했을 겁니다. 폭력의 공포를 내면화해서 두려움 때문에 스스로 복종하게 된다고 말입니다. 들뢰즈는 이 문제를 '사제 권력'이라는 개념으로 분석하기도 합니다.

이 개념에도 계보가 있습니다. 스피노자, 니체, 푸코, 들뢰즈 자신입니다. 가진 자 위주로 사례를 든 것 같기도 한데요, '작은 기득권'이 작동하는 원리와 '큰 기득권'이 작동하는 원리는 같습니다. 작은 기득권 문제로 들어가려면 아주 구체적이고 긴 분석을 해야 오해를 사지 않습니다. 여기에서는 충분히 다루기 어려우니, 이 문제는 다른 기회를 엿보도록 하겠습니다.

> 왜 인간들은 마치 자신들의 구원을 위해 싸우기라도 하는 양 자신들의 예속을 위해 싸울까? (Baruch Spinoza, *Traité Théologico-Politique*, tr. Ch. Apphun, Flammarion, 1965, p. 21.)

> 어째서 사람들은 '세금을 더 많이! 빵을 더 조금!' 하며 외치는 지경까지 가는 걸까. 라이히의 말처럼, 놀라운 건 어떤 사람들이 도둑질을 하고 어떤 사람들이 파업을 한다는 점이 아니라, 굶주리는 자들이 늘 도둑질을 하는 건 아니며 착취당하는 자들이 늘 파업을 하는 건 아니라는 점이다. 왜 인간들은 몇 세기 전부터 착취와 모욕과 속박을 견디되, 남들을 위해서는 물론 자기 자신들을 위해서도 그런 일들을 바라는 지점까지 간 걸까? 라이히는 파시즘을 설명하기 위해 대중들의 오해나 착각을 내세우기를 거부하고, 욕망을 통한 설명, 욕망의 견지에서의 설명을 요구하는데, 이럴 때 그는 가장 위대한 사상가였다. 아니, 대중들은 속지 않았다. 그 순간, 그 상황에서 저들은 파시즘을 욕망했고, 군중 욕망의 이런 변태성을 설명해야만 한다. (AO 37)

> 어떻게 사람들은 권력을 욕망하면서도 동시에 자기 자신의 무력함을 욕망하기에 이를까? 어떻게 그런 사회장이 욕망을 통해 투자될 수 있

었을까? (AO 284)

욕망은 절대로 속는 법이 없다. 이해관계는 속거나 오인하거나 배반당할 수 있지만, 욕망은 그렇지 않다. 그래서 라이히는 외친다. 아니다, 대중들은 속지 않았다. 대중들은 파시즘을 원했다. 설명해야 하는 것은 바로 이것이다…. 사람들은 자기 이해관계에 거슬러서 욕망하는 수가 있다. 자본주의는 이것을 이용하는데, 사회주의, 당, 당 지도부도 이것을 이용한다. 오인들이 아닌 완전히 반동적인 무의식적 투자들인 작업들에 욕망이 몸을 맡긴다는 점을 어떻게 설명해야 할까? (AO 306)

객관적으로 혁명적 이해관계를 갖고 있거나 갖고 있었음이 틀림없는 많은 사람들이 왜 반동적 유형의 전의식적 투자를 유지할까? 또한 더 드문 일이지만, 객관적으로 반동적 이해관계를 가진 몇몇 사람들이 어떻게 전의식적인 혁명적 투자를 하는 데 이를까? 후자의 경우에는 정의의 갈망, 정의로운 이데올로기적 입장이 좋고 옳은 견해를 견지하는 반면, 전자의 경우에는 이데올로기적기만 내지 신비화의 산물로 눈이 멀었다고 해야 할까? 혁명가들은 종종, 사람들이 혁명을 원하고 행하는 것이 의무가 아니라 욕망에 의해서라는 것을 가끔 잊거나 인정하길 좋아하지 않는다. 다른 데서와 마찬가지로 여기에서도, 이데올로기란 개념은, 항상 조직적 본성과 관련되어 있는 참된 문제들을 감추는 고약한 개념이다. (…) 해야 할 구별은 경제적 하부구조 자체와 그 투자들 안을 지나간다. 리비도 경제학은 정치경제학 못지않게 객관적이며, 정치경제학은 리비도 경제학 못지않게 주체적이다. 하기는 이 둘 모두가 다 사회적 현실로서의 동일한 현실의 상이한 두 투자 양태에 대응하기는 하지만 말이다. 이해관계의 전의식적 투자들과 필연적으로 일치하는 것은 아닌, 또 이 전의식적 투자들이 어떻게 '가장 어두운 조직화' 속에서, 모든 이데올로기 아래에서 장애를 겪어 변태가 될 수 있는지를 설명해 주는, 욕망의 무의식적 리비도 투자가 있다. (AO 412~413)

대중들의 욕망을 동원하고 매우 효과적으로 이용할 줄 알았던 역사적 파시즘, 히틀러나 무솔리니의 파시즘뿐 아니라, 우리 모두의 안에 있는, 우리의 머리와 우리의 일상 행동 속에 있는 파시즘, 우리가 권력을 사랑하게 만들고 우리를 지배하고 착취하는 바로 그것까지도 욕망하게 만드는 파시즘. (푸코, 「서문: 비-파시스트적 삶의 입문서」, AO)

영토, 탈영토화, 재영토화, 도주 같은 개념들은 무슨 뜻인가?

'다수자'와 '소수자'의 대립쌍을, 또는 '상태로서의 소수자'와 '소수자-생성'을 다른 말로 바꾸면, 전자는 '국가', 후자는 '유목민'이라고 구별할 수 있습니다. 유목민을 달리 '전쟁 기계'라고 부르기도 합니다. 소수자와 다수자의 구분을 어떻게 국가나 포획 장치, 유목민이나 전쟁 기계로 대신할 수 있을까요?

공간 문제로 바꾸어 생각하면 쉽게 이해할 수 있습니다. 혁명이란 무엇이며, 혁명적 생성이란 무엇일까요? 이 문제는 공간 문제로 바꿔서 이야기할 수 있습니다. 홈 파인 공간이 있다고 하면, 그 홈을 따라 살아가는 것은 삶의 한 방식입니다. 홈을 판 이들의 의지, 그 하부구조를 건설한 자들의 세계 속에서 이미 나 있는 길로만 다니는 겁니다. 그런데 홈들을 가로지르면서 매끈한 공간으로 만들려는 사람들이 반드시 있습니다. 이런 이들을 가리켜 '튄다'고 하죠. 모가 난, 튀어나온, 제멋대로인 사람들이 꼭 있습니다. 이들은 기존에 홈을 판 사람들의 의지를 항상 훼방하고 거스릅니다. 일부러 그러려고 의도하는 게 아니지만, 실천으로 이미 그렇게 행동한다고나 할까요? 혁명이란, 아주 간단히 말하면, 기존의 파인 홈을 가로지르면서 매끈한 공간으로 만들려는 실천입니다.

아날로그 시계를 보면 톱니바퀴들이 잘 짜인 채로 맞물려 돌아가면서 시계 전체가 작동합니다. 사람들을 포획해서 시계 부품 같은 것으로 삼으려는 자들이 있습니다. 한 사회에 홈이 파여 있는 까닭은 그 사회가 잘 기능하도록 만들기 위해서입니다. 특히, 자본주의 사회는 특정한 방식으로 홈이 파여 있습니다. 자본주의 사회에 존재하는 모든 인간이 자본주의의 원리, 즉 자본의 증식 또는 더 많은 이윤 추구를 위해 부품들로 기능하게끔 파여 있습니다. 이렇게 기능하도록 하려고 각 개인을 포획한 겁니다. 심지어 개인들이 이 홈에서 빠져나가지 못하도록, 즉 자발적으로 예속되게끔 하는 장치도 마련했습니다. 그것이 바로 빚입니다. 여러분 중에 빚이 없는 사람은 거의 없습니다. 학자금 대출, 전세금 대출, 주택 담보 대출, 신용카드 사용 등으로 우리는 미리 빚을 진 채로 살아갑니다. 당겨썼으면 갚아야 하잖아요? 직장을 성실하게 다녀야 하는 것은, 자기 빚을 갚기 위해서입니다. 아무도 마음대로 살지 못합니다. 게다가 빚은 자식한테 대물림됩니다. 아이들이 공부를 열심히 해야 하는 솔직한 이유는 빚을 갚기 위해서입니다. 들뢰즈와 과타리의 자본주의 분석에서는 이 사실이 무척 중요합니다. 우리는 왜 자발적으로 예속되는가, 이미 나 있는 홈을 따라서만 살아가는가에 대한 답변 중 하나가 바로 빚입니다.

자본주의와 빚의 관계에 대해 최초로 통찰한 사람은 니체입니다. 들뢰즈와 과타리는 이를 발전시켰습니다. 빚은 자본주의 사회가 작동하는 핵심 홈이자 그 홈에 쳐 있는 기름입니다. 그러면 유목민 또는 전쟁 기계 또는 소수자-생성은 무엇일까요? 거기에는 어떠한 특성이 있을까요? 빚에서 도망치는 겁니다. 도망치는 것 자체는 개별적인 행위일 수도 있고, 작은 집단이 공유하는 행위일 수도 있습니다. 이유는 단순합니다. 재수 없으니까, 맘에 안 드니까 도망치는 거죠. 만약 그런 일이 일정 규모 이상으로 벌어지면 어떻게 될까요. 자본주의가 작동을 잘 못하게 되겠죠. 때때로 파업이라는 형태로 이런 일이 벌어지기도 합니다. 파업은 전통적인 마르크스주의 이론보다 들뢰즈와 과타리의 관점으로 봐야 그 의미가 더 살아납니다. 실제로 파업 현장을 잘 살펴보면, 되게 웃기죠, 누가 빠졌나 안 빠졌나, 출석 체크를 하잖아요. 이런 행위는 언제든 협상이 끝나면 자본주의 기계의 부품으로 복귀하겠다는 뜻이잖아요? 이런 식으로 파업할 게 아니라, 출근도 안 하고 어디로 갔는지 아예 모르는 상태가 오래되면 복귀도 안 되고 공장을 재가동하는 것도 어렵게 되겠죠. 이런 식으로는 상상을 안 하죠. 어쩌면 이런 단순한 것, 아주 약해 보이는 것이 오히려 강한 힘을 발휘할 수 있습니다. 어쩌면 너무 겁나서 못하는지도 모르죠. 생각만 해도 사실 오싹하죠!

들뢰즈와 과타리의 실천철학에서는 제멋대로인 삶을 사는 게 권장됩니다. 우리가 어떤 목적을 품었다고 해서 그 목적대로 세계가 흘러가지 않는 이상은 나 좋을 대로 사는 게 차라리 나은 게 아닐까요? 이런 삶의 방식은 무책임한 것이 아니라 자연의 이치, 사회가 돌아가고 역사가 진행되어 온 이치에 부응하는 행동 방식입니다. 논쟁거리가 될 수도 있겠지만, 어쨌든 들뢰즈와 과타리의 입장은 그러하다고 할 수 있습니다.

이와 관계있는 개념이 '도주선'입니다. 흔히 '탈주'라는 말도 쓰는데, 저로서는 피하고 싶습니다. '탈신도주脫身逃走'의 약자가 '탈주'입니다. 몸을 빼내서 도망간다는 뜻입니다. 차이가 있다면, '도주'는 그냥 도망간다는 거죠. 탈주나 도주나 사전에 나오는 뜻에서는 별 차이가 없습니다. '탈주'라는 번역어로 처음 소개되면서 이 말을 낭만적이고 목가적으로 사용하는 측면이 많아진 느낌입니다. 탈주라는 말에 비해 도주라는 말에는 절박함, 어쩔 수 없음, 위험 같은 느낌이 훨씬 강합니다. 그래서 일본에선 이 말을 주로 '도주'라고 번역하고, 저 역시 그렇습니다.

견딜 수 없어서, 위험해서 어쩔 수 없이 도망가는 거예요. 들뢰즈가 전제로 하는, 우리가 살아가는 이 상황은 무척 위험합니다. 늘 포식자들이 우리를 덮치려는 상황입니다. 따라서 우리는 항상 잠시라도 머무를 수 있는 거처와 언제든지 도망갈 수 있는 구멍을 동시에 생각해야 합니다. '도주'라는 개념은 동물학에서 유래했습니다. 들뢰즈는 토끼의 굴이나 사향쥐의 보금자리 같은 예를 듭니다. 자기 안식처에 있으면서도 적이 다가올 때를 대비해서 언제든지 뒤로 빠져나갈 구멍을 만들어 놓는 겁니다. 사람도 동물이기 때문에 마찬가지로 이와 비슷한 행동을 하지만, 안주하려는 경향 탓에, 이런 점에서는 오히려 동물보다 못하다고 말합니다.

'도주'에 비해 '탈주'라는 말은 의지적 표현입니다. 쫓기는 상황에서 목숨만이라도 부지하려고 어떤 식으로든 애쓰는 것이 도주입니다. 동물적인 수준입니다. 붙잡히지 않기 위해 애쓰자! 그 결과는 어떻게 될까요. 그래 봐야 여전히 쫓기는 겁니다.

'도주' 개념을 이해할 때 아주 흥미롭고 유용한 다큐멘터리가 있습니다. KBS와 NHK가 공동으로 제작해서 1994년에 방송한 '생명 그 영원한 신비' 중 제3부 '어류의 상륙 작전'입니다. 유튜브에 공개되어 있으니 언제든지 볼 수 있습니다. 생명이 바다에서 태어나 육지로까지 오게 된 과정을 진화 자료들을 통해 재구성한 다큐멘터리로, 이 작품은 도주와 창조가 어떻게 관련되는지 잘 알려줍니다. 5억 년 전 아노말로카리스라는 엄청난 포식자가 바다에 등장했습니다. 그래서 바다에 사는 모든 생물이 살아남기 어렵게 되었죠. 그러자 바다 생물 중 일부가 민물 쪽으로 도망을 갑니다. 바다 생물이니까 당연히 민물에 적응하기 어렵죠. 하지만 어쩔 수 없이 그런 과정을 반복하다 보니, 오랜 세월 후에 여러 신체 기관이 우연히 민물에 맞도록 변하는 진화를 통해서, 강으로 올라오고 마침내 땅을 디뎌 양서류가 되었습니다. 그러고 보면 진화 과정 자체가 목숨을 건 도망에서 비롯했습니다. 도망가면서 무엇인가를 창조함으로써 살아남는 일이 발생한 것입니다.

도주란 무엇일까요. 자본주의가 우리를 너무나 강하게 압박하니까 도저히 안 되겠다 싶어서 도망가는 것입니다. 국가에 붙잡히지 않으려고, 회사에 붙잡히지 않으려고, 은행에 붙잡히지 않으려고 우리는 도망갑니다. '중2병'이라는 말 들어보셨죠. 이것은 병이 아니라 사실 아이들이 이 체제를 견딜 수 없어서 도망가는 것이라고 할 수 있습니다.

제멋대로 사는 것, 세상 규범을 따르지 않고 자기 규칙을 만들어서 그것을 따르는 것, 이런 것이 도망가는 것, 빠져나가는 것, 새어나가는 것, 즉 '도주'입니다. 다시 한번 말하지만, 어쩔 수 없어서 도망가는 겁니다. 능동이 아닙니다. 애쓰지 않으면 곧 잡혀 죽거나 노예가 되니까, 어쩔 수 없이 도망가는 것입니다. 게다가 기존에 없는 길을 만들지 않으면 절대로 도망갈 수 없습니다. 그래서 도주라는 말을 단독으로 사용하는 것보다 주로 도주선, 도망가는 선, 탈영토화의 선 등으로 사용하는 것이 중요합니다. 도주란, 만들어야 할 또는 발명하고 창조해야 할 무엇이지, 이미 있는 게 아닙니다. 그래서 도주선을 뚫는다, 만든다는 식으로 표현하는 겁니다.

고흐는 햇빛도 제대로 들지 않는 좁은 아파트에서 발광했습니다. 어떻게든 도망가야 한다. 이 상황에서 잡히면 안 된다고 외쳤습니다. "어떻게 이 벽을 가로질러야 할까? 강하게 두드려도 아무 소용이 없으니. 이 벽을 파고 줄로 갈아 가로질러야 한다, 내 느낌에 천천히 참을성 있게." (AO 162 재인용) 이런 상황에서 전제로 할 것은, 도주가 일어날 수 있는 조건은 늘 마련되어 있다는 점입니다. 어떤 사회든 새어나갈 틈이 없는 경우는 거의 없습니다. 자본주의 사회도 당연히 틈이 있고, 심지어 그 어떤 역사적 시기보다 자본주의 사회가 더 틈이 많습니다. 새어나갈 틈, 이것이 도주선입니다. 틈이 없는 사회는 없으니까, 해볼 만한 거예요. 도망가려고 시도할 수 있습니다. 물론 도주선을 만들려면, 들뢰즈와 과타리가 강조하듯, 잘 해야 합니다. 잘하지 못하면, 다시 포획되는 겁니다. 길을 찾아서 잘 뚫고 나가야 합니다. 이 점이 도주라는 말을 둘러싼 가장 중요한 맥락입니다.

하나만 더 보태겠습니다. 들뢰즈는 모든 사회에는 도주선이 있다고 말합니다. 앞에서 말했듯, 도주선은 잘 뚫어야 하는 것인 동시에 이미 뚫려 있는 것이기도 합니다. 비유를 들어 보죠. 견고한 건물이 있습니다. 하지만 시간이 지나면서 쥐가 파먹고 녹슬고 부스러지면서 사방에 틈이 생깁니다. 빠져나갈 구멍이 생깁니다. 이건 필연입니다. 이 점이 왜 중요할까요? 자본주의 사회에서 벗어날 틈이 없다고 생각하지만, 들뢰즈는 자본주의 사회마저도 도주선이 있다고 봅니다. 틈으로 새어들어오는 희망의 빛 같은 거죠. 푸코와의 결정적 차이도 이 지점에 있습니다. 푸코는 저항이 불가능한 상태, 즉 지배domination 상태를 말합니다. 빠져나갈 수 없는 막다른 골목인 셈이죠. 어떻게 저항이 시작될 수 있을지 가늠조차 되지 않습니다. 반면 들뢰즈는 저항이 불가능한 상태란 없다고 봅니다. 모든 것에는 도주선이 있습니다. 도주선은 해방의 시작입니다.

이제 영토 이야기로 넘어가겠습니다. '도주선'은 '탈영토화의 선'과 동의어입니다. '탈영토화'라는 말은 어려운 말입니다. 인위적으로 만든 말이라서 프랑스 사람들도 발음하기 어려워합니다. '데테리토리알리사시옹déterritorialisation'을 그들이 발음할 때, 가만히 들어 보면 혀가 꼬이는 게 느껴집니다. 이 말을 이해하려면 '영토'라는 개념부터 파악해야 합니다. 들뢰즈 철학에서 무척 중요한 개념입니다.

'영토'는 기본적으로 동물 세계와 관련이 있습니다. 들뢰즈와 과타리는 이 말을 '안식처chez soi'라는 다른 개념으로도 이야기합니다. 영어로는 '앳 홈at home'이지요. 숙어로 흔히 쓰이는 말입니다. 정말로 '집에 있다'는 뜻이라기보다 '내 몸뚱이 하나 편안하게 누일 만한 곳에 있다'라는 뜻입니다. 사뮈엘 베케트를 예로 들면, 벤치에 자리 잡은 노숙자는 하룻밤 자기 영토를 구성한 겁니다. 동물들이 존재하는 방식에서 과타리가 찾아낸 개념입니다. 동물들은 일단 자기가 있을 만한 곳을 찾아서 보금자리를 구성합니다. 일종의 영토를 만드는 겁니다. 아무리 일시적일지라도 그런 자리가 있다면 안식처라고 부를 수 있습니다. 거기가 영원히 지속된다는 뜻은 아닙니다. 영토를 구성하는 운동, 즉 영토화가 한 편에 있고, 영토화를 통해 구성된 영토가 있습니다. 이때 영토란, 잠시 자기 몸을 쉴 수 있는 곳입니다. 새들은 가지에 아무렇게나 앉지 않습니다. 달아날 여지를 고려하면서 앉습니다.

버스나 지하철에 타거나, 강의실에서 자리 잡을 때, 사람들은 가장 편안하게 느껴지는 자리를 나름대로 찾습니다. 학생들을 보면 늘 비슷한 위치에 자리 잡습니다. 이건 어쩌면 본능입니다. 거기에 덧붙여 동물들은 포식자, 즉 자기의 적을 고려합니다. 자연 세계에서는 적이 언제 들이닥칠지 모릅니다. 그러므로 항상 동물들은 경계 태세를 취합니다. 안식처에 있을 때에도 항상 더듬이 하나쯤은 세우고 있는 거죠. 넋 놓고 있는 게 아니라 적이 덮칠지 아닐지를 늘 관찰합니다. 그래서 영토를 만들면서도 적이 덮쳤을 때 도망갈 여지를 항상 염두에 둡니다. 그렇게 영토로부터 빠져나가는 것을 '탈영토화'라고, 영토로부터 도망치는 경로를 '탈영토화의 선'이라고 합니다. '도주선'과 동의어입니다. 영토는 기본적으로 탈영토화의 선과 탈영토화의 운동을 함께 포함합니다. 결국 그 둘은 같이 구성되는 것입니다. 영토를 만드는 운동과 영토에서 빠져나가는 운동, 이 둘은 필연적인 쌍이라고 할 수 있습니다. 들뢰즈는 이 점에서는 동물이 인간보다 낫다고까지 평가합니다. 인간은 종종 넋 놓고 있으니까요.

탈영토화에는 두 종류가 있습니다. 계속해서 빠져나가는 탈영토화, 이런 탈영토화는 절대적인 성격을 띱니다. 빠져나가다 멈추는 탈영토화, 이런 탈영토화는 상대적인 성격을 띱니다. 옛 영토에서 빠져나가기는 했지만, 얼마 못 가서 다시 안주하는 거니까 상대적인 것이죠. 이런 탈영토화를 '재영토화'라고도 합니다. 이와 같이 들뢰즈와 과타리는 '절대적 탈영토화'와 '상대적 탈영토화'를 구분합니다.

'상대적 탈영토화'와 '재영토화'는 자본주의에서 부르짖는 혁신을 설명하는 가장 좋은 개념입니다. 가령, 현재와 같은 스마트폰 시대로 진입하는 데 애플의 아이폰이 결정적 기여를 했습니다. 아이폰은 기존 휴대전화 상태에서 인류가 빠져나가면서 찾아낸 대안입니다. 들뢰즈와 과타리 식으로 말하자면, 탈영토화의 결과로 아이폰이 등장했다고 할 수도 있습니다. 그 결과, 아이폰 전의 세계와 많은 것이 달라졌죠. 하지만 개인적으로는 아이폰을 세상에 내놓은 스티브 잡스를 별로 안 좋아합니다. 사실상 아이폰은, 혁신이라고 부르는 이 운동을 곧바로 이윤 범위 안쪽으로 제한해 버리니까요. 이윤이 되지 않는 혁신은 아이폰에 존재하지 않습니다. 다른 여지가 전혀 없습니다. 따라서 스티브 잡스의 혁신은 애플의 세계에 사람들을 다시 가두는 방식으로 진행됩니다. 못마땅하게 생각하는 게 바로 그 지점입니다. 아이폰의 혁신은 '상대적 탈영토화'이면서 탈영토화의 성취에 대한 '재영토화'입니다. 자본의 운동 속에서 자본주의를 세게 균열 낼 수도 있는 잠재력이 있는 어떤 사태(사물)가 등장할 수 있습니다. '재영토화'는 자본이 그것을 다시 이윤 추구의 수단으로 삼는 것입니다. 어쩌면 재영토화를 사전에 전제로 놓고 혁신하는 것이라고 할 수 있습니다. 영토에서 벗어나 일정한 제약 조건을 미리 정해 놓고서 도망가는 것, 다시 말해 자본의 이윤 확보 범위까지만 도망가는 겁니다.

절대적 탈영토화란, 자본에 이익이 되든 말든, 계속해서 도망가는 것, 계속해서 빠져나가는 것입니다. 자본주의 사회에 살고 있다는 역사적 조건을 결코 잊어서는 안 됩니다. 절대적 탈영토화는 먼 곳으로 달아난다는 뜻이 아닙니다. 자본주의 바깥으로 도망간다는 뜻도 아닙니다. 자본의 운동 그 바깥으로까지 간다는 뜻입니다. 자본주의에서 극한까지 새어나가는 겁니다. 앞에서 출근 안 하는 것에 대해 이야기했습니다. 그러면서 언제까지 버틸 수 있는지 알 수 없지만, 사실 그런 게 절대적 탈영토화 운동입니다. 그 방법을 고안하는 것은 결코 쉽지 않습니다. 아주 아주 어렵죠. 자본의 운동 그 바깥으로까지 가는 동시에 자기도 살아야 하니까요. 따라서 자기 영토를 계속 만들면서도 자본주의의 부품이 되기를 최대한 거부하는 방식으로 자신을 지탱하는,

'지속 가능한sustainable' 실천이 필요합니다. 들뢰즈가 항상 집단을 강조하는 것은, 혼자보다는 집단으로 그런 일을 하는 게 낫기 때문입니다. 조금이라도 더 수월하다는 거죠. 그래서 집단이 일단 중요합니다. 어떤 집단이 미시 수준에서 가지고 있는 특성을 파악하면, 즉 구성원들이 결국 다시 돌아갈 것인지 아니면 끝까지 버티면서 빠져나갈 구멍을 늘 도모할 것인지에 따라 집단의 질을 미시적으로 분석하면, 그 집단의 미래가 보일 겁니다. 권력을 추구하려고 학생운동에 투신했던 많은 이들이 변절해서 극우 보수로 전향하는 걸 보는데, 미시적으로 살피면 처음부터 그런 면모가 있었다는 걸 알 수 있습니다. 중간에 변절했다기보다는 운동을 한 이유가 처음부터 남 앞에서 자기를 과시하는 것, 자기에게 이끌려서 사람들이 따라오는 것, 하여튼 그런 맛에 들렸던 것이었기에, 결국 시간이 지나면서 그러한 측면만 남았다고 보는 겁니다.

들뢰즈와 과타리가 말하는 '전쟁 기계'는 '전쟁하자'는 뜻이라기보다는, (물론 필요하면 전쟁을 하기도 합니다만) 홈 파인 공간을 가로질러서 매끈한 공간을 만들자, '살고 싶은 대로 살자'는 뜻입니다. 이것이 원래 목표입니다. 그런데 자꾸 권력이 훼방을 놓고 제재를 가하니까 싸움이 커지는 겁니다. 탈영토화를 위해서는 전쟁에 필요한 기법들도 발명하고 창조해야 하는데, 이것들이 그러한 싸움의 과정을 거치면서 발전합니다. 이와 관련해서 예를 하나 들어 볼까요? 괴테와 비슷한 시기에 살았던 클라이스트라는 작가가 있습니다. 들뢰즈가 아주 많이 언급하는 작가입니다. 그가 쓴 작품 중에 「미하일 콜하스」라는 노벨레Novelle가 있습니다. 2013년에 〈미하엘 콜하스의 선택〉이라는 영화로 제작되기도 했습니다. 아마 보신 분도 있을 겁니다. 영화를 보거나 책을 보면 곧바로 느낄 수 있습니다. 탈영토화를 이야기할 때, 이 사람의 삶에 주목할 필요가 있습니다. 미하엘 콜하스는 처음에 평범한 말 장사꾼입니다. 그런데 어느 날 이 사람 인생에 일이 하나 생깁니다. 말을 팔러 가는 길에 융커(귀족)에게 일종의 통과세를 징수당한 거였습니다. 하지만 통과세 징수는 근거 없는 거였다는 사실을 나중에 알게 되었고, 통과세로 납부한 말을 돌려달라는 요청을 하지만 거절당합니다. 일은 점점 커지기 시작하고 콜하스는 개인적인 전쟁을 일으킵니다. 이 전쟁은 이상한 형태로 확대되고, 주변 지역 전체가 연루됩니다. 콜하스는 단지 부당하게 징수당한 통과세를 돌려받을 생각뿐이었습니다. 거기에 충실했을 뿐인데, 불가피하게 전쟁의 소요를 야기했던 것입니다. 아주 흥미진진한 내용이니 꼭 보시기 바랍니다. 이 사람의 삶이 바로 전쟁 기계, 유목민적 삶, 소수자-생성 등에 속하는 전형적 방식이라고 이야기할 수 있습니다.

이런 식의 절대적 탈영토화가 실제로도 가능할까요? 사실은 그런 물음 자체가 별 소용없습니다. 지금처럼이라도 살 만하면 그냥 살면 됩니다. 그런데 도저히 이대로는 안 되겠다 하면 어떻게든 발버둥치는 거죠. 그렇게 발버둥치는 방식으로 계속해서 살아가는 것이 바로 절대적 탈영토화입니다. 남들이 보면 미쳤다고 하겠죠. 하지만 이 삶은 자신이 의지를 끌어모아서 어떤 목표를 지향하며 사는 것과는 별 상관이 없습니다. 오히려 조건이 우리 자신을 좌우합니다. 앞에서 들뢰즈가 항상 집단을 중시했다고 이야기했습니다. 집단이라는 조건에 자신을 소속시킴으로써, 그 집단의 성격과 자기를 동화하는 방향으로 탈영토화의 전술을 취할 수밖에 없기 때문입니다. 그런 전술은 우리 자신을 수동적으로 그 집단의 흐름에 맡길 수밖에 없지만, 수동적이라는 것 자체를 나쁘게 바라볼 이유는 없습니다. 오히려 수동적이라는 것은 인간의 조건입니다. 인간은 원래 상황에 휘둘리는 존재입니다. 상황이 항상 인간을 만듭니다. 그렇다면 인간은 특정한 성격의 집단을 만들고, 자기를 그 안에 집어넣는 식으로 살아가는 게 최선입니다. 어떤 곳에서 누구와 함께 살 것이냐를 선택하는 문제인 것입니다. 버스 터미널이나 기차역에 가서 버스나 열차를 타는 상황과 비슷합니다. 자기가 타는 버스나 열차가 자기가 가려는 방향과 맞는지 살피고, 그 수단이 적절한지 탐구하되, 결국 자신은 거기에 얹혀서 함께 가는 것이라고 할 수 있습니다. 홀로, 자유롭게, 이런 건 환상에 지나지 않습니다.

그런 뜻에서 마지막으로 주체 이야기를 할까 합니다. 들뢰즈에게 엄밀한 의미의 주체는 하나밖에 없습니다. 우주 자체죠. 앞에서도 잠깐 이야기했지만, 우주 자체는 우주 자체가 변화하는 출발점입니다. 이런 점에서, 엄밀히 말하자면, 우주 자체만이 세계의 유일한 주체입니다. 전통적 의미의 주체, 즉 행동의 출발점, 행동의 기원으로서의 주체를 말하는 것입니다. 이런 의미의 주체는 스피노자가 잘 이야기했습니다. 스피노자의 『윤리학』에 나오는 첫 번째 개념인 '자기 원인 causa sui'은, 간략히 말하자면, 바로 우주 자신의 원인은 우주 자신일 수밖에 없다는 뜻입니다. 물론 지금 여기에서 말하고 싶은 것은 우주라는 주체가 아니라 인간 주체입니다. 인간 주체란 도대체 무엇일까요? 들뢰즈는, 인간 주체를 우주의 물질적 과정들이 진행되면서 생겨나는 부산물이나 잔여물로 파악합니다. 이 주체는 능동적 주체가 당연히 아닙니다. 우주라는 대문자 주체Subject와 구별되는 소문자 주체subject입니다. 주체들이라고 차라리 불러야겠네요. 그런 소문자 주체들은 어떻게 형성될까요?

들뢰즈가 가장 먼저 비판하는 개념은 '자아'입니다. 앞에서 흄을 소개하면서 이미 이야기한 바 있습니다. 전통적인 주체관은 자아라는 고정된 그릇과 같은 것이 있어서 그 안의 내용물이 바뀐다고 봅니다. 그러나 들뢰즈는 그런 자아, 고정된 주체를 부정하면서 항상 유동하고 변화하는 주체만 있다고 합니다. 구름을 다시 생각해 보세요. 물방울들이 어떻게 모여 있느냐에 따라 모양이 달라지죠. 그런 식으로 계속 변해 가는 것, 자기 동일성이 있는 게 아니라 항상 어떤 변화의 와중에 있는 것이 주체입니다. 주체가 항상 동일한 것처럼 느껴지는 것은, 우주 전체가 변화하는 과정의 한 부분인 지구 내 물질들의 변화가 자아와 직결되어 있기 때문입니다. 가령, 김재인이라는 사람이 있다고 하죠. 김재인을 둘러싼 물리적인 조건들은 한꺼번에 갑작스럽게 많이 변하지 않죠. 그래서 거기에 대응하는 부산물로서의 주체도, '나라는 느낌'도 대체로 비슷하게 유지됩니다. 흔히 말하는 '자아의 동일성'이란 이런 식으로 설명할 수 있습니다. 하지만 실제로는 계속 변합니다. 인간의 몸을 이루는 세포를 살펴보죠. 심장 근육, 뇌, 눈을 이루는 세포는 대체로 평생 미세하게 변하며 유지됩니다. 하지만 피부는 4주 정도면, 간은 1년이면, 혈액은 4개월이면, 뼈 조직은 10년이면 완전히 바뀝니다. 이런 점에서 10년 전의 나와 지금의 나는 같은 몸이라고 말하기 어렵습니다. 어떤 특정한 충격적 사건을 겪고 나면 변화는 확연하게 드러납니다. 예를 들면, '외상 후 스트레스 장애'라든지 하는 것이 대표적입니다.

어쨌든 주체란 몸을 구성하는, 몸과 연결된 물질 변화의 부산물로서 생기는 느낌들의 연속이라고 할 수 있습니다. 주체가 존재하지 않는 건 아닙니다. 항상 변하지만 분명히 존재합니다. 하지만 변화의 출발점으로 존재하는 게 아니라 최종적인 소비, '아, 이렇구나 하는 느낌'을 향유하는 방식으로 존재합니다. 그래서 『안티 오이디푸스』에서 들뢰즈와 과타리는 '기분Stimmung', '나는 느낀다je sens', '준準안정적 신경 상태', '내공량' 같은 표현들로 주체를 지칭합니다. 주체란 그런 상태들의 연속적 경과입니다. 내가 먼저 있고, 내가 행동과 판단의 출발점이라는 것과는 완전히 다릅니다. 앞에서 집단의 중요성을 이야기한 것도 주체를 형성하는 가장 가까운 조건이 바로 옆에 있는 사람들과 물질들이기 때문입니다.

첫 번째 강의는 '들뢰즈 사상이 왜 독특한지, 그것이 실천적으로 어떤 함의를 가지고 있는지'에 대한 것이었습니다.

두 번째 강의

들뢰즈 철학의 시기별 특징

들뢰즈 철학을 한눈에 보여 줄 수 있는 키워드는 무엇일까요? 도서관이나 시민강좌 등으로 들뢰즈 강의를 할 때마다 비슷한 요청을 많이 받습니다. 그래서 가끔 생각해 보기도 합니다. 들뢰즈의 키워드가 무엇일까? 그런데 도저히 핵심 키워드를 찾을 수 없었습니다. 들뢰즈 철학과 관련된 키워드가 없어서가 아니라, 키워드가 너무 많아서 몇 개의 개념으로 줄이는 것이 무리였기 때문입니다. 들뢰즈 책은 방대할 뿐만 아니라 내용도 접근하기 쉽지 않습니다. 게다가 최근에 프랑스에서 출판을 고려 중인 강의록도 생전에 출간된 책들만큼이나 많습니다. 따라서 이 커다란 세계를 몇 단어로 축약하는 것은 솔직히 불가능합니다. 이런저런 고민을 하다가 문득 들뢰즈의 사상을 시간 순서로 정리하면 어떨까 하는 생각이 떠올랐습니다. 사실 이 문제는 들뢰즈 철학을 이해하는 데 주요한 쟁점 중 하나이기도 합니다. 특히, 과타리와 공동 작업을 시작한 1970년 이후의 사상과 그 이전의 들뢰즈 사상 사이에 차이나 변화가 있느냐 하는 쟁점이 있고, 또한 과타리와 공동 작업을 끝낸 1981년 이후 들뢰즈 사상의 성격을 어떻게 규정할 것인가 하는 쟁점도 있습니다. 당연히 이미 이 문제를 깊이 있게 다룬 책들도 많이 나왔습니다.

대표적으로 일본의 철학자 고쿠분 고이치로의 주장을 살펴보겠습니다. 2013년 고쿠분은 『들뢰즈의 철학 원리』라는 책을 출간했습니다. 한국어 번역본 제목은 "고쿠분 고이치로의 들뢰즈 제대로 읽기"입니다. 전형적으로 스타 마케팅을 해보겠다는 제목이지요? 이 책은 후속편으로 『들뢰즈 · 과타리의 철학 원리』 및 『들뢰즈 · 과타리 저작의 총체』를 예고합니다. 고쿠분의 해석을 요약하면 다음과 같습니다. 들뢰즈 철학 전체를 놓고 볼 때, '들뢰즈만의 사상'과 들뢰즈와 과타리가 섞인 '들뢰즈 · 과타리의 사상'이 구별된다는 것, 또한 들뢰즈는 과타리와 공동 작업을 멈춘 후 다시 '들뢰즈만의 사상'으로 돌아온다는 것입니다. 고쿠분은 이렇게 말합니다.

> 이 책은 들뢰즈가 하나의 실천을 통해 스스로의 과제를 극복해간다는 큰 스토리에 기반을 두어 쓰였다. 그렇지만 거기에 부가해두어야만 하는 것이 한 가지 있다.
> 그것은 과타리와의 협동 작업이라는 실험을 거친 뒤 들뢰즈가 완전히 다른 철학자가 되어 버리지는 않았다는 것이다. 그 자신은 전혀 변하지 않았다. 들뢰즈는 과타리와 작업을 할 때에만 욕망의 배치에 관해 말하는 것이다. 그리고 다시 한 사람으로 작업을 할 때에는 언제나처럼 초월론적 경험론의 철학자 질 들뢰즈로 돌아가 버린다. (고쿠분 고이치로, 『고쿠분 고이치로의 들뢰즈 제대로 읽기』, 박철은 옮김, 동아시아, 2015, 265~266쪽.)

우선, 이 책이 아주 최근에 나온 훌륭한 해설서임을 강조하고 싶습니다. 들뢰즈의 사상을 깊게, 비판적으로 이해하고 싶다면 반드시 읽어보기를 바랍니다. 다만, 고쿠분의 해석에 전혀 동의할 수 없는 몇 가지 핵심적인 지점이 있었습니다. 먼저 시대 구분과 관련한 문제에서는 확실히 그렇습니다. 고쿠분은 들뢰즈가 '언제나' '초월론적 경험론자'라고 말합니다. 하지만 이런 사전 규정 또는 작업 가설은 들뢰즈 철학과 관련한 논의의 틀을 제한하기 십상입니다. 어떻게 한 학자가 10년 넘게 행한 작업(과타리와의 공동 작업)을 그렇게 쉽게 괄호 칠 수 있을까요? 더욱이 스피노자, 흄, 니체, 베르그손 등 자신이 섭렵한 철학의 선배들을 체화하는 일에 그토록 능했던 들뢰즈가! 이는 상식적으로도, 문헌적으로도 동의하기 어려운 말입니다.

들뢰즈 철학의 시대 구분을 먼저 생각해 보겠습니다. 들뢰즈의 저술 목록은 이 책 뒤에 연도순으로 수록해 두었으니 참고하십시오. 들뢰즈는 1925년생이고 1995년에 죽었습니다. 잘 알려져 있듯이 자살했는데, 이 문제에 대해 너무 복잡하게 생각할 필요는 없습니다. 일종의 연명 치료 거부였으니까요. 들뢰즈는 말년에 지병인 천식 등 여러 가지 질병 탓에 아무 작업도 못하면서 연명 치료 장치에 의존해 지냈습니다. 그 장치를 떼어 내고 또 떼어 내도 가족과 친구들이 다시 갖다 붙이니까, 그들이 잠시 자리를 비운 틈을 타 고층 아파트에서 뛰어내려 목숨을 끊었습니다. 일흔 살 노인이 중병으로 연명 치료를 받다가 자살한 것입니다. 살기가 힘들어서, 사는 게 싫어서 자살하는 것과는 아주 거리가 멉니다. 들뢰즈의 철학은 긍정을 강조하는데 왜 자살했느냐, 하는 질문을 가끔 받습니다. 그런데 그의 자살은 자기 철학을 부정하는 게 아니라 오히려 긍정하는 실천이었습니다. 진짜로 아무것도 할 수 없을 때 선택할 수 있는 유일한 능동적 행동으로 삶을 마감한 것입니다.

> 세 시기라 그 정도가 좋겠군. 실제로 나는 철학사의 책들로 시작했지만, 내가 몰두한 모든 저자들은 내겐 뭔가 공통점이 있었다. 그 모든

것은 스피노자-니체의 위대한 동일성을 향했다.

철학사는 특별히 반성적인 분과가 아니다. 차라리 그건 회화에서 초상화 기법과 같다. 철학사는 정신적 초상화, 개념적 초상화이다. 회화에서처럼 닮아야 하기는 하지만 비슷하지 않은 수단들, 다른 수단들을 통해 닮아야 한다. 유사성이 생산되어야 하지만, 재생산하는 식으로는 아니다(사람들은 철학자가 말한 것을 축약하는 데 만족하곤 한다). 철학자들은 새로운 개념들을 가져와서 설명하지만, 그 개념들이 응답하는 문제들을 말하지는, 아니 온전히 말하지는 않는다. (…) 철학사는 어떤 철학자가 말하는 걸 축소해서는 안 되고, 그가 필연적으로 함축하며 생략한 것, 그가 말하지는 않았지만 그가 말하는 것 속에 여전히 현존하는 것을 말해야 한다.

철학은 항상 개념들을 발명하는 데 있다. 나는 형이상학의 극복이나 철학의 죽음에 관해 걱정해 본 적이 없다. 철학은 개념들을 창조한다는 지금도 완전히 현행적인 기능이 있다. 아무도 철학을 대신해서 그 일을 할 수 없다. (…)

철학은 의사소통적이지도 않고, 관조적이거나 반성적이지도 않다. 본성상 철학은 새로운 개념들을 끊임없이 창조하는 한 창조적이며, 심지어는 혁명적이다. 유일한 조건은 개념들이 필연성을, 하지만 하나의 낯섦을 가져야 한다는 것인데, 이것은 개념들이 참된 문제들에 응답하는 한에서만 성립한다. (…) 하나의 철학을, 우리는, 펠릭스 과타리와 나는, 『안티 오이디푸스』와 『천 개의 고원』에서 만들려고 시도했다. 특히 『천 개의 고원』은 두꺼운 책이고, 많은 개념을 제안하고 있다. (…) 우리는 각자 과거가 있었고 전작이 있었다. 그는 정신의학에서, 정치에서, 철학에서, 이미 개념들이 풍부했고, 나는 『차이와 반복』과 『의미의 논리』가 있었다. 하지만 우리는 두 사람처럼 협업하지 않았다. 오히려 우리는 우리라고 할 수 있을 '하나의' 제3의 시냇물을 만들기 위해 합류하는 두 시냇물과도 같았다. 무엇보다, '철학'에서 물음들 중 하나는 항상 이것이었다. '친구philo'를 어떻게 해석할 것인가? 따라서 하나의 철학, 그건 나에겐 펠릭스가 없었다면 시작되지도 이룩되지도 않았을 둘째 시기와도 같다.

이어서, 세 번째 시기라는 걸 상정할 수 있겠는데, 여기에서 내게 관건은 회화와 영화, 거기 나타난 이미지들이다. 하지만 그건 철학 책들이다. 내 생각에, 개념은 두 가지 다른 차원을, 지각체percept와 기운affect의 차원을 담고 있다. 내가 관심이 있는 건 그것이지 이미지들이 아니다. 지각체는 지각perceptions이 아니다. 지각체는 그걸 체험하는 자보다 오래 살아남는 감각들과 관계들의 뭉치이다. 기운은 느낌sentiments이 아니다. 기운은 그걸 경유하는 자를 넘어서는 생성이다(그는 다른 것으로 생성한다). 위대한 영미소설가들은 종종 지각체에 의해 글을 썼고, 클라이스트와 카프카는 기운을 통해 글을 썼다. 기운, 지각체, 개념은 서로 뗄 수 없는 세 개의 권력puissances이다. 이것들은 예술에서 철학으로, 철학에서 예술로 오간다. 분명코 가장 어려운 것은 음악이다. 『천 개의 고원』에는 분석의 초벌이 있다. 리토르넬로는 이 세 개의 권력을 이끌고 간다. 우리는 리토르넬로를 우리의 주요 개념 중 하나로 만들고자 했었다. 영토 및 대지와 관련된 작은 리토르넬로와 큰 리토르넬로. 끝으로, 이 세 시기 전체는 서로 연장되고 서로 뒤섞여 있다. (PP 185~188, 1988년의 인터뷰)

제1기
철학사 연구: 생각에 대한 새로운 상像을 탐구하다

첫 번째 강의에서 이미 밝힌 바대로, 들뢰즈의 개인적 경험 중 가장 바탕에 있는 것은 '전쟁'입니다. 2013년 여름 리스본에서 개최된 들뢰즈 국제학술대회에서 발표된 클로드 앵베르Claude Imbert의 기조연설 내용을 잠시 소개하겠습니다. 제2차 세계대전이 끝난 지 한 해가 조금 넘은 시기인 1945년 10월 1일, 레이몽 아롱, 시몬 드 보부아르, 미셸 레리스, 모리스 메를로퐁티, 알베르 올리비에, 장 폴랑, 장폴 사르트르가 편집위원을 맡은 『현대』 창간호가 출간됩니다. 첫 호 특집은 '전쟁'이었습니다. 앵베르는 그 특집이 전쟁 상황에서 맞닥뜨린 '언어의 질병', '철학적 실어증', '철학적 엉망진창upset' 등에 대처하려는 철학적 모색이었다고 이야기합니다. 겪은 일은 있는데 도대체 할 수 있는 말은 없는 그런 상황이었던 거예요. 전쟁은 끝났지만 전쟁을 야기한 원인은 변치 않은 채로 남아 있었기 때문입니다. 전쟁은 그전까지 인간이 행했던 모든 실천들, 좋다고 생각하면서 의지했던 모든 것들이 산산이 무너지는 경험이었으며, 기존의 것(대표적으로 이성 같은 것)에 더 이상 의존할 수 없다는 사실을 확인시켜주었습니다. 기술 발전, 문명 발전, 부의 증대 등 그동안 찬양해 마지않던 많은 것들을 뒷받침했던 여러 근거가 결국은 전쟁으로, 가장 참혹한 사회적 결과로 향했기 때문에, 전후 세대에게 가장 중요했던 것은 지금까지 믿고 따르던 그것들이 도대체 무엇이었느냐 하는 질문이었습니다. 그 당시 사상의 리더였던 사르트르나 메를로퐁티 등은 새로운 사상적 기반의 필요성을 절박하게 느꼈습니다. 그 상황에서는 다 고아일 수밖에 없죠. 사상적인 고아인 거죠. 믿고 따를 선배 세대, 전쟁 전에 그들에게 세상과 삶의 근거를 제시해 줬던 선배들이 결국은 별로 해준 게 없다는 게 확인됐기 때문에, 다들 고아로서 자기가 첫 주자로, 자기 힘으로 서야만 했습니다. 그리고 바로 그다음 세대가 레비스트로스, 라캉, 알튀세르, 푸코, 바르트, 들뢰즈, 료타르, 데리다 등이지요. 한마디로 프랑스 사상계의 새로운 세대죠. 무엇보다도 이들은 기존의 사상과 완전한 결별을 시도합니다. 이러한 시도들의 바탕에는 전쟁 체험이 있었고, 전쟁 체험은 철학이나 사상 등을 포함해서 전쟁 전에 있었던 모든 것에 대한 전면적인 부정을 초래했습니다. 확고히 의지할 만한 공동의 기반이 부재했기 때문에, 그 시기 철학에 국한해서 말하자면 유례없을 정도로 많은 실험적 사상들이 분출했습니다. 이들을 한데 묶을 만한 공통적인 키워드가, 사상의 키워드가 없을 정도였습니다. 시대적인 배경이나 조건으로서, 또는 철학의 출발점으로서 전쟁이라는 상황만이 유일한 공통점이고 그 밖에는 공통된 게 없었다고 얘기하는 게 더 맞을지도 모르겠습니다. 구조주의, 탈구조주의, 포스트모더니즘, 이런 식으로 묶은 건 다 외부자의 시선이었을 뿐입니다. 들뢰즈 철학도 이런 맥락에서 탄생했습니다. 한마디로 말하면, 전쟁에 대한 직시를 통해서 형성되었습니다. 전쟁은 사회 전체와 관련됩니다. 전쟁은 정치적 문제입니다. 따라서 전쟁을 기반으로 해서 생겨난 사상은 필연적으로 정치적 성격을 띨 수밖에 없습니다.

들뢰즈는 1953년에 첫 번째 저서를 냅니다. 그전에도 짤막한 글들을 발표했지만, 첫 저서는 흄에 대해 쓴 『경험주의와 주체성』이었습니다. 이 책 덕분에 오랫동안 프랑스에서 들뢰즈는 흄 전문가로 통하기도 했습니다. 그 후 오랜 공백을 지나서 1962년에 비로소 역작 『니체와 철학』을, 연이어서 『칸트의 비판철학』(1963), 『프루스트와 기호들』(1964), 『베르그손주의』(1966)를 발표합니다. 그리고 1968년에는 국가 박사학위논문인 『차이와 반복』을, 더불어 국가 박사학위 부논문인 『스피노자와 표현 문제』를 출간합니다. 당시까지만 해도 국가 박사학위를 획득하려면 주논문과 함께 철학사 연구인 부논문을 제출해야 했습니다. 이에 따라 알튀세르는 부논문으로 포이어바흐를, 푸코는 칸트를, 데리다는 후설을 각각 다루었습니다. 아무튼 들뢰즈는 박사학위논문을 내고 이듬해인 1969년에 『의미의 논리』를 발표합니다. 이렇게 대략 1953년부터 1969년까지를 들뢰즈 철학의 제1기라고 할 수 있습니다. 여기까지는 학자들 대부분의 의견이 일치합니다.

제1기에 행한 들뢰즈의 주요 작업은 '철학사 연구'라는 말로 요약할 수 있습니다. 철학사 연구에서 들뢰즈가 무엇에 중점을 두었느냐를 파악하는 게 가장 중요합니다. 당시 파리에서 유행했던 지적 흐름에 반대하면서, 그와 맞서 싸우는 게 이 시기 들뢰즈의 중요한 작업이었습니다. 관건은 '관념론' 또는 '독단적 철학'과 싸우는 것이었습니다. 다른 말로 하면, '이성주의' 또는 '이성론' 전통에 대항하고 대안을 찾는 작업을 수행했습니다. 독단적 철학을 '도그마dogma'라고 표현합니다. '이성주의'는 '레이셔널리즘rationalism'을 번역한 말인데, 예전에는 '합리주의' 또는 '합리론'이라고 했습니다. 대표적으로 데카르트가 이 전통에 속합니다. 당시 파리 지성계에는 세 가지 흐름이 있었습니다. 하나는 헤겔, 또 하나는 후설을 비롯한 현상학, 끝으로 정신분석입니다. 들뢰즈는 이 세 흐름을 통틀어 관념론이자 이성론이자 독단적 철학이라고 해석한 것입니다.

이 흐름에 맞서 들뢰즈는 '경험론' 또는 '경험주의' 철학을 내세웁니다. 이 철학이야말로 실제 세계에 근거하고 있다고 생각했습니다. 거꾸로 얘기하면 이성주의 전통에 속해 있는 철학은 현실에 기반을 두지 않았다, 현실에서 출발하지 않았다는 말입니다. 가령, "인간이란 무엇인가?"라고 물었을 때, 이성주의자들은 '인간'에 대한 특정한 상을 전제합니다. 현실에서 출발해서 인간의 특성을 찾지 않고, '인간은 이성적인 존재'라는 상을 전제로 놓은 다음 거기에서 출발해 현실의 인간을 설명합니다. 들뢰즈는 인간을 경험적, 현실적, 역사적인 맥락에서 이해하지 않고, 초역사적이거나 이상적인 모습을 설정하는 모든 사조를 다 관념론으로, 이성주의로 봅니다. 헤겔 철학, 현상학, 심지어 정신분석이 말하는 무의식마저도 현실에서 출발해서 인간을 이해하지 않고, 인간에 대해 미리 설정한 독단적인 상을 갖고 있다는 겁니다.

예를 들면, 데카르트 철학에는 인간은 항상 진리를 추구한다, 인간은 늘 자발적으로 생각하려 하는데, 그 일을 방해하는 오류들이 있고, 따라서 오류를 극복하는 방법을 따라야 한다는 전제가 깔려 있습니다. 이런 전제를 들뢰즈는 '생각에 대한 도덕적, 독단적, 이성주의적 상'이라고 주장합니다. 그로부터 유명한 개념이 하나 등장합니다. 영어로 '이미지 오브 소트image of thought', 프랑스어로는 '이마주 들라 팡세image de la pensée'가 그것입니다. 그동안 한국에서는 '사유의 이미지'라는 말로 번역했어요. 그런데 이렇게 번역하면 설명을 들어도 잘 이해가 안 갑니다. 오역은 아니지만 불친절한 번역입니다. '생각에 대한 상(이미지)'이라고 번역하는 게 옳다고 봅니다. 생각과 관련해 무엇인가 전제된 것이 있다는 뜻입니다. 이렇게 옮기면 번역어만으로도 추측이 가능합니다. '생각에 대한 상'에는 여러 가지가 있습니다. 우선, 이 점을 충분히 강조해 두고 싶습니다. 여러 가지 '생각에 대한 상'이 있기 때문에, 생각에 대한 도덕적, 독단적, 이성주의적 상을 대신해서 '생각에 대한 새로운 상'을 말할 수 있게 됩니다. 들뢰즈는 그것을 '상 없는 생각' 또는 기존 번역으로 '이미지 없는 사유'라고 불렀습니다. 하지만 들뢰즈가 강조하는 건 '상'이 없다는 게 아닙니다. '상(이미지) 없는'이라고 했을 때, 그가 가리키는 건 특정한 상(이미지), 즉 도덕적, 독단적, 이성주의적인 상이 없다는 것입니다. 이러면 이해하기 그다지 어렵지 않습니다. 아무튼 들뢰즈는 다른 상을 찾으려고 애썼습니다. 특히, 그 상을 '경험주의' 전통에서 찾았습니다. (첫 번째 강의에서 말씀드렸듯이) 이 전통을 다른 말로 하면 '자연주의' 또는 '유물론'이라고 부릅니다.

현대 물리학에 따르면, 138억 년 전에 우주가 탄생했습니다. 그 후 우주가 진화하면서 우리 은하계와 태양계가 형성됩니다. 지구가 탄생하고, 생명체가 탄생하고, 원시 인류가 탄생합니다. 이런 과정을 거쳐 생각하는 존재 또는 부분적이지만 이성을 지닌 존재가 탄생했습니다. 이 엄연한 사실을 생각해 볼 때, 인간에 대한 이해는 무엇보다 우주 전체에 대한 이해에서 출발해야 합니다. 인간이 우주에 생각의 흔적들을 남긴 기간은 기껏해야 1만 년 정도밖에 안 됩니다. 1만 년 전의 인간과 지금의 인간 사이에 생물학적 차이는 별로 없습니다. 그 무렵에 인간은 처음 우주에 대한 사고를 시작했고, 그걸 발전시킨 것이 약 500년 전까지의 세계관 또는 우주관이었습니다. 16세기에 들어서서 우주에 대한 인간의 생각을 완전히 바꾸어 놓은 과학 혁명의 주역들, 즉 코페르니쿠스(1473~1543), 케플러(1571~1630), 갈릴레오(1564~1642) 등이 등장하기까지 인간은 대체로 우주에 대해서 고만고만한 이해를 갖고 있었습니다. 그전까지 서양에서는 아리스토텔레스로부터 정립된 우주관이 주로 통용되었습니다(동양이라 해도 사실 큰 차별성은 없었습니다).

그렇다면 과학 혁명 전의 우주관 또는 자연 이해는 어떻게 형성되었을까요? 인간 규모human scale에서 이루어진 관찰을 통해 얻은 앎의 축적을 통해서 이룩되었습니다. 인간은 대략 1미터 정도 규모로 세계를 삽니다. 인간의 몸 크기가 그 정도지요. 몸과 감각기관을 우주를 보는 잣대라고 한다면, 인간은 대략 1미터 정도 규모로 세계를 바라봅니다. 그러나 우주는 그 정도 규모로는 제대로 포착될 수 없습니다. 뉴턴(1643~1727)에서 완성되는 고전 역학도 이미 인간 정도 규모를 넘어섭니다. 더욱이 고전 역학이 해명할 수 없는 아주 작거나 아주 큰 세계도 존재합니다. 이 세계들은 각각 양자역학과 상대성 이론이 해명합니다. 게다가 그 세계들은 겹쳐진 채 서로 이어져 있습니다. 따라서 인간이 몸의 자연적인 감각을 통해 알아낸 것들의 총체라 할지라도(이것이 아마도 과학 혁명 전에 인간이 가졌던 우주 이해였다고 할 수 있습니다), 그건 우주의 아주 작은 부분에 대한 앎에 불과합니다. 그런데 인간은 자기 경험을 통해 아는 것이 우주의 전부라고 생각합니다. 기껏해야 아주 작은 부분에 불과한 자기 앎의 내용을 우주 전체에 투사하는 식으로 일을 벌인 것이 바로 관념론 또는 이성주의 철학이 세계를 대하는 방식 또는 인간을 이해하는 방식이었습니다. 이런 입장에 대해서는 이미 철학의 태동기에서부터 경고의 목소리가 불거져 나왔습니다. 고대 희랍의 철학자인 콜로폰의 크세노파네스(기원전 570년경~기원전 475년경)는 인간을 투사해서 세계를 보는 방식을 빗대어 등돌도 그림을 그릴 수 있다면 자기를 닮은 모습으로 세계를 그릴 거다고 말했습니다.

> 소들, 말들, 그리고 사자들이 손을 갖는다면,
> 또한 손으로 그림을 그리고 사람이 만드는 것과 같은 작품을 만들어 낼 수 있다면,
> 말들은 말들과 소들은 소들과 유사한 신의 모습을 그릴 것이고,
> 각기 자신들이 가지고 있는 것과 같은 형체를 만들 것이다.

(DK21B15, 『소크라테스 이전 철학자들의 단편 선집』, 강철웅 외 옮김, 아카넷, 2005, 206쪽.)

이는 근대 사상가들도 귀 기울여 들어야 할 충고입니다. 이와 반대로 들뢰즈 철학은 물질에서 시작해서 어떻게 생명체가 탄생했고, 또 인간 사회가 생겨났는지를 추적합니다. 사실 인간이 먼저냐 사회가 먼저냐 하는 문제는 그 둘이 동시에 성립했다고 답할 수밖에 없습니다. 어쨌든 이 전통에 속하는 철학자들, 철학사에서 지하의 계보를 형성하는 흐름은, 이성주의 전통에서 다소 부정되어 왔던 게 사실입니다. 여기에 속하는 철학자들을 시간 순서로 꼽으면, 에피쿠로스 또는 루크레티우스, 스피노자, 흄, 마르크스, 니체, 베르그손, 그리고 들뢰즈와 동시대인으로 푸코가 있습니다. 이들이 경험주의 전통 또는 유물론의 전통을 잇는 철학자들이라고 할 수 있고, 생각에 대한 새로운 상을 제시해 준다고 할 수 있습니다.

이 전통에서 주목해야 할 것 중 하나가 예술입니다. 들뢰즈는 예술을 생각에 대한 새로운 상을 만들어 내고 제시하는 활동이라고 여겼습니다. 『니체와 철학』 3장 15절의 제목이 바로 '생각에 대한 새로운 상'입니다. 또한 『프루스트와 기호들』의 1부 결론의 제목도 '생각에 대한 상'이지요. '생각에 대한 상'은 나중에 『차이와 반복』 3장 전체의 제목으로 등장합니다. 그런데 내용을 보면 대안 중의 하나가 바로 '예술' 또는 '예술 기호'라는 걸 확인할 수 있습니다. 들뢰즈의 제3기에 예술과 미학이 중요한 역할을 하는 이유가 여기에 있다고 봅니다. 그런데 이미 그 출발점은 '생각에 대한 새로운 상'을 다룬 『니체와 철학』에 있습니다(자세한 내용은 「들뢰즈의 예술론을 통해 본 예술가적 배움: 초기 프루스트론을 중심으로」를 참고하십시오).

생각에 대한 독단적 상은 다음의 세 가지 본질적 테제 속에 나타난다. (…) 생각에 대한 이런 상에서 가장 기이한 것은, 거기에서 참이 추상적 보편자로 착상되는 방식이다. 사람들은 생각을 **만드는** 현실적 힘들과 자신을 연관 짓지 않으며, 생각이 **생각인 한에서** 가정하는 현실적 힘들에 생각 자체를 연관 짓지 않는다. (…) 생각에 대한 새로운 상une nouvelle image de la pensée은 무엇보다 다음과 같은 뜻이다. 참은 생각의 요소가 아니다. 생각의 요소는 의미와 가치이다. 생각의 범주는 참과 거짓le vrai et le faux이 아니라 생각 자체를 점령하는 힘들의 본성에 따라 **고귀함과 저열함, 높음과 낮음**이다. (…) 우리의 가장 높은 생각들은 가짜la faux의 일부이다. 더욱이, 그 생각들은 가짜를 예술 작품 속에서 자신의 실효화, 자신의 정당화, 자신의 진짜-생성devenir-vrai을 찾는 최고의 권력으로, 긍정적이고 예술가적인 권력으로 만드는 일을 결코 부인하지 않는다. (NP 118~119, 강조는 원문)

니체는 창조의 미학, 피그말리온의 미학을 요구한다. (…) 긍정은 능동적 삶을 자신의 조건으로 또 자신의 동반물로 여기는 생각의 산물이다. 니체에 따르면 사람들은 예술가의 삶이 뜻하는 바를 아직도 이해하지 못했다. 예술가의 삶의 활동은 예술 작품 자체 안에 담긴 긍정에 대한 자극제로 기여하며, 예술가의 예술가로서의 권력의지에 대한 자극제로 기여한다. (…) 예술은 가짜의 최고 권력la plus haute puissance du faux이다. 예술은 '오류로서의 세계'를 확대하고, 거짓말을 인가하며, 속이려는 의지를 우월한 이상으로 만든다. (…) 바로 예술이 가짜를 이 가장 높은 긍정적 권력으로 고양하는 거짓말들을 발명하며, 속이려는 의지를 가짜의 권력 속에서 자신을 긍정하는 뭔가로 만든다. 예술가에게 외양은 이 세계 속에서 현실적인 것의 부정을 뜻하지 않는다. (NP 116~117)

『잃어버린 시간을 찾아서』는 **철학**과 경쟁한다. 프루스트는 철학의 그것과 대립하는 하나의 생각에 대한 상을 세운다. 그는 **이성주의 유형의 고전 철학**에서 가장 본질적인 것을 공격한다. 그는 **이 철학**의 전제들을 공격한다. (PS 115, 강조는 원문)

니체가 철학의 가장 일반적인 전제들에 대해 자문할 때, 그는 이 전제들이 본질적으로 도덕적이라는 것을 말하고 있다. 왜냐하면 '도덕'만이 생각은 선한 본성이 있으며, 생각하는 자는 선한 의지가 있고, '선'만이 생각과 '참' 간에 가정된 친화성을 정초할 수 있다고 우리를 설득할 능력이 있기 때문이다. (…) '생각에 대한 도덕적 상l'image morale de la pensée'에 기대는 대신에, 철학은 그 '상l'image' 및 그 상이 함축하는 '기본 전제들'에 대한 급진적 비판 속에서 자신의 출발점을 잡아야 하리라. (…) 이를 통해, 철학은 가장 큰 파괴들과, 가장 큰 탈도덕화를 대가로 치를지라도, '상 없는 생각une pensée sans Image' 속에서 자신의 진정한 반복을 찾아야 하리라. (…) 생각은 마치 그 '상'과 기본 전제들에서 해방되어야만 생각하기 시작할 수 있고, 항상 다시 시작할 수 있는 것 같다. (DR 173)

생각 안에서 탄생한 생각, 본성本性 안에서 주어진 것도 아니고 상기想起 안에서 전제된 것도 아닌, 자신의 생식 능력 안에서 출산된 생각 행위, 그것이 상이 없는 생각이다. 하지만 그런 생각이란 무엇이고, 세계 속에서 그 과정은 무엇일까? (DR 217)

> 생각에 대한 이론은 회화와도 같아서, 재현에서 추상 예술로 이행케 하는 저 혁명이 필요하다. 그것이 상 없는 생각에 대한 이론une théorie de la pensée sans image의 대상이다. (DR 354)

1기의 주요 저서 해설

『차이와 반복』 : 들뢰즈의 세기와 '차이'의 철학

1.

푸코는 한 인터뷰에서 "아마 언젠가 금세기는 들뢰즈의 것이 되리라"라고 경멸적으로 말한 바 있다. 물론 들뢰즈에 대한 경멸이 아니라, 그렇게 말하는 사람들에 대한 경멸을 섞어서.

20세기를 들뢰즈의 세기라고 평가하는 이는 여전히 적지만, 들뢰즈는 21세기를 위한 철학의 길을 닦았다고 평가하기에 부족함이 없는 철학자다. 포퓰리즘, 트럼프주의 등 다양하게 불리는 '대중 정치', 코로나19를 비롯한 '감염병 대유행', '인공지능'을 비롯한 첨단 기술의 빠른 발전, 시시각각 확인되는 '기후 위기'에 이르기까지 21세기의 특징적 현상들을 포괄적으로 다룰 수 있는 철학적 분석은 들뢰즈를 제외하면 찾아보기 힘들다.

더욱이 '의미'와 '가치'의 문제를 철학에 도입했다며 니체를 상찬한 들뢰즈 본인이야말로 니힐리즘, 즉 '무의미와 몰가치의 시대'를 극복하려는 철학적 기획을 세웠다고 평가할 만하다. 클로드 앵베르의 평가처럼, 들뢰즈는 당대의 철학자들과 함께 현대의 '전쟁'이라는 문제를 끝까지 붙잡아 파고든 철학자였기 때문이다.

들뢰즈가 공들여 밝힌 것 중 하나는, 사람은 생각하려고 자발적으로 노력하는 존재가 아니며 오히려 폭력이 가해졌을 때라야 사람의 생각이 시작된다는 점이었다. 이처럼 사람의 생각에 폭력을 가해 생각이 발동케 하는 것을 들뢰즈는 '기호'라고 부른다. 데카르트는 '양식良識, bon sens'과 '이성raison'이 이 세상에서 가장 공평하게 분배되어 있다고 주장했지만, 정작 데카르트 본인은 30년 전쟁과 과학혁명 때문에 기존 질서가 송두리째 무너지는 경험 속에서 문제를 느꼈기에 자신의 철학을 건설할 수 있었다. 철학이 문제에서 시작한다는 들뢰즈의 주장은, 데카르트의 경우처럼 철학자 자신도 미처 느끼지 못했던 문제에 천착할 수 있도록 해준다는 점에서 매우 요긴하다.

들뢰즈는 철학을 '개념의 창조'라고 정의한다. 개념은 문제와 짝을 이룬다. 요컨대 풀고자 하는 문제를 더 잘 포착해서 다룰 수 있게 도와주는 언어적 장치가 개념이다. 철학자가 개념을 창조하는 이유는 문제를 풀기 위해서다. 과학자는 함수로, 예술가는 감각으로 같은 일을 해낸다. 그래서 들뢰즈는 '생각의 위대한 세 형식'으로 철학, 과학, 예술을 꼽는다. 이 셋 사이에 우열은 없다. 선의의 경쟁과 영감의 교환이 있을 뿐이다.

들뢰즈의 글은 어렵기로 악명 높다. 그런데 사실 들뢰즈의 프랑스어 문장은 매우 간결한 편이며, 사용하는 단어의 수도 그다지 많지 않다. 그렇다면 어려움은 어디서 오는 걸까? 아마 들뢰즈의 사상의 깊이와 생소함에서 오는 것 같다. 이 글은 들뢰즈를 21세기를 위한 철학으로 평가하면서, 들뢰즈를 직접 읽으려는 이들에게 길잡이가 되어 주고자 한다. 이를 위해 흔히 오해하곤 하는 한 가지 개념을 해명하려 한다. 바로 '차이'라는 개념이다.

2.

들뢰즈의 대표작 중 하나는 "차이와 반복"이란 제목을 달고 있다. 여기서 '차이' 개념이 무엇을 뜻하는지, 또 그것이 왜 '반복'과 관련되는지는, 적어도 국내에서는 설명된 바 없다. 들뢰즈의 차이 개념은 우리가 일상적으로 생각하는 차이와도 다르고, 나아가 여태까지 국내 연구자 대부분에 의해 설명되어 온 의미와도 전혀 상관없다는 점을 먼저 밝히겠다.

일상적인 이해에 따르면, 차이란 '관찰자'가 두 개의 대상을 보며 그 사이에서 파악하는 것이라고 여겨진다. 가령 소주 병과 막걸리 병처럼 명백히 눈에 띄는 차이가 있는 경우는 물론이거니와, 막걸리 병 두 개가 있다고 할 때, 아무리 똑같이 만들려고 해도 어쩔 수 없이 생기는 차이 같은 것 말이다. 그런데 '차이'라는 말에서 이 두 사례와 유사한 뭔가를 떠올린다면 안타깝게도 그건 들뢰즈와는 무관하다. 이 점만 잘 이해해도 들뢰즈의 차이의 철학은 어느 정도 납득된다.

같은 '막걸리 병'이라면, 우리는 이 둘 사이의 현실적인 차이를 개념으로는 포착하지 못한다. 국내 연구자들은 바로 이 예에 주목했다. 그러면서 '동일성' 혹은 '같음'으로 환원되지 않는 각 병 나름의 '독특함'이 들뢰즈가 말하는 차이라고 설명했다. 독해가 잘못되지 않았다면, 국내에 유통되는 해설들에는 이런 천편일률적 논리가 깔려 있다.

굳이 들뢰즈를 거론하지 않더라도 이 설명이 잘못되었다는 점은 쉽게 확인된다. 왜냐하면 저 '독특함'은 각 병의 '정체성'을 가리키거나 아니면 뭔가 개념으로 가리킬 수 없는 '신비한' 현실일 텐데, 전자라면 애초부터 자기모순이고(정체성과 동일성은 모두 영어 identity다) 후자라면 개념이란 게 아예 필요 없다는 말일 테기 때문이다. 그러나 들뢰즈는 계속해서 개념을 사용하며, 심지어 앞서 말했듯 철학을 '개념의 창조' 활동으로 본다. 이쯤 되면 아리스토텔레스나 헤겔이 개념을 잘못 사용했다고 비판하는 것이 들뢰즈의 진의였다고 봐야 할 것이다.

3.

아리스토텔레스나 헤겔이 개념을 잘못 사용했다면, 어떤 점에서 그렇다고 볼 수 있을까? 들뢰즈에 의하면 '관찰자'가 대상들을 객관적으로 비교하는 데서 차이가 성립한다고 보는 '관점'이 문제다. 영어 difference, '차이' 혹은 '다름'은 공간에서 이해되기도 하고 시간에서 이해되기도 한다. 앞서 본 예들에서처럼, 차이는 대부분 공간 속에서 이해된다. 한편 귤이 며칠 새 썩었다면 이건 시간 속에서 이해된 차이다. 들뢰즈가 말하려는 핵심 중 하나는 '차이' 혹은 '다름'을 일차적으로는 시간 속에서 이해해야 한다는 점이다. 이것이 무슨 뜻일까?

물리학자가 어떻게 설명하건 간에, 시간은 비가역적으로 흐른다. 한 번 일어난 일은 돌이킬 수 없다. 이제 우주 전체를 놓고 보자. 우주는 이 비가역적 시간의 흐름에 따라, 그러니까 과거에서 미래 쪽으로, 계속 자기 변전變轉의 과정 중에 있다. 이 과정을 추상하지 않는 한, 다시 말해 우주가 정지해 있다고 억지로 상상하지 않는 한, 공간(적어도 유클리드 공간)은 성립하지 않는다. 우주 전체와 함께 기준점도 변하는 중이기 때문에, 운동을 정지시키기 전엔 '기준점'이라는 것 자체가 있을 수 없는 까닭이다. 이것이 시간의 냉혹함이자, 모든 것의 발생 기원으로서 시간의 기능이다.

시간의 흐름은 우리가 받아들여야만 하는 진실이다. 이 말은 시간의 흐름이라는 진실이 우리의 경험과 논의의 가장 바탕에 놓일 수밖에 없다는 뜻이다. 이 진실에 따르면 그동안 우리가 생각해 왔던 '동일성'이나 '같음' 따위는 있을 수 없다. 시간의 흐름은 '변화' 혹은 '바뀜'을 함축하기 때문이다.

설사 불멸의 영혼 같은 것을 상상한다 해도, 그 영혼이 비교하는 객체 중 동일성을 유지할 수 있는 것은 단 하나도 없다. 영혼은 다만 어떤 앞선 시점의 객체와 지금 시점의 객체를 지금의 '기억' 속에 늘어놓고 비교할 수 있을 뿐이다. 물론 비교하는 그 순간에도 이미 객체는 저만치 달려가고 있겠지만 말이다. 요컨대 객체는 기억 속에 다시 놓아야만 겨우 '같은 것'일 수 있다. re-present다시-제시함, 再現가 동일성을 성립시키는 조건이다. 또는 동일성은 추상을 통해서만 성립한다. 들뢰즈가 재현을 비판하는 건 이런 이유 때문이다.

더욱이 불멸의 영혼 따위는 없다. 영혼은 늘 어떤 일을 겪고 있으며, 바닷물에 이리저리 떠다니는 물방울과도 같다. 변전하는 영혼은 객관적 관찰은커녕 자기 자신조차 관찰하지 못한다. 이렇게 관찰자가 끊임없이 바뀔진대 하물며 객체에 대한 관찰은 성립할 수 없는 것이 당연하다.

우리가 평평한 백지를 앞에 놓고 그 위에 있는 두 기하학적 객체를 비교함으로써 차이를 포착한다고 생각한다면 오산이다(유클리드 기하학은 그런 조건을 가정하며 구성되었다). 차이는 우주의 본성이며, 생성으로서의 우주 자신이다. 들뢰즈가 보기에 이런 사태를 가장 잘 파악한 철학자는 베르그손이다. 베르그손이 공간이 아니라 시간의 견지에서 생각하라고 했을 때, 그는 시간 속 차이를 파악해야 한다고 말한 것이다.

우주가 왜 시간적 존재인지는 묻지 말아야 한다. 우리는 그저 진실을 받아들일 뿐이다. 우리가 분석할 수 있는 건 시간적 존재의 '생성의 논리' 혹은 '생산의 논리'이다. 경험과 관찰을 바탕으로 우주의 작동

원리를 파악해 보려 노력할 수 있을 따름이다.

4.

약 138억 년 전에 우주가 시작되었다는 빅뱅 이론에 우리는 익숙하다. 철학자 역시 이 이론을 존중할 필요는 있지만, 우주에 나이가 있다는 사실은 큰 의문을 낳는다. 왜 빅뱅이 일어났느냐는 둘째 치고, 빅뱅 '전'에는 무엇이 있었을까? 빅뱅 시점은 현재의 물리법칙이 전혀 성립하지 않는 '특이점singularity'이기에 물음 자체가 잘못이라는 호킹의 말을 그저 받아들여야 할까? 혹은 '정체를 알 수 없다'는 뜻의 '암흑dark' 에너지 74%와 '암흑' 물질 22%에 우리가 알고 있는 물질 4%를 더해야 우주가 나온다는 이 이론의 이면을 지적하며, 천체 물리학자도 우주에 대해 아는 게 별로 없다고 성토해야 할까?

들뢰즈가 현대의 빅뱅 이론을 알고 자신의 철학적 작업을 펼친 것은 아니지만, 그는 베르그손의 시간관을 아인슈타인의 상대성이론이 전제하는 시간관에 맞세우며 정교하게 다듬었다. 빅뱅 이론은 상대성이론에서 출발한 것이므로, 어쩌면 현대 물리학의 최첨단에 도전한 것이라고 볼 수도 있을 것이다. 또한 들뢰즈는 차이 이론의 주요 요소를 베르그손에게서 가져왔다. 베르그손의 중요한 두 개념인 '지속'과 '기억'은 들뢰즈의 '차이'를 해명하는 데 크게 도움이 된다.

지속은 시간상의 어떤 점을 기준으로 해서 그 전부터 기준점까지 죽 이어져 왔다는 뜻이다. 가령, 이 책을 집필하기 시작한 때부터 교정을 보고 있는 지금까지 나는 긴장이 '지속'되고 있는 상태다. 이 예는 시간의 흐름을 따라 '어떤 일이 끊이지 않고 이어져 왔다'는 점에서 '일의 지속'을 보여 주기에 충분하다. 그렇다면 일이 지속되었다는 건 어떻게 알 수 있을까? 누군가가 끊임없이 지켜보면 알 수 있다. 하지만 앞에서 보았듯, 그런 불변의 관찰자는 존재할 수 없다.

다만 딱 하나 예외가 있다. 바로 전체로서의 우주다. 지금의 우주는 정확히 언제부터인지는 몰라도 지속하고 있다. 지속 개념에서 중요한 건 현재 안에 과거가 다 담겨 표현되고 있다는 점이다. 우주의 존재 방식은 기억과도 같다. 우리의 기억은 지금까지 축적된 과거 전체다. 현재의 지각이 기억의 갱신을 유도하는 측면도 있지만, 그 와중에도 기억은 스스로 매순간 갱신되며 지속하고 있다. 경험했던 일이 모두 담기지도 않고 경험하지 않은 일이 담기기도 하지만, 지금으로서는 기억 자체가 과거에서 지금까지의 경험 전체다. 경험한 내용이 잊히거나 바뀌었을지라도, 지금 가진 경험 내용은 오직 기억밖에 없다. 현재를 통해 표현되는 기억 말고 지금 시점에 다른 과거란 없다.

기억에 대한 이런 서술은 우주에 그대로 통한다. 우주는 직전 순간의 우주에서 왔고, 그 우주는 또 그 직전 순간의 우주에서 왔고, 이 소급은 무한히 계속된다. 무에서 무언가가 나오는 것은 불가능하다. 우리가 확신할 수 있는 건, 우주는 그 직전 순간의 우주에서 왔다는 점뿐이다. 우리가 우주 속 개별 존재를 하나 짚어서 그것이 지속한다고 말할 수는 없지만, 전체로서 우주 자신이 지속해 왔고 또 지속하고 있다는 걸 문제 삼을 사람은 아무도 없을 것이다. 그래서 들뢰즈는 엄밀한 의미에서는 우주만이 '주체'라고 말한다. 이 주체는 자기 변신하는 주체다.

5.

우주라는 주체는 직전 순간의 우주에서 '모든 것'을 물려받는다. 우주 밖으로 새어 나간 것도 없고 우주 안으로 침입한 것도 없다. 정의상 우주에 바깥은 없기 때문이다. 존재 바깥은 무다. 즉 존재 바깥엔 아무것도 없다.

그렇다고 해도 이 우주는 유한한 집합ensemble, set과 같은 것이 아니다. 오히려 우주는 열린 전체tout, whole다. 열려 있다는 건 우연과 우발이 필연적으로 개입한다는 뜻이다. 즉, 직전 순간에 없던 새로움이 탄생할 수 있다. 이런 열린 전체의 측면을 들뢰즈는 '잠재virtuel'라고 부른다.

들뢰즈는 '잠재'를 "현행적이지 않으면서 현실적인, 추상적이지 않으면서 관념적인réels sans être actuels, idéaux sans être abstraits ; real without being actual, ideal without being abstract"이라는 프루스트의 공식으로 해석한다. 지금 이 순간 우주는 '현행現行적'이지만, 직전 순간들의 우주와 직후 순간들의 우주는 '잠재적'이다. 이 점에서 우주는 '현재 순간의 현행성'은 물론 '과거에서 현재로의 우발적 도약'과 '장래에서 현재로의 우발적 도래'라는 이중적 잠재성도 지닌다. 그래서 현행성과 잠재성의 공존이 우주 전체의 '현실'이다.

그렇게 1960년대에 정립된 차이의 존재론은 1970년대, 들뢰즈가 과타리와 함께 작업하면서 『안티 오이디푸스』의 기계 철학, 생산의 논리, 보편사의 역사철학 및 이를 발전시킨 『천 개의 고원』의 배치체 이론으로 확장된다.

우주는 지속이고 차이다. 우주는 매 순간 변한다. 그래서 차이('변한다')의 반복('매 순간')이다. 이 생성의 운동, 생산의 운동을 외면하고 거론되는 모든 '차이'는 최소 이차적이다. 반복이란 같은 것의 반복이 아니라 차이 생성의 반복, 순간의 되풀이다.

들뢰즈가 아리스토텔레스의 실체 이론 및 범주론을 비판한 까닭이 여기에 있다. 또한 헤겔의 경우엔 운동의 철학(정반합의 '변증법')을 개진했지만, '부정'의 운동이 '너무 헐렁한 옷'과 같아 분석이 엄밀하지 못했다. 아리스토텔레스가 진화론을 알았고, 헤겔이 빅뱅 이론을 알았다면 어땠을까? 더 생각해 볼 일이다.

6.

들뢰즈가 변증법의 대안으로 제시한 것은 '긍정'과 '창조'다. 그러나 잘못했다가는 '긍정'이란 주어진 현실을 있는 그대로 받아들이는 것이라고 오해하기 십상이다. 하지만 긍정은 '인정recognition'과 전혀 다르다. 니체에서 정점에 이른 '긍정' 개념은 '창조creation' 혹은 '건설construction'이라는 의미다. 대리석을 앞에 놓고 조각가가 상을 끄집어낼 때 하는 실천이 긍정이다.

우주가 다음 순간으로 이행할 때 일어나는 일이 바로 긍정이다. 도래할 시간에 대한 긍정이 없다면 우주는 이미 오래전에 이행을 멈추었을 것이고, 언젠가 이행을 멈출 것이다. 그 이행의 계기에 작용하는 원리 혹은 힘은 '물리적 인과'를 초과한다. 들뢰즈는 이 사태를 에피쿠로스와 루크레티우스의 철학을 빌려 와 '생각할 수 있는 것보다 더 빠른 속도'라고 부른다. 물론 물리적 인과를 초과한다고 해서 자연을 초월한다는 뜻은 아니다. 가설적으로 표현하면, 긍정은 플랑크 시간보다 더 짧은 시간 동안 일어나는 사건이라고 해도 좋을 것이다. 들뢰즈는 이 계기를 '생une vie, a life'이라 부른다.

생은 유기체에 갇혀 있지 않으며, 그래서 '비유기체적 생' 혹은 '우주적 생'이라는 명칭을 얻는다. 이것이 들뢰즈가 말하는 '생명론vitalism'이다. 생명론은 종래의 형이상학적 생기론生氣論과 철자는 같지만, 의미는 아주 다르다. 생기론이 '기계론mechanism'과 대립하는 반면, 생명론은 '기계주의machinism'라고도 일컬어진다. 기계주의는 우연과 우발마저 긍정한다. 『안티 오이디푸스』와 『천 개의 고원』의 기계주의는 이 내용의 정교화다.

7.

들뢰즈의 '차이' 혹은 '다름' 개념은 그 어떤 선대-후대 철학자의 개념보다도 예리하고 정교하다. 이 디테일을 명확히 포착하지 않은 채 들뢰즈의 차이 개념을 오도해서는 안 된다. 또한 '차이'는 전적으로 시간의 맥락에서 사고되어야 한다는 점을 잊지 말기 바란다. 이것은 생각보다 쉬운 일이 아니다. 우리의 자연적 경향은 공간의 맥락에 자꾸 빠져드니 말이다. 그러나 일단 시간에 올라타기 시작하면 세상을 접하는 관점이 분명 달라질 것이다.

나는 앞에서 들뢰즈가 21세기의 현상을 잘 다룰 수 있는 철학적 도구를 준다고 썼다. 그러나 이에 대한 논의는 전 세계적으로 아직 미진하다. 내가 최근에 지은 책들, 즉 『인공지능의 시대, 인간을 다시 묻다』(2017), 『생각의 싸움』(2019), 『뉴노멀의 철학』(2020), 『AI 빅뱅』(2023), 『공동 뇌 프로젝트』(2025) 등은 이 논의의 일부를 형성한다. 우리는 지금 전례 없는 많은 일을 겪고 있고, 세계는 돌파구를 찾으려 약진하고 있다. 다시, 아니 이제 본격적으로, 들뢰즈를 읽을 시간이다.

제2기
과타리와의 공동 작업 : 무의식과 미시 정치

그러고 나서 두 번째 시기가 찾아옵니다. 펠릭스 과타리와 만난 것이죠. 1969년에 들뢰즈가 『의미의 논리』를 쓴 후, 과타리가 이 책과 『차이와 반복』을 묶어서 서평을 씁니다. 「기계와 구조」라는 글인데, 이 글을 들뢰즈에게 보여 줍니다(이 글은 나중에야 정식으로 출판되었습니다). 이 글을 보고 들뢰즈는 옳다구나 하고 과타리를 낚아챘습니다. 그 후 10년 넘는 기간 동안 두 사람은 공동으로 작업을 합니다. 공동 작업의 첫 번째 작품은 1970년의 논문 「분리 종합」입니다. 두 사람은 이 논문을 핵심 내용으로 삼아서, 1972년에 『안티 오이디푸스』라는 방대한 책을 출간합니다. 다음엔 1975년에 『카프카』라는 작은 책을, 1976년에는 「리좀」이라는 소책자를 출간합니다. 「리좀」은 이후 1980년에 『천 개의 고원』의 서문으로 포함됩니다. 두 사람은 1969년에 처음 만나서 1980년에 『천 개의 고원』이 출간될 때까지 공동으로 작업하는데, 이 시기가 바로 들뢰즈 철학의 제2기입니다. 이 기간 동안 들뢰즈가 혼자서 진행한 작업은 거의 없습니다. 오직 '자본주의와 분열증' 연구에만 매진했습니다. 과타리와 결별 후에도 이 시기의 작업과 완전히 단절한 것이 아니라 이 시기의 성취를 이어받아 개별 작업에 들어갑니다. 과타리의 영향력은 무지막지합니다. 최소한 제2기 들뢰즈부터는 과타리라는 이름을 빼놓고 아무것도 말할 수 없습니다. 바디우나 지젝 같은 학자들은 과타리와 만나 들뢰즈가 변질되었다고 판단하지만, 오히려 들뢰즈는 혈기왕성해졌고 그런 측면을 제3기까지 이어갔다고 봅니다. 결별 이후 다시 혼자인 들뢰즈로 돌아왔다고 보는 고쿠분 같은 학자도 있지만, 오히려 그 영향력이 끝까지 남아서 들뢰즈 사상을 이루게 된 것 같습니다. 죽기 얼마 전인 1991년에 『철학이란 무엇인가?』가 출판됩니다. 과타리와 같이 쓴 것으로 표시되어 있지만 사실은 들뢰즈 혼자 다 썼습니다. 과타리가 부탁해서 이름을 얹어 준 겁니다. 하지만 별로 이상한 일도 아닙니다. 과타리가 사라진 게 아니라 과타리의 기운, '포스'와 함께 쓴 거니까요.

과타리 얘기를 조금만 더 하겠습니다. 들뢰즈 사상의 제2기는 과타리와 융합된 시기입니다. 그런데 그 융합의 정도가 거의 유례없을 정도입니다. 과타리는 '아이디어 뱅크'입니다. 자기 말로는 3초에 하나씩 아이디어가 떠오른다고 합니다. 그래서 들뢰즈가 붙잡아 놓고, 예전에 작가가 글 제대로 안 쓰면 출판사에서 여관에 잡아 놓고 만두 먹이면서 글만 쓰게 했습니다. 그 일이랑 비슷하다고 보시면 좋습니다. 아무튼 과타리가 뿜어내는 단편적 아이디어들을(과타리는 번득이는 생각이 아주 많았는데 체계적이지는 않았거든요) 들뢰즈가 무조건 적어서 자기한테 보내라고 한 것입니다. 과타리의 아이디어들은 무척 빛나는, 사람들한테 충격을 가할 만한, 사람들 뇌리에 직접 꽂히는 것들이었습니다. 1984년, 들뢰즈는 제자인 우노 구니이치에게 보낸 편지에서 이렇게 회고합니다.

> 내가 보기에, 펠릭스는 진정한 번개를 갖고 있었고, 나는 일종의 피뢰침이었다. (DRF 220)

그런데 이 비유도 부족한 것 같습니다. 차라리 들뢰즈가 과타리를 사육했다고 보는 편이 낫습니다. 젖을 짜내고 털을 깎고 고기도 조금씩 베어 먹고 하는 식으로, 과타리를 쥐어짜서 체계화한 것입니다. 제1기의 철학사 연구가 상당히 정리된 선배 철학자들의 작품으로부터 자기 생각을 뽑아내는 작업이었다면, 체계적이지 않지만 생각이 너무나 풍요로웠던 과타리를 만난 후에 들뢰즈가 한 일은 살아 있는 인간한테서 아이디어들을 뽑아내 정리한 것이라고 할 수 있습니다. 『천 개의 고원』, 특히 「리좀」에도 언급되고, 우노에게 보낸 편지에도 언급된 말이지만, 들뢰즈가 글을 써서 과타리에게 보내면, 과타리가 고쳐서 돌려보내고, 거기에 또다시 들뢰즈가 가필해서 보내고 하는 식으로 계속 주고받아서 결국에는 누구의 표현인지 구별할 수 없을 정도로까지 진행되었다고 합니다. 물론 질서를 부여한 건 전적으로 들뢰즈입니다. 하지만 어떤 점에서는 아이디어의 원천이 더 중요하므로 과타리를 빼고는 아무것도 이야기할 수 없다는 것입니다. 둘은 화학반응이 일어난 후의 물질처럼, 서로 섞여 있다고 할 수 있습니다. 그래서 제2기에 나온 작업 중 어느 부분은 들뢰즈 글, 어느 부분은 과타리 생각 이렇게 분리할 수 없습니다.

그러면 제2기에 일어난 일 중 가장 중요한 것은 무엇일까요? 들뢰즈가 했던 핵심 작업 또는 과타리에게 받은 가장 큰 영향은 무엇일까요? 바로 정신분석과의 관계 절연입니다. 『의미의 논리』가 1976년에 이탈리아 번역본으로 출간되는데, 들뢰즈는 노트를 붙여서 이 책을 독자들에게 소개합니다. 들뢰즈는 이 책의 의의 등을 이야기하다가, 마지막에 두 문단에 걸쳐 자기비판을 합니다. 거기에서 정신분석과의 완전한 단절을 선언합니다. 특히 마지막 두 문장이 아주 재미있습니다. 서문을 쓰면서 이 따위로 얘기하면 이 책을 읽으라는 것이냐 말라는 것이냐, 하는 의문을 독자들이 품을 수 있을 정도입니다. 물론 들뢰즈는 이마저도 진짜 겸손하고 소박하게 말한 것이라고 답합니다.

> 세 가지 종합이 구별된다. 단 한 계열의 구성과 관련되는 연결connective 종합[만일 ~라면, 그렇다면si, alors]. 수렴하는 계열들의 구성 절차로서의 결합conjonctive 종합[그리고et]. 발산하는 계열들을 할당하는 분리disjonctive 종합[또는ou bien]. (LS 203~204)

> 욕망 기계는 은유가 아니다. 그것은 이 세 양태에 따라 절단하고 절단되는 자이다. 첫째 양태는 연결 종합에 관련되며, 리비도를 채취 에

너지로 동원한다[그리고… 그다음에et… et puis]. 둘째 양태는 분리 종합에 관련되며, 누멘을 이탈 에너지로 동원한다[이건… 이건soit… soit]. 셋째 양태는 결합 종합에 관련되며, 볼룹타스를 잔여 에너지로 동원한다[따라서 그것은 …이다c'est donc…]. 바로 이 세 양상 아래에서 욕망적 생산의 경과는 생산의 생산인 동시에 등록의 생산이고 소비의 생산이다. (AO 49; 11, 18, 23)

이 『의미의 논리』에서 잘 진척되지 않았던 것은 무얼까? 명백히 그 책은 여전히 정신분석과 관련해서 순진하면서도 비난받아 마땅한 야합을 증언하고 있다. 내 유일한 해명은 다음과 같으리라. 그렇긴 해도 나는 아주 소심하게 정신분석을, 사건을 표면적 존재물로 만드는 일에 매진하는 표면의 예술로 제시함으로써 무해하게inoffensive 만들려고 시도했다(오이디푸스는 나쁘지 않다, 오이디푸스는 좋은 의도들만 지니고 있다…).
하지만 어쨌든 정신분석적 개념들은 손상되지 않고 존중받는 채로 있었다. 멜라니 클라인과 프로이트가 그러하다. 다행히도 그 후로는 내 이름으로 말하는 것이 내겐 거의 불가능하다. 왜냐하면 『의미의 논리』 후에 내게 일어난 일은 펠릭스 과타리와의 만남, 그와의 작업, 둘이 함께 한 일 등에 속해 있기 때문이다. 내 생각에는, 우리는 다른 방향들을 찾았고, 우리는 그렇게 하려는 욕망이 있었다. 『안티 오이디푸스』에는 더 이상 높이도, 깊이도, 표면도 없다. 이 책에서는 모든 것이, 내공들, 다양체들, 사건들이, 일종의 구형 몸 또는 두루마리 회화인 기관 없는 몸 위에서 일어나고 행해진다. (…) 또한 내 생각에는, 양태mode의 이런 변화는 소재의 변화를 내포하며, 또는 역으로 어떤 정치가 정신분석을 대신한다는 것을 내포한다. 하나의 정치

(미시 정치)이자 하나의 분석(분열분석)인, 상이한 유형의 기관 없는 몸 위에서의 다양체들에 대해 연구할 작정인, 하나의 방법. 계열 대신 리좀, 과타리의 말이다. 계열과 단절할 수 있다면, 『안티 오이디푸스』는 좋은 시작이다. (들뢰즈, 「『의미의 논리』의 이탈리아 판에 붙인 노트」, 1976 in DRF 60.)

미시 정치와 분열분석이 제2기 작업의 핵심입니다. 그리고 그 작업은 정신분석을 완전히 버리는 것, 정신분석과 결별하고 완전히 탈바꿈하는 것으로 이해돼야 합니다. 『의미의 논리』는 계열을 따라갔습니다만, 계열을 완전히 버리고 '리좀'을 따르는 게 이 시기의 가장 중요한 성취입니다. 계열, 즉 시리즈series는 끊어지지 않는 연속입니다. 그에 반해 리좀은 아무 지점이나 다른 지점과 연결하고 짝지을 수 있는 번식 방식입니다. 기본적으로 전통적 질서나 조직화 같은 것과 거리가 멉니다.

정리해보자면, 제2기 들뢰즈의 작업 성격은 첫째, 과타리와의 만남, 둘째, 정신분석과의 완전한 결별이라고 할 수 있습니다. 미시 정치, 분열분석 같은 말들은 사실상 서로 동의어로 보아도 좋습니다. 또한 이런 지점에서 정치적 성격이 전면에 드러나게 되었습니다. 들뢰즈의 이러한 변화에 대해 바디우나 지젝은 과타리가 훌륭한 들뢰즈를 타락시켰다고까지 평가합니다. 물론 이런 관점은 완벽한 오독입니다(이 쟁점에 대해서는 지젝을 비판한 글에서 자세히 다루었습니다.)

들뢰즈는 과타리와 만나기 전에도 이미 정치에 관심이 많았고, 근본적으로 정치적인 사상가입니다. 이는 여러 가지 측면에서 드러납니다. 첫 번째 책 『경험주의와 주체성』에서 들뢰즈가 가장 중요하게 다루는 것이 바로 '제도'의 건설입니다. 전통적 사회계약론자들은 자연 상태에서 사회가 어떻게 만들어지는지를 탐구했습니다. 홉스가 가장 대표적입니다. 홉스는 자연 상태의 인간 본성을 이기적이라고 전제합니다. 이익을 얻으려는 경쟁심, 자신을 보호하고 방어하려는 소심함, 좋은 평판을 얻으려는 명예욕 등은 결국 전쟁이라는 최악의 상태를 초래할 것이기에, 개인은 목숨을 잃느니 차라리 절대 권력인 국가의 구속을 기꺼이 받아들일 것이라고 말합니다. 홉스의 이러한 전제는 사회 속 인간의 몇몇 특성을 인간의 자연적 본성으로 치환했다는 비판을 받곤 합니다. 흄의 접근은 달랐습니다. 인간이 만약에 어떠하다면 결국 어떠하리라 같은 식으로 논리를 전개하는 대신, 인간이 실제 효력이 있는 제도를 어떻게 만드는가를 관찰했습니다. 들뢰즈는 이 책을 내기 전에 『본능과 제도』라는 책을 편집해서 출판하고, 그 책에 서문을 씁니다. 이 글에서 들뢰즈는 본능과 제도를 구별합니다. 본능은 만족을 추구하는 직접적 방식이고, 제도는 인위적 수단을 통해 만족을 추구하는 간접적 방식입니다. 제도는 사람들이 고안한 것입니다. 흄의 용어로는 제도를 '컨벤션convention', 즉 '협약' 또는 '묵계', 다시 말해 '함께 발명하기come together'라고 합니다. 그렇다면 인간은 제도를 어떻게 발명할까요? 흄에 따르면, 미리 알 수 없고 시도해 봐야 알 수 있다는 겁니다. 해 보기 전까지는 그 제도가 작동할지 알 수 없다는 것입니다. 예를 들어보죠. 커다란 배가 난파해서 몇 사람이 구명선에 탔습니다. 그런데 탄 사람 중에 노를 저어 본 사람이 아무도 없는 거예요. 어떻게 해야 할까요? 처음에는 당연히 우왕좌왕하겠지요. 그러나 배가 뒤집히지 말아야 하고 육지를 찾아가야 하는 등 공동 목표가 있으니까, 이렇게 저렇게 해보다가 협력해서 마침내 노 젓는 걸 배웁니다. 습득이 일어나는 거죠. 노를 젓는 일에 대한 어떤 규칙이 발견되는 겁니다. 제도 역시 비슷한 방식으로 만들어집니다. 무척 정치적인 이야기이지요.

말년의 대담에서 들뢰즈는 철학자가 되지 않았다면 법률가가 되었을 거라고 말합니다. 법이 만들어지는 과정이 흥미롭기 때문이라는 겁니다. 법이 만들어지는 과정에 대한 공부를 영어로 '주리스프루던스jurisprudence'라고 합니다. 굳이 말하자면 '판례학'이라고 할 수 있는데, 상당히 번역하기 힘든 말입니다. 주로 대륙의 법들처럼 정의라는 이념에서 출발해서 연역적으로 구성된 법이 아니라, 영미권 법들처럼 사람들이 필요에 따라 협의해서 만든 규칙들, 따라서 사정이 바뀌면 변형될 규칙들이 어떻게 형성되는지를 들뢰즈는 탐구하고 싶다고 했습니다. 정치의 본령이 바로 법과 제도의 제정 아니겠습니까?

> 본능이라 불리는 것과 제도라 불리는 것은 본질적으로 만족의 방식을 가리킨다. 한편으로 외적 자극들에 대해 자연적으로 반응하면서 유기체는 외부 세계에서 자신의 경향성들과 자신의 필요들을 만족시키는 요소들을 끌어온다. 이 요소들은 각각의 동물들을 위한 특유한 세계들을 형성한다. 다른 한편, 자신의 경향성들과 외부 환경 사이에 독창적 세계를 제도화하면서 주체는 인위적인 만족 수단을 고안하는데, 이 수단은 유기체를 다른 어떤 것에 복종시킴으로써 자연에서 해방하며, 유기체를 새로운 환경으로 넣음으로써 경향성 자체를 변형한다. 실로 돈을 갖고 있다면 돈은 기아에서 해방시켜 주며, 결혼은 다른 임무들에 복종시킴으로써 짝을 찾는 수고를 덜어 준다. 말하자면, 모든 개별 경험은 그 경험이 일어나는 환경이 미리 있다는 것을, 특유한 환경이나 제도적 환경이 미리 있다는 것을, 하나의 선험a priori으로 가정한다. 본능과 제도는 가능한 만족의 조직화된 두 형식이다. (ID 24)

그러고 나서 오랜 휴지기 끝에 『니체와 철학』이 등장합니다. 이 책의 핵심은 문화 문제입니다. 그런데 문화 문제는 인간 역사 자체의 문제이기도 합니다. 니체는 인간의 단계를 선사pre-history, 역사history, 후사post-history 등 세 단계로 나눕니다. 그래서 문화의 선사적 작업, 역사적 작업, 후사적 작업을 구분하고, 현재 인간이 처한 문화적 상황(이 문화적 상황은 문명이란 말로 바꿔도 적절합니다)을 분석하고 비판합니다. 니체는 현재 인간 삶의 본성을 한마디로 노예라고 말합니다. 철저하게 노예적 삶을 살고 있다는 것입니다. 그게 19세기 후반에 니체가 진단한 유럽인의 모습이었고 인간의 모습이었습니다. 인간의 역사적 본성이 노예라면, 인간은 극복되어야 하는 존재입니다. 바로 이런 맥락에서 니체는 극복된 인간, 늘 자신을 극복하는 인간을 '초인'이라고 불렀습니다. 옛날에는 영어로 '슈퍼맨'이라고 번역했고, 얼마 전까지는 '오버맨overman'이라고 옮겼습니다. 최근에 정립된 단어는 영어로 '오버휴먼overhuman'입니다. 니체는 철저하게 문명사적 맥락에서 초인을 이야기했습니다. 들뢰즈 역시도 니체를 따라 '인간의 극복'이라는 주제, 현재의 인간 삶의 방식 전반의 극복이라는 주제를 문제로 삼았습니다. 이것이 들뢰즈 철학의 핵심 과제였습니다. 앞에서 전쟁의 의미를 이와 비슷한 맥락에서 말씀드리기도 했습니다.

사람들은 몸의 행동을 높게 평가하는 경향이 있습니다. 하지만 이런 평가 기준이 꼭 맞는 건 아닙니다. 사람마다 몸의 조건이 다르거든요. 특히 들뢰즈를 과타리의 '활동가activist'적 면모와 대비하는 경우가 종종 있습니다. 하지만 들뢰즈는 어릴 적부터 온갖 병에 시달렸습니다. 특히 결핵과 천식이 치명적이었습니다. 들뢰즈는 충분하다고 여겨지진 못할지라도 '활동가'의 면모를 지니고 있었습니다. 1968년 5월에는 대학 내에서 거의 유일하게 활발히 거리에 합류했습니다. 푸코와 함께 한 '감옥정보모임'에도 가장 먼저 참여할 정도로 적극적이었습니다. 하지만 대부분의 경우 건강 때문에 끝까지 활동적일 수 없었습니다. 들뢰즈를 고려할 때 푸코보다 더 활동적이었다는 점을 꼭 알아야 하겠습니다.

> 1968년 5월에 들뢰즈는 리옹 대학에서 가르쳤는데, 학생 운동에 금세 아주 동조했다. 그는 신경을 곤두세웠는데, 대학에서 공개적으로 운동에 지지를 표명하고 총회와 리옹 학생 시위에 참가한 드문 몇몇 교수 중 하나였다. 심지어 그는 운동 현장에서 활동한 유일한 철학과 교수였다. 그는 강의를 놓지 않으면서도 전적으로 동감했으며 귀 기울였다. 들뢰즈는 실제로 운동에 완전히 동조했다. 1968년 5월 10일 금요일, 박사 지도 교수인 모리스 드 강디약이 리옹에 있는 들뢰즈의 집에 왔을 때, 들뢰즈의 두 아이 쥘리앙과 에밀의 발코니에 붙은 포스터들과 붉은 깃발들과 플래카드들이 강디약을 맞이했다. (…) 5월 운동을 마주한 이런 예민성은 리옹 대학의 환경에서 아주 예외적이었다는 점에서뿐만 아니라, 이 당시 들뢰즈의 당면 과제가 박사학위논문을 끝내고 1968년 가을에 심사를 통과해야 하는 처지였다는 점에서 더욱 주목할 만하다. 리무쟁에 있는 마르브리의 가족 소유지에서 들뢰즈는 여름 내내 자기 논문에만 몰두했다. 하지만 피로가 너무 심해서 들뢰즈는 의사와 상담할 정도였는데, 의사는 항생제에 내성이 있는 예전 결핵이 재발해서 폐 하나에 커다란 구멍을 냈다고 진단했다. 그는 즉각 병원에 입원해야 했지만, 1969년 1월로 연기된 논문 심사를 망치지 않으려고 수술을 받지는 않았다. (…) 박사논문 심사를 통과한 후 들뢰즈는 매우 심각한 수술인 흉부 성형수술을 해야만 했다. 이 수술 탓에 들뢰즈는 폐가 하나만 남았고 죽을 때까지 반복되는 관류灌流와 호흡 곤란을 선고받았다. (François Dosse,

"Les engagements politiques de Gilles Deleuze", *Cités* no. 40, 2009, pp. 24~25.)

감옥정보모임GIP, Groupe d'information sur les prisons의 지식인들은 종종 지방으로 호출되곤 했다. 가령 낭시에서 폭동은 심하게 억압되었고 폭도들 200명 중 6명이 법정에 기소되었다. 들뢰즈, 다니엘 드페르, 엘렌 식수, 장피에르 파예, 자크 동즐로를 비롯한 몇 사람은 항의 시위에 참가하려고 여정에 올랐다. 지하철에서 폭행당하는 이민자를 도우려고 사건에 개입한 후 체포당한 푸코는 거기 있을 수 없었다. 도심 광장에서 파예는 이 시위가 전혀 흥미롭지 않다고 논평하는 『레스트 레퓌블리캥L'Est Républicain』의 기자와 대화를 나누는 중이었다. 기자에게 파예는 그렇게 판단하기 전에 잠시만 기다리라고 조언했다. 그가 이 예언적인 말을 하자마자, 짭새들이 그들을 덮쳤다. 들뢰즈는 벤치로 올라가서 말하려 했지만, 경찰에 의해 재빨리 저지당했다. 그러자 "대장은 여기 없으니, 내가 대신 말하겠다"라고 소리를 내질렀다. 경찰이 돌격하려 할 때, 호흡 문제로 장애가 있던 들뢰즈는 병이 악화되었고, 그래서 들뢰즈는 반半혼수상태로 땅 위에 누워 있을 수밖에 없었다. (François Dosse, "Les engagements politiques de Gilles Deleuze", p. 27.) 〔동일한 두 일화가 Dosse가 쓴 『들뢰즈 과타리 교차 전기』(2007)에도 언급된다.〕

십 년이 지난 뒤인 1972년에는 니체가 살았던 19세기 후반이 아니라 들뢰즈 본인이 사는 20세기 중반을 진단하는 형태로 서술 방법과 표적이 바뀝니다. 들뢰즈가 표적으로 삼은 것은 바로 자본주의입니다. 아시다시피 두 차례에 걸친 세계대전은 바로 자본주의 전쟁입니다.

전쟁을 통해 자본주의의 본성이 완전히 드러났고, 그것을 탐구해야 했던 것입니다. 그러기 위해 들뢰즈는 19세기까지의 자본주의를 가장 잘 분석한 마르크스를 데리고 옵니다. 마르크스를 철저히 활용하고, 나아가서 마르크스 후에 개진된 자본주의 분석을 적극적으로 활용합니다. 1966년에 발표한 『독점 자본주의』에서 폴 배런과 폴 스위지는 현대를 살아가는 모든 이들은 자본주의의 죽음의 산업에 연루되어 있다고 고발합니다. 자동차는 무기가 될 수 있고, 농사짓는 사람들도 군량미 공급원이 될 수 있습니다. 자본주의 사회 자체가 그렇게 짜여 있기 때문에, 그렇게 홈이 파여 있기 때문에 원치 않아도 악의 협조자 또는 동업자가 되는 상황에 모두 연루되어 있다는 것입니다. 들뢰즈와 과타리는 이 부분을 굉장히 주목합니다. 원치 않았는데 연루되어 있다는 점, 그렇게 행할 수밖에 없다는 점, 사회가 그런 식으로 짜여 있기 때문이라는 점 말입니다.

사회는 역사적 형성물입니다. 자본주의 전에는 사회가 다른 식으로 짜여 있었습니다. 그때 사람들이 행동했던 방식, 즉 그 사회에서 당연했던 행동 방식은 지금의 행동 방식과 아주 달랐습니다. 따라서 지금 방식이 어떤 특징을 가지느냐를 역사적으로 분석해야 합니다. 지금과 달랐던 시대의 특징과 지금 시대의 특징을 어떻게 구별할 수 있느냐를 탐구하는 게 『안티 오이디푸스』 3장에서 행한 중요한 작업이었습니다. 한 사회가 어떻게 짜여 있느냐, 한 사회에 어떤 길들이 나 있느냐, 한 사회에 어떤 홈들이 파여서 그 홈들로만 지나다니게 하느냐를 분석하는 작업이 뒤따르죠. 이 작업을 일컫는 명칭이 '분열분석'입니다.

> 반인간적인 기업에 관여하는 것은 군사 기계를 부리고 공급하는 사람들만이 아니다. 아무에게도 필요하지 않은 재화와 서비스를 생산

하고 그것들에 대한 수요를 창조하는 다른 수백만 노동자들도 정도는 다르지만 같은 말을 할 수 있다. 경제의 다양한 부문들과 분야들은 서로 너무 의존하고 있어서, 거의 누구나 이런저런 방식으로 반인간적 활동에 연루되어 있다. 베트남에서 싸우는 군대에 식료품을 공급하는 농부, 자동차의 새 모델에 필요한 복잡한 기계장치를 만들어내는 도구와 죽음의 제작자들, 자신의 생산물들이 사람들의 정신을 통제하는 데 사용되는 종이와 잉크와 텔레비전의 제조업자들 등이 그러하다. (Paul A. Baran & Paul M. Sweezy, *Monopoly Capital*, 1966, p. 344; AO 401~402.)

들뢰즈와 과타리는 사회의 짜임 자체를 무의식이라고 봅니다. 욕망과 무의식이 하부구조에 속한다고, 하부구조의 일부이고 물질에 속한다고 말할 때, 그것은 사회가 곧 무의식임을 뜻합니다. 우리가 의도하지 않아도 특정하게 행동하는 것은 사회와 물질세계가 그런 식으로 짜여 있기 때문입니다. 그래서 무의식은 역사적 구성물입니다. 무의식은 물질세계 자체이고 사회 자체입니다. 무의식에 대한 들뢰즈와 과타리의 새로운 이해, 이것은 정신분석의 이해와 전혀 다릅니다. 정신분석은 아무리 멀리까지 가더라도 무의식을 정신 안에 가둡니다. 물론 어떤 이들은 무의식을 사회에 투사하거나 승화하는 등 여러 가지로 확대될 수 있다고 주장합니다. 하지만 여전히 출발점은 머리통 안에 있습니다.

들뢰즈와 과타리는 무의식을 사람의 머리통과 관련시키지 말고 사회와 관련시키라고 주장합니다. 사회는 존재론의 대상인데, 들뢰즈가 생각하는 세계는 바로 사회입니다. 존재는 사회입니다. 인간은 사회를 통해서만 존재를 경험합니다. 인간이 살아가는 존재 세계가 바로 사회입니다. 존재와 사회는 분리할 수 없습니다. 그러니까 우주에 있는 화성도 분양하고 그러잖아요. 모든 것이 인간화된 우주라고 할 수 있습니다. 무의식에 대한 탐구는 아주 중요한 작업으로, 과타리와 함께 새롭게 수행되었습니다. 이 작업은 그 자체로 정치적인 작업이었을 뿐만 아니라, 흄이나 니체에서 비롯된 초기의 관심을 이어간 작업입니다.

덧붙이자면, 무의식에 대한 탐구는 생각에 대한 새로운 상과 관련이 있습니다. 무의식은 우리의 생각을 유발합니다. 무의식 탓에 자기도 모르게, 심지어 끝까지 자각하지 못한 채, 어떤 생각과 행동을 합니다. 다른 관점에서 보면 생각은 무의식을 포함합니다. 따라서 이것은 생각에 대한 새로운 상의 제시라고 할 수 있습니다. 다른 말로 '물질적 무의식'이라고 불러도 되고요. 들뢰즈와 과타리는 『안티 오이디푸스』에서부터 이 이야기를 누누이 하는데, 들뢰즈와 과타리가 아직도 오해되는 건, 무의식을 자꾸 머릿속에 가두려 하기 때문입니다. 무의식은 사회 자체입니다. 존재 자체, 세계 자체죠. 우리는 길이 나 있는 곳으로 주로 다니죠. 그 길이 어떻게 형성되었는지 몰라도, 이미 나 있는 길로만 다닙니다. 혁명은 그 길 자체를 바꾸는 일이어야 합니다. 길이 바뀌지 않으면 결국 우리는 만날 그 길로 다니게 되죠. 혁명의 구호, 정치의 구호만 난무할 뿐, 실질적 사회 변화나 혁명은 여전히 제스처에 불과한 것입니다. 들뢰즈와 과타리가 제시한 분열분석과 미시 정치를 비롯한 여러 가지 작업, 즉 예술에 대한 강조는 이런 혁명적 정치를 목표로 합니다. 생각에 대한 새로운 상을 제시하는 것 자체가 이미 정치적 실천입니다. 다만 통상적이고 전통적인 의미의 정치와 거리가 있으니까 사람들이 그런 것이 어째서 정치냐, 어떻게 정치 행위일 수 있느냐, 하고 질문할 수 있죠. 하지만 생각에 대한 새로운 상을 제시하는 것이 바로 정치이며 정치의 본령입니다. 따라서 과타리와 만나면서부터 들뢰즈가 정치적이 되었다는 주장은 잘못되었습니다. 들뢰즈는 처음부터 정치적이었고, 과타리를 만나서 훨씬 풍요로운 자양분을 얻었다고 하는 게 맞습니다.

마르크스는 상당히 많은 저작을 썼습니다. 박사학위논문인 『데모크리토스와 에피쿠로스의 자연철학의 차이』가 1840~1841년, 그다음에는 미완성이지만 1844년까지 『헤겔 법철학 비판』을 작성했습니다. 이어서 1844년에 파리에서 유명한 『경제학 철학 초고』를 작성하고, 1845년에 「포이어바흐 테제」를, 1845~1846년에 『독일 이데올로기』를 씁니다. 1848년 영국에서 공산당 선언을 발표하고, 1857년에 『정치경제학 비판』을, 1859년에 『정치경제학 비판을 위하여』를, 1867년에 『자본』 1권을 출간합니다. 『자본』의 2권과 3권은 사후인 1885년과 1894년에 출간되죠. 방금 열거한 건 철학과 경제학 쪽 저서의 일부로, 전체 저작의 극히 일부에 지나지 않습니다. 들뢰즈가 처음부터 마르크스에 관심이 없었고 과타리와 만나서 관심을 갖기 시작한 거라면, 과타리와 만난 지 겨우 두 해만에 『안티 오이디푸스』를 발표하는데, 고작 두 해 동안 마르크스의 모든 저작을 읽고 연구했다는 건 말이 안 되죠. 아무리 천재라도 그건 불가능합니다. 이미 그전부터 충분히 읽고 연구했다고 보아야 합니다. 알튀세르와 그 동료들 도움도 있었죠. 앞에서 이야기한 것처럼, 선행 연구를 했으니까요. 그밖에 슈미트나 브뤼노프의 화폐 이론, 그라넬이나 료타르의 연구를 들뢰즈는 충분히 활용했습니다. 그 결과 『안티 오이디푸스』가 나올 수 있었던 겁니다.

분열분석을 통해서 들뢰즈가 정신분석과 대결하는 것이 어떤 의미를 갖는지 조금만 살펴보겠습니다. 1960년대 프랑스 사회에서 정신분석은 가장 혁명적인 사상적 실천이었습니다. 심지어 라캉, 알튀세르

같은 이들조차 정신분석을 한 손에 무기로 들었습니다. 하지만 들뢰즈가 볼 때, 정신분석은 관념적 이야기에 지나지 않았습니다. 따라서 정신분석을 격파하는 일은 당시 시대 상황에서 엄청난 정치적 노림수가 있는 작업이었습니다. 요즈음 한국 사회의 담론 지형에서도 정신분석은 여전히 강력한 지배력을 갖고 있습니다. 정신분석은 무의식을 부지런히 이야기하는데, 조금 자세히 들여다보면 아주 단순합니다. 정신분석의 논의는 모든 걸 엄마-아빠-나의 관계로 환원합니다. 어린 시절의 체험이나 상처(트라우마)같은 것들이 원인이 되어 오랫동안 잠복했다 나중에 신경증 형태로 드러난다는 거죠. 신경증은 엄마-아빠-나의 체험 속에 이미 들어 있었다고 합니다. 체험의 핵심은 아빠를 죽이고 엄마를 차지하고 싶다는 생각, 즉 오이디푸스 콤플렉스입니다. 모든 현상에 이 콤플렉스를 덮어씌우죠. 정신분석이 설명하지 못하는 현상은 존재할 수 없습니다. 미리 마련된 틀에 모든 현상을 끼워 맞추니까요. 여행자를 자기 침대 크기에 맞춰 늘이거나 자르는 프로크루스테스 비슷한 짓을 합니다.

프로이트가 고백했듯이, 정신분석가 앞에 있는 피분석자가 부인하면 부인할수록 그것이 진실임을 드러내는 건데, 이는 마치 범죄를 저질렀다는 사실을 숨기려고 범죄자가 범행을 더 강하게 부인하는 것과 같은 이치라는 겁니다. 달리 말하면, 정신분석가와 피분석자 또는 내원자의 관계는 심문하는 취조관과 심문받는 용의자 관계와 같습니다. 부인할수록 더 진실이라고 생각하니까, 자꾸 고백하라고 다그치는 거죠. 그런데 프로이트가 빠뜨린 사실이 있습니다. 사람은 진범이 아닐 때 더 강하게 부인한다는 것입니다. 프로이트는 이 사실을 완전히 무시한 채, 어떤 사람이 부인한다면 그것은 오히려 진실을 입증하는 행위라고 전제해 버립니다. 정신분석 비평가들도 마찬가지입니다. 영화나 문학이나 회화나 아무 상관없죠. 아무튼 어떤 작가의 작품을 놓고 '작가, 너의 무의식을 내가 알려 주마, 네가 알든 모르든 간에.' 이렇게 우기는 거죠. 정신분석 비평은 이런 구조일 수밖에 없습니다. 비평가는 취조관 또는 심문관, 아니면 고문하는 자가 됩니다. 정신분석은 그런 식의 활동밖에는 못합니다. 한마디로 말해, 혐오스럽죠. 들뢰즈 역시 누누이 이 점을 지적합니다.

2기의 주요 저서 해설

『안티 오이디푸스』: 자본주의 상황에서 잘 산다는 것*

1.

질 들뢰즈와 펠릭스 과타리가 함께 쓴 『안티 오이디푸스: 자본주의와 분열증』(1972)은 그동안 읽히지 않는 책으로 악명이 높았다. 한국어로는 물론 원어로도 그렇다. 최근에 『안티 오이디푸스』에 대한 해설서를 쓴 호주의 저명한 들뢰즈 연구자 이언 뷰캐넌은 "『안티 오이디푸스』의 수사학의 어려움은 저자들이 말하려고 하는 것을 이해하는 것 자체가 하나의 성취일 정도"†라고 고백했다. 이처럼 저자들의 수많은 개념들은 쉽게 이해할 수 있는 성격의 것이 아니며, 설사 개별 개념들을 이해했다고 해도 책의 내용 전체를 곧장 이해할 수 있는 것은 아니다.

현재 세계인이 경험하는 유례없는 상황, 즉 '자유무역'이라는 이름

---

* 이 글은 『안티 오이디푸스』 한국어판 「옮긴이의 말」을 개정한 것이다.

† Ian Bucanan, *Deleuze and Guattri's Anti-Oedipus: A Reader's Guide* (London & New York: Continium, 2008), p. 133.

으로 진행되는 통합된 세계 자본주의의 완성은 지금이 이 책을 다시 읽어야 할 때임을 보여 준다. 들뢰즈의 제자이자 그 자신이 독자적 사상가인 우노 니이치는 이 책을 일본어로 재번역하면서 새로운 평가를 보탰다. 우노는 이 책이 출간된 지 30년 이상이 지난 시점에 "이 책을 다시 고쳐 읽는 일, 새롭게 번역하는 일"이 어떤 의미가 있는지를 자문하면서 이렇게 적었다.

"노동-임금에서의 화폐 흐름과 융자-자본에서의 화폐 흐름이라는 전혀 이종적 흐름이 아무 고정된 기준도 없이 끊임없이 떠다니고 미세하게 조정되면서 관계를 맺는 자본주의 체계를, 들뢰즈와 과타리는 마르크스와 경제학자들을 다시 읽으면서 새롭게 정의한다. 분열증과 편집증은 이 냉소적 체계에서 바로 두 극, 두 경향성으로 출현한다. (…) 끊임없이 극한을 향하면서도 극한을 밀어내는 자본의 운동은, 극한에 있어 욕망적 생산의 운동이기도 하다. 이런 의미에서 이 책은 욕망론으로, 마르크스의 모티브를 충실하게 답습하며 새롭게 자본론을 전개한다. (…) 이런 분석들은 오늘날 더욱더 유효하다."*

물론 그전에도 우노는 이 책이 "새로운 『자본』을 쓰려는 시도"라고 평가한 바 있다.† 자본주의가 성립하던 시기에 마르크스가 했던 일이 자본주의의 정체를 밝히고 그 운동 방향을 모색하는 것이었다면, 달리 말해 19세기 자본주의의 지도 제작이 과제였다면, 『안티 오이디푸스』의 저자들은 이 과업을 발전시켜 자본주의의 최종 양상인 세계 자본주의의 완성이 가까워진 시점에 현대 자본주의의 지도 제작을 시도

* 宇野 邦一, 『千のプラトー: 資本主分裂症』 (上, 下)(河出文庫, 2006)의 후기(「세기를 넘어 이 책이 살아남을 이유世紀左超之⊂二∩本生支延乃理由」), 下권, pp. 393, 396.

† 우노 구니이치, 「해설: 방법에 대한 주해」(1994), 들뢰즈·과타리, 『천 개의 고원』 (김재인 옮김, 새물결, 2001), 980쪽.

했다고 할 수 있다. 이것은 전적으로 기술적記述的이고 존재론적인 작업이다.

여기에 이 책이 갖는 다른 국면 하나를 덧붙여도 좋을 것 같다. 『안티 오이디푸스』는 니체의 '영원회귀' 사상의 정치철학적 확장이다. 앞에서 분석된 세계 자본주의의 완성 시점에서 자동으로 요청되는 것은 당연히 '어떻게 살 것인가?'라는 문제에 대한 탐색이며, 저자들은 이 자원을 니체에서 끌어왔다. 들뢰즈는 이미 1962년에 출간된 『니체와 철학』을 통해 니체의 영원회귀 사상이 지닌 우주론적(존재론적), 윤리적, 문화 비판적 양상을 밝힌 바 있는데, 그 후 10년이 지난 시점에 과타리와의 공동 작업을 통해 세계 자본주의라는 조건에서 영원회귀 사상의 윤리, 정치적 양상을 정교하게 재구성한 것이다. 존재론은 필연적으로 사회 이론으로 발전해야 하며(왜냐하면 우리의 존재 조건이 바로 사회이기에) 종국에는 '어떻게 살 것인가?'라는 윤리적, 정치적 물음에 답해야 한다. 말하자면 가치적이고 실천적인 작업이 뒤따라야 하는 것이다. 이에 대해 들뢰즈와 과타리가 제시한 답이 바로 '과정으로서의 분열증'이며, 그 연원은 영원회귀 사상이다. 실제로 이들은 '경험으로서의 영원회귀'를 출구라고 명시한다.

이렇게 해서 『안티 오이디푸스: 자본주의와 분열증』이라는 제목이 갖는 의미가 밝혀진다. 이 제목에서, 자본주의의 본성에 대한 해명이 마르크스를 승계한 것이라면 분열증의 방향에 대한 긍정은 니체를 이은 것이다. 이 관점에서 두 가지를 분명히 해두고 싶다. 첫째, 들뢰즈는 마르크스에 대한 별도의 책을 쓸 필요가 없었는데, 그 이유는 이미 이 책에서 충분히 마르크스를 사용했기 때문이다. 둘째, '자본주의와 분열증'을 주제로 한 두 권의 책, 즉 『안티 오이디푸스』와 『천 개의 고원』은 니체에서 출발해야 적합하게 읽힐 수 있으며, 니체적 정치철학의 정립이야말로 이 작업의 핵심이다. 이는 지금까지 다른 연구자들이 충분히 강조하지 않은 점이었다. 한국어 번역본은 책의 언어를 최대한 마르크스와 니체에 관련해서 옮기려 노력했다. 특히 정신분석과의 거리 두기는 이 책의 주요한 목표였기에, 정신분석의 용어들을 과감히 저자들의 맥락으로 전유해서 번역했다.

들뢰즈는 절친 파르네와 함께 1988~1989년에 걸쳐 사후에『들뢰즈 ABC』라는 제목으로 발표될 여섯 시간 분량의 대담을 촬영한다. 여기에는『안티 오이디푸스』에 대한 들뢰즈 본인의 평가가 나오는데, 아직 그다지 주목받지 못했으면서도 책 전체의 요점을 담고 있기에, 해제를 대신해 소개해 보겠다.*

들뢰즈는『안티 오이디푸스』에서 정신분석에 대해 행한 공격에 세 가지 요점이 있으며, 자신과 과타리 모두 대담 시점까지도 그 내용을 철회하지 않았다고 말한다. 첫째, 무의식은 '극장'이 아니라 '공장이며 생산'이다. 둘째, 욕망과 매우 긴밀하게 연계된 사태인 망상을 보면, 사람들은 '전 세계'를, '역사, 지리, 부족들, 사막들, 민족들, 인종들, 기후들'을 망상하지 '가족'과 '아버지와 어머니'를 망상하지 않는다. 셋째, '욕망은 언제나 몇 가지 요인을 동원해서, 언제나 배치체들을 구성하고 자신을 하나의 배치체 안에 설립'한다. 이 셋은 정신분석이 말하는 것과 정반대의 것들이다.

그 직후, 파르네는『안티 오이디푸스』가 '오늘날에도 여전히 효과들을 가지는지'를 질문한다. 이에 들뢰즈는 "그렇다, 그것은 아름다운

---

* Gilles Deleuze & Claire Parnet, *L'Abécédaire de Gilles Deleuze*, avec Claire Parnet, Directed by Pierre-André Boutang(1996). 아래에서 언급하는 내용은 "D comme Désir" 항목에 등장한다.

책이다, 아름다운 책이다. 왜냐하면 내 생각에 이 책은 무의식에 대한 하나의 착상을 갖고 있으며, 무의식에 대한 이런 종류의 착상이 등장한 유일한 경우"라고 답한다. 이어서 들뢰즈는 세 가지 요점을 제시한다. 첫째, '무의식의 다양체'라는 착상. 둘째, '가족망상이 아닌 세계에 대한 망상, 우주적 망상, 인종들의 망상, 종족들의 망상'이라는 망상에 대한 착상. 셋째, '극장이 아닌 기계와 공장으로서의 무의식'이라는 착상. 말을 맺으며 들뢰즈는 의미심장한 전언을 남긴다. "그래서 내 생각이고 내 바람인데, 아마도, 아마도, 이 책은 재발견될 책이리라. 이 책이 재발견되도록 행할 수 있는 일은 없지만." 지금이 바로 『안티 오이디푸스』가 재발견될 정확한 시점이 아닌가 싶다.

『안티 오이디푸스』의 서술 구조에 대해 꼭 언급하고 싶은 말이 있다. 이 책은 네 장으로 이루어졌는데, 서술 구조는 마치 소라 모양으로 회전하면서 전개되는 양상을 띤다. 제1장은 현실의 존재론을 구성하며, 그것을 제2장에서 정신분석의 내적 오류를 밝히는 데 순서대로 활용한다. 제3장은 세 유형의 사회를 등장 순서에 따라 나누어 다루면서, 존재론이 이 지구에서 어떻게 발현되는지를 밝힌다. 끝으로 제4장은 이 존재론에 기초한 윤리학, 정치철학의 범위와 내용을 제시함으로써, 자본주의 상황에서 잘 산다는 것이 어떤 것인지를 모색한다. 말하자면, 이 책은 같은 내용을 네 번에 걸쳐 반복하고 확장하는 식으로 서술되어 있다. 책이 출간된 후에 발표한 '부록'은 예술 작품에서 가져온 흥미로운 사례로 가득 차 있어 먼저 읽어도 좋다. 어쩌면 서술된 장들의 역순으로 읽는 것이 가장 쉬운 독서법이지만, 앞을 모르면 뒤도 이해되지 않는다는 것이 난관이다. 그래서 제안할 수 있는 가장 적절한 독서법은 조금 이해가 어렵더라도 '부록'을 읽은 후에 1장부터 순서대로 끝까지 읽어 가는 것이라 하겠다.

2.

『안티 오이디푸스』를 옮기고 마지막 교열을 보며, 아이의 삶과 노인의 삶을 생각해 보았다. 늘 배고프고 먹고 놀고 자고, 이를 반복하는 아이의 삶. 은퇴하고도 여전히 이런저런 의문을 탐구하는 노인의 삶. 뭘 이루려는 것도 아니고 실제로 이룰 여지도 희박한 그런 삶. 지금 이 순간이 가장 중요한 삶. 지금 이 순간 무엇이 최선인지를 실천하는 삶. 운명에 맡기는 걸까, 운명을 만드는 걸까?

'과거, 현재, 미래'라는 관념적 시간 말고 '과거와 지금'이라는 현실적 시간에 주목해야 한다. 삶의 시간은 실제로는 '지금 이 순간'밖에 없는데, 이 순간이 '과거'를 만든다. 과거란 일어난 일들 전체를 가리킨다. 일단 일어난 일은 돌이킬 수 없다는 점에서, 과거는 영원하다. 가장 기쁜 순간이든, 가장 처참한 순간이든 일단 과거에 편입된 순간은 그 자체로 영원하다. 한편, 우리는 매번 다시 '지금 이 순간'에 직면해서 행동한다. 영원을 만드는 것은 지금 이 순간의 행동밖에 없다. 매 순간 갱신되는 지금 이 순간. 지금 이 순간은 영원에 이르는 출입문이다. 그렇다면 잘 산다는 건, 모든 과거에도 불구하고, 모든 과거를 무릅쓰고, 지금 이 순간 최선인 것을 행하는 것일 따름이다. 나머지는 모두 허깨비에 불과하다. 노는 아이와 탐구하는 노인은 이 비밀을 아는 듯하다.

그렇다면 아이를 떠나 노인에 이르기 전, 그 중간 삶은? 보통은 아이나 노인과는 다른 식으로 산다. 쫓기면서도, 자신이 쫓기는 것을 즐기는 듯하다. 아침에 성실하게 출근하고, 작은 불만을 토로하면서도, 결국 다시 출근하는 삶. 달리 살아 보려 하면, 미쳤다는 소리를 듣는다. 아이처럼 군다는 소리도 듣는다.

오늘날 정상적인 삶은 실은 예속된 삶이다. 사람들은 자본주의가 마련해 놓은 길을 얌전히 따른다. 의식하지 못하는 사이에, 무의식적으로, 다른 길은 없는 것처럼. 자본주의가 현대인의 삶에 파 놓은 길들, 있을 수 있는 유일한 길이라고 제시된 그 길들. 이 길들이 우리 삶의 하부구조요 현실적 조건이다. 이것이 무의식이다. 심리적 무의식을 훨씬 넘는 존재론적 무의식, 사회적 무의식, 자본주의는 현대인의 무의식이요, 그 중요한 길들은 시장과 돈이다. 시장과 돈을 직접 비판하지 않는 정치철학은 더 이상 무용지물이다. 자본주의는 놀라울 만큼 강하고 교활하다. 이 비판을 가장 멀리까지 끌고 간 사상가가 바로 들뢰즈와 과타리다.

제3기
감각: 미학의 정치화

세 번째 시기에 들뢰즈는 예술과 미학에 집중합니다. 제 가설인데, 예술과 미학이 들뢰즈로서는 탈출구, 즉 가장 정치적인 실천이 될 수 있다고 생각했던 것 같습니다. 과타리와 결별 후에 쓴 출판물들을 보면 확인됩니다. 우선 들뢰즈는 『스피노자: 실천철학』의 개정 증보판을 냅니다. 예전에 냈던 책을 보완한 것입니다. 새로 쓴 첫 책은 1981년의 『프랜시스 베이컨: 감각의 논리』(이후 『감각의 논리』로 약칭)이고, 2년 뒤인 1983년에 『영화1: 운동-이미지』를, 또 2년 뒤인 1985년에 『영화2: 시간-이미지』를 출간합니다. 1986년에는 『푸코』라는 짧은 책을 썼는데, 1984년에 있었던 푸코의 죽음이 동기였습니다. 그동안 푸코에 대해 쓴 글들을 모은 것입니다. 다음 1988년에 『주름, 라이프니츠와 바로크』를 출간합니다. 1990년에는 『협상들』이라는 책을 냅니다.

이 책 안에는 『안티 오이디푸스』와 『천 개의 고원』에 대한 인터뷰를 비롯하여 중요한 내용들이 꽤 많이 수록되었습니다. 1991년에 『철학이란 무엇인가?』를 출간하는데, 과타리의 이름이 같이 기재되었지만, 앞에서 이야기한 것처럼, 실제로는 혼자 쓴 책입니다. 이 책의 제7장이 미학, 예술론입니다(이 부분에 관해서는 「들뢰즈의 미학에서 '감각들의 블록'으로서의 예술 작품」을 참고하십시오). 여기에서는 회화나 영화에 국한하지 않고, 예술 전반으로 논의를 확장합니다. 하지만 주요 개념은 여전히 반복해서 등장합니다. 마지막 저작인 1993년의 『비평과 임상』은 짧은 글 모음인데, 작가론과 작품론이 많이 수록되어 있기 때문에 사실상 예술론 작업에 포함됩니다.

1980년대 이후 들뢰즈 작업의 개요 (▶표시에 주목)

『스피노자: 실천철학』(1981, 개정 증보판)
▶『감각의 논리』(1981)
▶『영화1: 운동-이미지』(1983)
▶『영화2: 시간-이미지』(1985)
『푸코』(1986) – 푸코 사망
『주름, 라이프니츠와 바로크』(1988)
「페리클레스와 베르디, 프랑수아 샤틀레의 철학」(1988) – 샤틀레 사망
『협상들』(1990) – 짧은 글 및 인터뷰 모음
▶『철학이란 무엇인가?』(1991)
▶「소진된 자」(1992) – 베케트 작품에 대한 글
▶『비평과 임상』(1993) – 문학예술 비평의 비중이 큼

1980년대에 들뢰즈가 했던 작업 내용을 이렇게 보면 미학과 예술에 완전히 집중했음을 확인할 수 있습니다. 그리고 논의의 핵심 개념은 '감각sensation'입니다. 감각에 대한 논의는 1980년대의 첫 저술인 『감각의 논리』에 처음 등장합니다. 이 말의 유래를 따라 올라가면, 희랍어 '아이스테시스aisthesis'에 이릅니다. 파악한 바로는, 희랍적 의미 또는 미학적 의미의 아이스테시스, 그 본질을 찾는 것이 제3기 들뢰즈 작업의 핵심입니다.

감각이 무엇인지 살펴보기 전에, 들뢰즈가 왜 감각을 택했는지 먼저 알아보겠습니다. 다른 많은 수단도 있는데 왜 하필이면 감각을 택했을까요? 들뢰즈 자신이 직접 표현하지 않았지만, '로고스logos'와의 대결이 중요했던 것으로 봅니다. 로고스는 이성이기도 하고, 합리적인 말이기도 하고, 논리이자 설명이기도 합니다. 들뢰즈는 이 로고스와 대결하려 했습니다. 짧게 정리해 보죠. 말이 안 통하는 상황에서, 어떻게 해야 상대방을 조금이라도 변화시킬 수 있을까, 하는 문제입니다. 말이 안 통하는 사람을 바꿀 수 있을까요? 말이나 논리적 설득을 통해서는, 또는 이성적 이야기를 통해서는 절대로 안 바뀝니다. 그렇다면 어떻게 해야 말이 통하지 않는 사람을 바꿀 수 있을까? 이것이 들뢰즈의 중심 고민이었다고 생각합니다. 그래서 들뢰즈의 작업이 오늘날 우리에게 여전히 쓸모가 있는 것입니다. 정치는 타인을 바꾸려는 행위입니다. 좋게 바뀔지, 나쁘게 바뀔지는 전혀 예상할 수 없습니다. 원한다고 반드시 이루어지리라는 법은 없으니까요. 실천철학은 크게 윤리와 정치로 나뉩니다. 윤리는 자기를 바꾸는 실천이고, 정치는 타인을 바꾸는 실천입니다. 정치가 효력을 발생시키려면, 그런데 단지 이익과 이해관계를 통해서는 타인을 바꿀 수 없다면, 무의식적으로 접근하는 수밖에 없습니다. 무의식을 통한 전략, 이것이 필요합니다. 사회에 나 있는 보이지 않는 길들을 바꾸는 게 결국은 사회를 바꾸는 일이고 혁명적 실천이라고 앞에서 이야기했는데, 여러 혁명적 실천 중 하나인 예술적 실천이 그 일을 할 수 있습니다. 1987년에 쓴 『천 개의 고원』의 이탈리아판 서문에서 들뢰즈는 『안티 오이디푸스』가 유례없는 성공을 거둔 데 반해, 『천 개의 고원』은 가장 사랑하는, 가장 훌륭한 책이지만 독자를 향해서는 실패했다고 술회합니다. 그 이유가 무엇일까요? 시대가 암울해진 겁니다. 그사이에 더 이상 희망이 없는 시대가 되어버린 거예요. 『안티 오이디푸스』가 출간된 때만 해도 68혁명의 분위기 속에서 사람들이 혁명적인 삶을 사는 것이 가능하다고 봤습니다. 그런데 1979년 영국에 대처 보수 정권이 들어서고, 1980년 미국에 레이건이 당선되었습니다. 또 1979년에는 2차 오일쇼크가 있었습니다. 자본주의가 심화되면서, 오늘날 우리가 말하는 신자유주의가 자리 잡는 상황이었죠. 이러한 시대적 배경에서 출간된 『천 개의 고원』은 실효성을 발휘할 수 없었습니다. 그래서 들뢰즈는 다른 전략이 필요했습니다. 그때 들뢰즈가 생각한 게, 어찌 보면 나이브하지만, 무의식적으로 혁명적 실천인 예술을 통해, 말로 포착되지 않는 어떤 지점을 포착해, 타인을 바꾸는 일을 하려고 한 것입니다. 물론, 이것은 하나의 해석입니다.

'로고스 대 아이스테시스'라는 대결은 니체한테서 연유합니다. 니체는 음악을 작곡하고 피아노를 연주한 음악가입니다. 음반으로도 발매되었으니 한번 들어보세요. 니체는 음악에 대해 아주 중요한 진술을 남겼는데, 이 진술은 사실상 예술 전반에 다 해당하는 말입니다. '음악에는 언어가 파악하지 못하는 작고 미시적인 것을 포착하는 능력이 있다'는 것입니다. 언어가 놓치고, 언어의 그물을 빠져나가고, 그래서 언어를 통해서는 '없다'고밖에 말할 수 없는, 또는 언어가 추방하기만 했던 것들을 예술은 포착하고 파악하고 표현한다는 것입니다. 게다가 이때의 미시적인 것, 아주 작은 것이라는 표현은 들뢰즈가 쓰는 '미시'라는 말과 사실상 연결되기도 합니다(여기에서는 이 부분까지 자세히 다루지는 않겠습니다). 그런데 여기에서 중요한 것은 감각과 언어에 교집합이 없다는 사실입니다. 어떤 사람이 전시회에서 그림을 보고 나서 다른 사람한테 그 그림을 말로 설명하고 전달한다고 해보죠. 하지만 아무리 훌륭한 언어를 동원해도 듣는 사람은 그 그림을 절대로 느낄 수 없습니다. 음악은 더 그렇지요? 색과 형태조차 없으니까요. 결국 예술이란 자기가 직접 체험해야 그에 대해서 확인할 수 있습니다. 감각과 언어가 서로 비켜 가는 지점입니다. 현대의 거의 모든 활동이 언어를 통해서 이루어진다는 점을 놓고 보면, 이런 의미에서 감각을 통한 접근은 대단히 혁신적인 것입니다. 물론 이때의 감각은 진부한 감각이어선 안 됩니다. 그런 감각은 별 효과가 없어요. 그래서 예술가의 창조 활동의 중심에는 진부하지 않은 감각을 만드는 일, 즉 프랑스어로 '클리셰cliché'라고 하는 진부한 감각을 제거한 '순수 감각'을 찾는 일이 놓여 있습니다. 이런 일은 오로지 예술가만이 할 수 있는 일입니다. 의식, 이성, 설명 같은 것들을 비켜 간다는 점에서 예술 작품은 무의식적으로 작용한다고 할 수 있습니다.

> 그렇다, 모든 은밀한 비참함의 오르페우스로서, 음악가[ein Musiker]는 그 누구보다 위대하다. 지금까지는 표현될 수 없고 그 자체로 예술에 격이 맞지 않는 것으로 보였던was bisher unausdrückbar und selbst der Kunst unwürdig erschien, 또한 언어Worte에 의해 주로 내쫓기기만 했을 뿐 파악되지fassen 않았던 많은 것들이, 즉 영혼의 아주 작고 미시적인 많은 것들manches ganz Kleine und Mikroskopische der Seele

이, 특히 음악가에 의해 예술에 접합되었다. 그렇다, 그는 아주 작은 것의 대가이다. (Friedrich Nietzsche, Die fröhliche Wissenschaft, *Friedrich Nietzsche: Sämtliche Werke, Kritische Studienausgabe in 15 Bänden*, Band 3, Ed. Giorgo Golli & Mazzino Montinari: Walter de Gruyter, 1999, 87절.)

『감각의 논리』에서 들뢰즈는 프랜시스 베이컨의 발언을 많이 참조합니다. 베이컨은 평론가 데이비드 실베스터와 평생 동안 대화를 나누었는데, 이 대화는 세 차례에 걸쳐 새로운 내용이 덧붙여지면서 출간됩니다(1963년, 1966년, 1979년). 우리가 구할 수 있는 최종판은 『사실의 야수성: 프랜시스 베이컨과의 인터뷰들The Brutality of Fact: Interviews with Francis Bacon』(1987)입니다. 들뢰즈는 제2판의 프랑스어 번역본인 『불가능의 예술: 데이비드 실베스터와의 대화들L'art de l'impossible: entretiens avec David Sylvester』(1976)을 참조했습니다. 1979년에 나온 판본에는 두 편의 대담이 추가되는데, 완전히 새로운 이야기는 없어서, 큰 문제가 되지는 않습니다. 들뢰즈는 글을 상당히 명료하게 쓰는 편인데, 『감각의 논리』에서 이야기되는 들뢰즈의 생각을 따라가기는 무척 어렵습니다. 그럴 때마다 베이컨의 발언들이 많은 도움이 됩니다. 베이컨은 뇌와 이성을 거칠 때보다 이미지가 신경계에 직접 작용할 때 왜 더 격렬하고 통렬한지 잘 모르겠다고 여러 차례 말합니다. 뇌와 이성을 경유한다는 말은, 로고스를 거친다. 의식적으로 이해한다는 뜻입니다. 그에 반해 감각은 직접 다가옵니다. 뒤통수를 때리거나 피부를 바늘로 찌르는 것처럼 작용합니다. 한마디로 말하면, '쇼크'입니다. 생각하기 전에 벌써 느껴집니다. 그로부터 생각을 시작할 수밖에 없게 됩니다. 생각에 대한 고전적 상에서 전제되는 것과는 달리, 생각은 폭력에 의해 비로소 시작됩니다. 니체와 프루스트를 따라서 들뢰즈는 그 폭력을 '기호'라고 불렀습니다. 기호와의 우연한 만남은 생각하지 않을 수 없도록 만듭니다. 기호들 중에서 가장 강력한 것이 예술 기호입니다.

> 이 이미지는 이른바 구상 회화와 추상 사이의 곡예의 일종입니다. 이 이미지는 추상에서 전개되어 나갈 테지만 실상 추상과는 아무 관계가 없습니다. 그것은 구상적인 것을 더 격렬하고 통렬하게more violently and more poignantly 신경계로 불러오려는 시도입니다. (David Sylvester, *The Brutality of Fact: Interviews with Francis Bacon* (3rd enl. ed.), Thames and Hudson, 1988, p. 12.)

> 왜 어떤 회화는 신경계에 직접 도달하고 어떤 회화는 뇌를 통한 긴 판단 과정을 거쳐 당신에게 이야기하는지 알기란 너무 은밀하고 어렵습니다. (Sylvester 18)

> 내가 늘 분석해 보려 했던 것 중 하나는, 원하는 이미지의 형성이 비이성적으로 이루어지는 것이, 그것을 만드는 방식을 아는 것보다 훨씬 더 강하게 신경계에 와 닿는 것처럼 보이는 이유입니다. 왜 이성적으로 작업하는 것보다 이런 식으로 작업할 때 외관의 현실을 더 맹렬하게 만드는 것이 가능할까요? 아마도 제작이 더 본능적일 때, 이미지가 더 직접적이기 때문일 것입니다. (Sylvester 104)

폭력에는 두 가지 전혀 상이한 의미가 있다. "회화의 폭력에 대해 말할 때, 그것은 전쟁의 폭력과는 아무 상관없습니다."[Sylvester 76~81] (감각자극적인 것, 진부함 같은) 재현된 것의 폭력에 감각의

> 폭력이 대립된다. 감각의 폭력은 그것이 신경계에 가한 작용과, 그것이 통과한 층위들과, 그것이 가로지른 영역들과 하나일 따름이다. 형상 자체는 구상화된 대상의 본성에 빚진 것이 전혀 없다. 이는 아르토에서와 같다. 잔혹은 흔히 믿는 그런 것이 아니며, 재현된 것에 점점 덜 의존한다. (FBLS 29)

그렇다면 감각의 폭력은 어떤 역할을 할까요? 감각이 신경계에 직접 작용했을 때 어떤 일이 벌어질까요? 한마디로 말하면, 감각의 폭력은 구경꾼으로 살던 사람을 삶으로 더 맹렬하게 돌려보낼 수 있습니다. 우리는 장막을 드리운 채, 베일로 덮인 채 살아갑니다. 삶을 직시하지 않는 것입니다. 감각의 밸브를 열고, 장막과 베일을 걷어 내고, 삶으로 돌려보내는 일, 이것이 감각의 폭력이 행하는 일입니다. 감각이 행하는 폭력은 장막과 베일을 쓴 채 아무 생각 없이 살던 사람에게서 그 장막과 베일을 걷어 내고, 그럼으로써 삶에, 말하자면 우주의 진실에 직접 부딪히게 합니다. 그리고 그 사람을 폭력의 충격 속에서 더 이상 예전처럼 살 수 없게 만듭니다. 한 사람의 삶을 송두리째 흔드는 것입니다. 베이컨은 예술이 그런 작용을 할 수 있다고 생각했습니다. 물론 들뢰즈도 마찬가지였습니다.

들뢰즈는 베이컨을 딱 한 번 만났습니다. 자기 책의 원고를 베이컨에게 주었고, 베이컨은 그 원고에 경탄하면서 고맙다고 말했다고 합니다. 베이컨은 여러 번 인터뷰를 남겼는데, 언어로 작업하지 않는 예술가 중에는 아주 드문 일입니다. 들뢰즈는 이 말들을 발판으로 삼아, 또 베이컨의 작품들을 감상하면서, 감각의 논리를 탐구할 수 있었습니다. 그 탐구는 들뢰즈한테는 무척 중요한 일이었는데, 베이컨 덕분에 기회가 맞아떨어진 것입니다. 『감각의 논리』를 보면, 세잔의 인터뷰들도 자주 언급됩니다. 세잔의 인터뷰는 『세잔과의 대화』라는 제목으로 한국에도 출판되어 있습니다. 들뢰즈는 육성으로 남아 있는 예술가들 본인의 생각을 이 책에서 많이 참조합니다. 작품 평을 쓴 게 아닙니다. 평론은 어떤 면에서는 부질없습니다. 작품이란 건 그냥 봐야 하는 것입니다. 음악이면 듣고, 미술이면 보고, 문학이면 읽고 그런 겁니다. 거기에 무슨 언어, 즉 평론이 필요하겠어요. 평론이 아니면서 작가와 작품을 말하려면 어떤 전거가 필요한데, 들뢰즈는 그 전거를 작가의 입을 통해 끌어냈던 겁니다. 들뢰즈의 아주 탁월한 재주라고 봅니다. 요약하면, 장막을 드리운 채 살아가는 사람들에게서 폭력적으로 장막을 걷어 버림으로써 그들을 삶에 직면하게 만드는 게 감각의 역할입니다.

예술가가 느낌의 밸브들을 열어, 또는 이렇게 말할 수 있다면 풀어 놓아, 구경꾼을 삶으로 더 맹렬하게violently 돌려보낼 수 있게 됩니다. (Sylvester 17)

우리는 거의 항상 장막을 두른 채 살아갑니다. 장막이 쳐진 실존이지요. 그리고 때때로 생각합니다, 사람들이 내 작품이 폭력적으로violent 보인다고 말할 때, 아마 내가 가끔은 베일이나 장막 한두 겹을 치워 버릴 수 있었나 보구나, 하고 말이지요. (…) 나는 단지 할 수 있는 한 정확하게 내 신경계에서 이미지들을 꺼내려고 시도할 뿐입니다. 그 이미지들이 의미하는 게 무엇인지는 절반도 모르지만요. (Sylvester 82)

내셔널갤러리에 가서 나를 흥분시키는 훌륭한 그림 중 하나를 볼 때,

> 그 그림은 나를 흥분시킨다기보다 내 안의 모든 종류의 감각의 밸브를 열어 줌으로써 나를 삶으로 보다 맹렬하게 돌려보내게 만듭니다. (Sylvester 141)

'하지만 들뢰즈도 어떤 식으로든 그림을 비평하는 게 아닐까요?' 이런 질문을 받은 적이 있습니다. 이에 대해서는 조금 해명이 필요합니다.

『철학이란 무엇인가?』에서 들뢰즈는 인간의 생각, 특히 창조적 사고를 세 가지 형식으로 구분합니다. 첫 번째가 철학이고, 두 번째가 과학이고, 세 번째가 예술입니다. 이 셋은 위계 관계에 있지 않습니다. 어떤 사고가 더 우월한 게 아니라, 각자 자신의 방식으로 창조적인 생각 활동을 펼치는 겁니다. 그럴 때 서로 간에 모종의 경쟁이 일어나기도 합니다. 자기 나름대로 진도를 나가야 하니까요.

철학은 개념을 창조하는 일을 합니다. 과학은 함수를 창조하는 일을 하죠. 예술은 감각을 창조하는 일을 합니다. 그 과정에서 이 셋은 서로 간접적으로 영향을 주고받습니다. 무엇을 하든 인간이 하는 겁니다. 그래서 철학자는 예술 작품을 보고 영감이나 자극을 받아서 거기에 개념으로 화답할 수 있습니다. 수학자들이나 과학자들은 새로운 함수를 고안합니다. 가령, 뉴턴의 운동 방정식, 아인슈타인의 상대성 이론, 다윈의 진화론 등이 그 함수의 이름입니다.

그러면 철학자들은 과학적 통찰에서 자극을 받고 세계를 이해하는 데 활용합니다. 대신에 그 함수를 개념으로 번역해서 화답합니다. 어느 대담에서 들뢰즈는 수학자 리만이 행한 공간관의 혁신을 상찬하면서, 정말로 중요한 것은 리만 공간이 가져다 준 통찰이었다고 말합니다. 수학적으로 증명하려면 공부해서 그렇게 할 수도 있겠지만, 그건 수학자의 몫이고, 자신은 그 통찰을 활용해 공간 전반에 대한 이해를 개념적으로 갱신하는 일에 몰두하겠다고 합니다. 한편, 공간관의 혁신은 예술가에게도 영감을 주어 작품 탄생에 기여합니다. 이처럼, 세 가지 사고는 각자 독립해서 발전하되 서로 간접적으로 영향을 줍니다. 19세기까지는 혹시 가능했을지 몰라도, 오늘날 한 사람이 모든 분야에 정통하기란 불가능합니다.

벌써 오래전 일입니다. 1996년에 앨런 소칼이라는 미국의 물리학자가 프랑스 철학자들이 수학과 과학을 남용하며 '지적 사기'를 친다고 고발했습니다. 소칼은 『소셜 텍스트Social Text』라는 학술지에 「경계를 넘어서: 양자 중력의 변형적 해석학을 위하여Transgressing the Boundaries: Toward a Transformative Hermeneutics of Quantum Gravity」라는 패러디 짜깁기 논문을 투고해서 게재 허가를 받은 후, 『링구아 프랑카Lingua Franca』라는 또 다른 학술지에 그 논문이 가짜였음을 폭로했습니다. 저도 그 당시 소칼이 투고했던 논문을 우연히 볼 일이 있었습니다. 말도 안 되는 수준 미달 논문이라서, 뭐 이런 게 다 있느냐고 반발했던 기억이 납니다.

아무튼 '소칼 사건'은 이른바 '포스트모더니즘' 계열의 학적 활동 전반에 심각한 누명을 씌웠으며, 프랑스 사상도 그 와중에 싸잡아 비판을 받았습니다. 여기서 두 가지만 짚고 가려 합니다. 우선, 영어 중심주의 또는 앵글로색슨 중심주의가 굉장히 만연하다는 사실입니다. 현대 프랑스 사상은 그 독자성과 실험성으로 인해 쉽게 이해하기 어렵습니다. 전쟁과 관련된 전후 사정은 앞에서 이야기한 바 있습니다. 그런데 그 사상을 '상식'에 의거해서 이해하려고 하니까 이해가 어렵죠. 더욱이 확인한 바로는 현대 프랑스 사상가들의 중요 텍스트들이 영어로 온전히 번역되지 않았습니다. 숱한 오역이 눈에 밟힐 정도의 수준입니다. 오역 문제는 영어권 학자들 사이에서도 악명이 높습니다. 심지어 독일 학자들은 독일어 번역조차 불만을 토로하더군요. 어쨌든 프랑스어를 모르는 영어권 독자에게 프랑스 사상은 암호에 지나지 않습니다. 상형문자라면 조형적 감상이라도 하죠! 영어권 독자가 자신이 읽는 영어 텍스트를 마치 처음부터 영어로 쓴 텍스트라고 믿으면서 읽는 것 자체가 심각한 영어 중심주의입니다. 프랑스 사상의 독창성과 영어권 사상의 절충주의가 뒤섞여 만들어진 흐름이 이른바 '포스트모더니즘'이었습니다. '포스트모더니즘'은 사실상 프랑스 사상이 아니라 미국 사상입니다. 이 점을 인식하지 못하는 한, 프랑스 사상에 대한 미국 독자의 공격은 과녁을 잘못 짚은 것입니다.

둘째, 프랑스의 과학주의 전통을 따르는 학자들(가령, 푸코나 들뢰즈 같은)이 수학과 과학을 사용하는 방식은 프랑스의 관념론 전통에 선 학자들과는 많이 다릅니다. 그중에서도 라캉이 가장 악질인 것 같습니다. 들뢰즈만 해도 미적분에 능통하고, 바디우는 집합론에 강합니다. 푸코는 생물학 전문가입니다. 수학과 과학을 전유할 때 철학자는 계산을 잘 했느냐의 문제가 아니라 우주를 보는 관점에 어떠한 중요한 변화가 일어났느냐의 문제로 이들을 바라봅니다. 그 변화의 핵심에 철학적 개념으로 화답하는 게 철학자의 몫이죠. 과연 당시의 영어권 학자들은 이에 대해 어떤 태도를 보였을까요? 프랑스의 관념론 전통에 있는 학자들의 태도와 아주 비슷했던 것 같습니다. 소칼이 이 지점을 지적했다면 지적한 내용 자체는 옳지만, 역시 과녁은 빗나갔다고 생각합니다.

> 사고를 정의하는 것, 사고의 세 가지 커다란 형식인 예술, 과학, 철학은 항상 카오스와 대적하는 것, 하나의 면面을 그리는 것, 카오스 위에서 하나의 면을 끌어내는 것이다. 그런데 철학은 무한에 걸

> 속성을 부여함으로써 무한을 구원하고자 한다. 철학은 내재면plan d'immanance을 짜며, 그 면은 개념적 인물상들의 작용 아래에서 사건들 또는 결속된 개념들을 무한까지 데려간다. 반대로 과학은 지시관계référence를 얻기 위해 무한을 포기한다. 그것은 단순하게 정의되지 않은 좌표면plan de coordonnées을 짜며, 그 면은 매번 부분적 관찰자의 작용 아래에서 사태들, 함수들, 또는 지시적 명제들을 정의한다. 예술은 무한을 다시 부여하는 유한을 창조하고자 한다. 그것은 창작면plan de composition을 짜며, 그 면은 미적 형상形象들의 작용 아래에서 기념비들 또는 창작된 감각들sensations composées을 떠받치게 된다. (…) 생각한다는 것은 개념들을 통해 또는 함수들을 통해 또는 감각들을 통해 생각한다는 것이며, 또 이들 사고들 가운데 어떤 하나가 다른 것보다 더 좋거나 충만하다고, 또는 완전하거나 종합적인 '사고'라고 말할 수는 없다. (…) 세 가지 사고는 서로 교차하고 얽히지만 종합되거나 동일화되지는 않는다. 철학은 개념들로 사건들을 생겨나게 하며, 예술은 감각들로 기념비들을 세우며, 과학은 함수들로 사태들을 건설한다. (…) 그것은 이종 발생hétérogènese으로서의 사고이다. (QP 186-187)

『감각의 논리』는 독특한 책입니다. 베이컨과 과타리에게 받은 여러 아이디어를 종합하기 때문입니다. 어느 인터뷰에서 들뢰즈는 재밌고 흥미로운 아이디어가 없는 건 읽을 필요도 없고 볼 필요도 없다고 말합니다. 이런 점에서 흥미로운 아이디어를 만들어 내는 건 창조적인 생각을 하는 것과 동의어입니다. 들뢰즈는 베이컨의 회화를 보면서 흥미로운 아이디어를 발견했고, 그 아이디어에 대한 철저한 개념적 작업의 결과로 『감각의 논리』를 썼습니다. 물론 여기저기에 자신이 받은 느낌, 즉 일종의 감상평을 적어 두었는데, 구구절절 수사학을 동원해서 쓴 게 아니라 딱 한 구절로 서술하는 식입니다. "변주로서의 남자의 넓은 등"(FBLS 35), "아마 머리 연작 몇 점, 공중의 세폭화 한두 점, 그리고 남자의 넓은 등"(FBLS 59), "남자의 넓은 등"(FBLS 102), 이런 식이지요. 베이컨의 회화가 보여 준 어떤 통찰에 대해 선문답 형태로 화답한 것 같기도 합니다. 이것은 통상적 의미의 비평이 전혀 아니지요.

그렇다면 감각이 사람들에게 폭력적으로 드러내는 삶의 현실이 과연 무엇인가를 살펴야겠지요. 주목한 건 다음과 같은 들뢰즈의 진술입니다.

> 괴로워하는 인간은 짐승이며, 괴로워하는 짐승은 인간이다. 그것이 생성의 현실이다. 예술, 정치, 종교 또는 그 어떤 분야에서든 혁명적인 인간이라면 누구라도 그가 짐승에 지나지 않는 이 극단적 순간을 죽어 가는 송아지들에서 대해서가 아니라 죽어 가는 송아지들 앞에서 책임감을 품는 이 극단적 순간을 느끼지 않았으랴? (FBLS 21)

혁명적 인간이라면 누구라도 그런 순간을 느꼈으리라는 것입니다. 이와 관련해 베이컨은 이렇게 말합니다.

> 물론 우리는 고기이며 잠재적 시체이다. 푸줏간에 갈 때마다 생각하는 건데, 동물 대신 내가 거기 있지 않다는 점이 놀랍다. (Sylvester 46)

괴로워하는 인간과 괴로워하는 짐승에 공통되는 사실은 둘 모두 고기라는 점이고 잠재적 시체라는 점입니다. 즉, 죽음의 운명을 우리에게 보여 준다는 것입니다. 인간은 모두 죽는다. 베이컨의 발언이 그 지점을 정확히 보여 줍니다.

> 가장 위대한 예술은 항상 인간 상황의 취약함으로 사람을 돌려보낸다. (Sylvester 199)

인간 상황의 취약함을 "죽음의 운명을 느낀다"(Sylvester78)라는 말로 바꾸어서 표현하기도 하지요. 자신이 반드시 죽을 예정이라면 그때는 어떻게 살아야 할까, 하는 질문으로 감각은 사람을 후려칩니다. 보통은 잊고 지내고 싶은 사실이지요. 하지만 사실 중의 사실, 사실 자체가 바로 그것입니다.

> 베이컨이 두 가지 폭력, 즉 광경의 폭력과 감각의 폭력을 구분할 때, 그리고 하나를 얻기 위해서는 다른 하나를 포기해야 한다고 말할 때, 그것은 삶에 대한 신앙 고백의 일종une espèce de déclaration de foi이다. 인터뷰들은 이런 종류의 고백들을 많이 포함하고 있다. 베이컨은 자신에 대해, 뇌로는 염세주의자cérébralement pessimiste라고, 말하자면 그는 공포들밖에, 세계의 공포들밖에 그릴 것을 거의 보지 못한다고 말한다. 하지만 신경으로는 낙천주의자nerveusement optimiste라고, 이는 가시적 구상 작용은 회화에서는 2차적이고 점점 덜 중요해질 것이기 때문이라고 말한다. (…) 하지만 어떤 점에서 '공포보다 외침을' 선택하고, 광경의 폭력보다 감각의 폭력을 선택하는 걸까? 이는 삶의 신앙 행위un acte de foi vital일까? 보이지 않는 힘들, 장래의 권력들은 이미 거기 있지 않을까? 또한 이것들은 최악의 광경과 심지어 최악의 고통보다 훨씬 더 극복하기 어려운 게 아닐까? 모

든 고기가 그것을 증명하듯, 어떤 점에서는 그렇다. 하지만 다른 점에서는 그렇지 않다. 보이는 몸이 보이지 않는 것의 권력들과 레슬러처럼 맞붙을 때, 이 몸은 그 권력들에게 자신의 가시성 외에는 어떤 것도 주지 않는다. 그리고 바로 이 가시성 안에서 몸은 능동적으로 싸우고 승리 가능성을 긍정한다. 그런데 우리의 힘들을 빼앗고 우리를 단념케 한 광경 한가운데에서 그 권력들이 보이지 않은 채로 남아 있는 한, 승리 가능성은 없었다. 마치 지금은 전투가 가능해지기라도 한 것 같다. 그림자와의 싸움이 유일한 현실적 싸움이다. 보이는 감각이 자신을 조건 지운 보이지 않는 힘과 맞붙을 때, 이 감각은 이 보이지 않는 힘을 이기거나 친구로 만들 수 있는 힘을 끌어낸다. 삶은 죽음에게à 외친다. 하지만 정확히 말해, 죽음은 우리를 쇠약하게 만드는 저 너무도 가시적인 것ce trop-visible이 더 이상 아니다. 죽음은 삶이 탐지해 내고 들춰내고 외침을 통해 보이게 만든 저 보이지 않는 힘이다. 죽음이 판단되는 것은 바로 삶의 관점에서이지, 우리가 쉽게 생각했듯 그 역이 아니다. (…) 그들〔베이컨, 베케트, 카프카〕은 극히 직접적으로 웃을 수 있는 새로운 능력pouvoir을 삶에 주었다. (FBLS 41~42)

이런 식으로 들뢰즈는 감각의 정치화, 미학의 정치화를 수행했습니다. 그리고 예술을 혁명적 실천의 핵심적인 방식으로 삼은 게, 들뢰즈가 세 번째 시기에 택한 전략이었다고 정리할 수 있습니다. 『감각의 논리』에서 들뢰즈는 조금 더 앞으로 나아가지만, 그 부분은 너무 난해해질 우려가 있으므로 이 정도로 줄이겠습니다. 들뢰즈 사상의 세 단계는 시간상으로는 구분되지만 내용상으로는 서로 중첩될 수 있습니다. 일단 이 정도 윤곽을 잡으면 들뢰즈가 일생을 통해 어떤 일을 했는지 그림이 그려지지 않을까 합니다.

3기의 주요 저서 해설

『감각의 논리』 : 예술은 죽음에게 외치며 싸우는 저항이다

1.

1980년 『천 개의 고원』을 출판한 후 들뢰즈의 전략은 '미학의 정치화政治化'로 요약된다. 들뢰즈가 예술 연구에 매진한 것은 무슨 까닭에서일까? 분열분석과 혁명적 실천에서 예술의 고유한 역할은 무엇일까? 또한 프랜시스 베이컨의 회화론을 그 시발점으로 삼은 것은 왜일까? '감각'이란 무엇이며, 감각은 과연 혁명적 역할을 담당하는 걸까? 그렇다면 그것은 어떻게 가능할까?

『안티 오이디푸스』 말미에는 이런 말이 나온다. "예술과 과학은 혁명적 잠재력이 있으며, 단지 그것만이 있다."(AO 454) 심지어 예술은 정신분석의 무의식 개념을 능가한다. "정신의학자들과 정신분석가들보다 로런스, 밀러, 케루악, 버로스, 아르토, 또는 베케트가 분열증에 대해 더 잘 안다 해도, 그게 우리 잘못일까?"(PP 37) 그렇다면 예술은 어떤 혁명적 잠재력을 가지고 있으며, 들뢰즈가 감각에 주목한 것은 어떤 이유에서일까? 한편 감각이란 무엇일까? 왜 베이컨이 출발점일까?

문제의 핵심은 '**로고스**logos, 즉 이성과 논리**에 맞선 아이스테시스**aisthesis, 즉 감각'이다. 언어logos가 놓치는, 언어의 그물을 빠져나가는, 그리하여 언어를 통해서는 없다고 말할 수밖에 없는, 또는 언어에 의해 추방되기만 해온 바로 그것을 감각aisthesis은 포착하고 파악하고 표현한다. 감각된 것αισθητα은 언어로 번역되지 않는다. 예술작품은 제 아무리 많은 설명logos을 들어도 직접 감각하지 않으면 체험하지 못한다. 음악이나 회화를 말로 번역해 전달한들 그 말을 듣고 작품을 느낄 수 없다. 예술작품은 일차적으로 신경계에 직접 전달된다. 이런 점에서 예술은 탁월하게 무의식적인 실천이다.

2.

베이컨은 '추상회화'와 '추상표현주의'라는 두 흐름을 피해 새로운 장을 열었다. 회화가 무의식적 활동이 되는 일차적 방법은 '재현representation', 즉 '구상작용figuration', '삽화illustration', '서사narration'를 피하는 것, '감각 자극적인 것sensational'이나 '진부함cliché'을 피하는 것이다. 이런 것들은 회화에 필연적으로 이야기를 도입하기 때문이다. "이야기가 들어오면, 지루함이 덮친다."(Sylvester 65) 가령 잔혹하거나 선정적인 이미지는 잔혹하거나 선정적인 장면과 이야기로 즉각 우리를 데려간다. 우리는 이미지에 집중하지 못하고, 이미지를 통과해서 이미지가 대리하는represent 어떤 다른 곳에 이른다. 이미지는 재현된 그 무언가에 종속된 채로 머문다. 따라서 **재현은 감각이 아니며 심지어 감각과 반대된다.** "(감각 자극적인 것, 진부함 같은) 재현된 것의 폭력에 감각의 폭력이 대립된다."(FBLS 29) 베이컨은 말한다. "나는 심지어 내가 하는 것을 그다지 해석하지 않는다. (…) 결국 나는 무언가를 **말하려고** 하는 것이 아니라 무언가를 **하려고** 한다."(Sylvester 198)

요컨대, 베이컨은 지능이나 이성적 의식을 경유하지 않고 즉각 신경계에 작용하는 이미지를 요구한다. 이를 위해서는 신경계에 직접 작용하는 이미지를 만들어야 한다. 말하자면 의식과 이성의 해석을 경유하기에 앞서 먼저 효과부터 산출해야 한다. 예술사적으로 보면,

이 시도는 매우 큰 의미가 있다. 이제 예술은 이성과 결별해서 독자적인 기능을 행할 수 있다는 뜻이기 때문이다. 예술이 논리적 설명이나 해석을 경유할 필요가 없어진 것이다. 예술은 그 자체로 직접 효과를 산출할 수 있게 되었다.

비논리적으로, 비이성적으로, 본능적으로, 무의식에 기대 작업한다는 것은 무슨 뜻일까? 도대체 그런 식의 제작poiesis이 가능하기나 할까? 뇌를 거치는 현대회화의 흐름은 '추상회화'로 갔다. 하지만 그것은 너무 논리적이고 이성적이다. 하지만 뇌를 피하는 일에 머문다면? 그것은 아마도 카오스와 파국에 이르리라. 베이컨이 추상회화를 비판하면서 그 반대편에 있는 '추상표현주의' 또는 '비정형informel 미술' 역시도 비판한 까닭이 여기에 있다. 후자는 이미지를 건립하지 못한다. 그려진 이미지는 잘 선별되고 정돈된 것이어야 한다.

베이컨이 작업에서 '우발accident'과 '우연chance'에 의존하고 '본능'과 '영감'과 '무의식'에 기대면서도, '비판 감각critical sense'과 '비평criticism'을 날카롭게 유지하는 것은 바로 그런 이유 때문이다. "이 주어진 형태나 우발적 형태가 당신이 원하는 것 속으로 얼마나 결정화結晶化하는지에 대해서는 비판 감각, 즉 당신 자신의 본능들에 대한 비평만이 붙잡을 수 있다."(Sylvester 102)

3.

이렇게 만들어 낸 잘 정돈된 이미지, 즉 감각은 어떤 기능을 하며 어떤 효과를 생산할까? 베이컨은 우리가 베일 혹은 장막이 쳐진 채 삶을 살아간다고 본다. 예술은 느낌과 감각의 밸브를 열어 줌으로써 구경꾼onlooker에 불과했던 이를 삶으로 더 격렬하게 돌려보내는 힘이 있다. 어떻게 감각은 그런 힘을 가질 수 있는 걸까? 신경계에 직접 전달되는 '사실관계'란 무엇일까? 들뢰즈는 말한다. "괴로워하는 인간은 짐승이며 괴로워하는 짐승은 인간이다. 그것이 생성의 현실이다. 예술, 정치, 종교 또는 그 어떤 분야에서든 혁명적 인간이라면 누구라도 그가 짐승에 지나지 않는 이 극단적 순간을, 죽어 가는 송아지들에 대해서de가 아니라 죽어 가는 송아지들 **앞에서**devant 책임감을 갖게 되는 이 극단적 순간을 느끼지 않았으랴?"(FBLS 21) 베이컨도 말한다. "물론 우리는 고기meat이며, 잠재적 시체potential carcasses이다. 푸줏간에 갈 때마다 생각하는 건데, 동물 대신 내가 거기 있지 않다는 점이 놀랍다."(Sylvester 46) "가장 위대한 예술은 항상 인간 상황의 취약함vulnerability으로 사람을 돌려보낸다."(Sylvester 199)

들뢰즈는 혁명적 인간이라면 누구나 자신이 '고기'에 불과하다는 극단적 순간을 느꼈으리라 단언한다. "괴로워하는 모든 인간은 고기다. 고기는 인간과 짐승의 공통 지대며, 그들의 분간불가능 지대다."(FBLS 21) 그것이 바로 인간과 동물 간의 "**분간불가능 지대, 미결정 지대**", "인간과 동물의 공통 사실"이다.(FBLS 20) 우리를 경악하게 하는 그 보이지 않는 힘의 정체는 바로 '죽음'이다. 베이컨은 이 점을 늘 자각하고 있었다. "나는 이제 사람들이 깨달았다고 생각하는데, 인간은 하나의 우발이고, 인간은 완전히 하찮은 존재이며, 이유 없이 게임game without reason을 해내야만 한다는 것을."(Sylvester 28) 인간 역시도 고기라는 사실, 인간은 반드시 죽는다는 사실, 삶이란 우연에 불과하고 궁극에는 죽음으로 끝나기에 무의미하다는 사실에 베이컨은 경악하며 소리 없는 외침을 내지른다.

4.

하지만 이게 다가 아니다. 고기에서 끝나는 것이 아니고, 더 멀리까지

가야 한다. 들뢰즈는 베이컨의 고기가 향할 최종 지점을 추가한다. "고기-머리, 그것은 인간의 동물-생성이다. 그리고 이 생성 속에서 몸 전체는 빠져나가려는 경향이 있고, 형상形象은 물질적 구조와 재결합하려는 경향이 있다. (…) 너는 이제 앞으로 모래나 풀, 먼지나 물방울 … 에 불과하리라."(FBLS 23, 25)

모든 인간은 죽는다. 고기가 이를 입증한다. 죽음은 최악의 광경과 최악의 고통보다 훨씬 더 극복하기 어렵다. 이 사실은 누구나 알고 있다. 이 점이 뇌, 이성, 의식으로는 우리를 염세적이게 한다. 하지만 베이컨은 광경의 폭력이 아닌 감각의 폭력을 선택한다. 감각의 폭력은 뇌를 넘어 신경계에 직접 작용한다. 거부할 수 없게 작용한다는 점에서 감각은 폭력적이다. 하지만 바로 이 감각의 폭력은 삶을 열어 놓으며 그것을 생기 있고 두텁게 만든다. 감각 덕분에 죽음은 가시적인 것이 되었다. 하지만 이 죽음은 뻔한 가시성이기를, "우리를 쇠약하게 만드는 저 너무도 가시적인 것"이기를 멈추었다. 새로운 죽음은 삶이 탐지하고 들춰내서 보이게 만든 "저 보이지 않는 힘"이다. 그것은 "장래의 힘들"이요 "문을 두드리는 장래의 악마적 권력들", 즉 "시간temps"이다. 삶이 죽음의 관점에서 판단되는 한, 삶은 허무하고 무의미하다. 이것이 뇌의 염세주의를 낳았다. 하지만 죽음이 삶의 관점에서 판단되기 시작하는 순간, 베이컨도 말하듯 "우리가 실존하는 동안 삶에 의미를 부여하는 몇몇 태도들을 창조"할 수 있다. 이것이 신경의 낙천주의다. 죽음은 삶을 가능케 하는 심오한 원천이다. 사실 삶은 이런 점에서 예술 활동과 동의어이다.

5.

예술은 탁월하게 무의식적인 활동이다. 예술은 뇌를 통한 이해를 피하고 신경계에 직접 폭력적으로 작용한다. 감각은 일상적 삶을 송두리째 뒤흔들지만, 사람들은 이것을 피할 수 없다. 의식적 수준에서라면 적당히 베일 뒤에 숨을 수 있겠지만, 베일을 찢고 들어오는 힘들은 직접 신경계를 강타하기 때문이다. 감각은 이런 식으로 무의식적으로 혁명적인 효과를 산출한다. 감각의 실천적 효과는 이중적이다. 윤리적으로는 자신의 삶을 자각하게 되며, 정치적으로는 타인의 삶을 자각시킨다. 그런데 둘 중에서 감각은 정치적 효과와 더 관련된다. 제도 정치라는 의미에서가 아니라면, 정치란 타인의 삶을 강제적으로 변화시키는 활동이다. 그리고 이 변화를 야기하는 데 있어 말보다 감각이 더 강력한 힘을 갖고 있다. 말이 뇌에 호소한다면, 감각은 신경계에 직접 가 닿기 때문이다. 타인도 돌연 자기 삶이 자각된다. 삶이라는 것 자체가 자각된다. 갑자기 무엇을 어떻게 해야 할지 모르는 전면적 무지에 맞닥뜨리게 된다. 그리하여 어떤 식으로든 자기 삶을 만들어 가도록 노력하지 않을 수 없게 된다. 우연히 왔지만 필연적으로 행동해야만 하게 된 사태. 남의 삶을 대신 사는 것도 아니고, 또 대신 살 수도 없다면, 정치적 실천이란 이 정도까지가 극한이 아닐까? 이런 점에서 들뢰즈는 예술의 정치적 잠재력을, 예술 창조와 예술 작품이 그 자체로 정치적인 것임을 단언한다.

들뢰즈가 끼친 영향

마지막으로 들뢰즈의 영향력에 대해 말해 보려고 합니다. 종종 사람들은 들뢰즈가 중요하고 영향력이 크다고 생각했는데, 아직도 미진한 것 같아 의외라고 말합니다. 푸코의 말을 시작점으로 삼아서 이 문제를 살펴보겠습니다. 1970년에 들뢰즈의 『차이와 반복』 및 『의미의 논리』에 대한 서평을 푸코는 「철학 극장」이라는 제목으로 발표합니다. 그 글에서 푸코는 "아마도 언젠가 세기는 들뢰즈의 것이 되리라 Unjour, peut-être, le siècle sera deleuzien"라는 유명한 구절을 남깁니다. 이 구절은 종종 '다음 시대는 들뢰즈의 시대가 되리라'라는 예언적인 말로 이해되었고, 들뢰즈의 책 뒤표지를 장식하는 광고 문구로 널리 통용되었습니다. 그런데 푸코는 『성의 역사』 제1권의 일본어 번역자 와다나베와 대담(「철학의 장면」, 1978)하면서 그 문구의 의미가 오해된 점이 있다면서 자세히 설명합니다. 당시 프랑스의 사상적 풍토에서는 들뢰즈를 아는 사람이 별로 없었습니다. 그래서 푸코는, 몇몇은 당시에도 이미 들뢰즈의 중요성을 이해하고 있었지만, 아마도 언젠가 '들뢰즈의 세기'가 될 날이 오리라는 말을 했던 것입니다. 기독교적 의미의 '세기'라는 용어는, 당대 엘리트에게 맞서서 쓴 공통 의견으로, 철학자로서 들뢰즈의 중요성을 조금도 훼손하지 않겠지만, 사실 조롱하듯 사용한 말이었습니다. 심지어 당시에는 학생들이 모리스 블랑쇼라는 이름을 듣고도 '그 사람이 누구예요?' 하고 묻던 시절이었습니다. 따라서 푸코의 진의는, 들뢰즈는 이미 중요한데, 분명히 너도나도 다 들뢰즈 얘기를 하는 시대가 올 것이다, 그런 뜻으로 말했다는 겁니다. 그러나 푸코처럼 영민한 사람이 들뢰즈 글의 난해함을 몰랐을 리 없죠. 결국 푸코는 들뢰즈가 한동안 이름만으로 소비되는 사상가가 될 것이라고 예언한 셈입니다. 다음 세기가 들뢰즈의 세기가 될 거라고 말했지만, 정작 들뢰즈 철학의 진짜 힘과 중요성은, 마치 니체가 자기가 죽은 지 200년은 지나야 이해되기 시작할 것이라고 한 것과 같은 맥락에서, 오랜 시간이 지나야 이해되리라고 보았던 것 같습니다.

이런 진단은 여전히 유효한 것 같습니다. 들뢰즈가 죽은 지 삼십 년 정도 지났지만, 아직 그 영향력이 드러나려면 시간이 더 필요합니다. 들뢰즈의 책과 강의와 편지는 거의 공개되었습니다. 특히 강의나 편지는 책보다 훨씬 쉬운데, 이것들이 좀 더 유통되고 연구되면서 학자들이 집단으로 교정할 시간이 필요한 듯합니다. 시간이 더 흘러야 들뢰즈가 어떤 이야기를 했는지 알맹이가 드러날 것입니다. 특히 프랑스어로 들뢰즈를 접하지 않은 사람들은 그에 대해 아주 오해하기 쉽습니다. 영어 번역만으로 들뢰즈를 읽을 경우, 조금 과장해서 말하면 읽을 수조차 없습니다. 두 가지만 예로 들겠습니다.

『안티 오이디푸스』에서 가장 중요한 개념의 하나인 '억압'을 먼저 살펴보죠. 이 개념에 대응하는 프랑스어는 두 가지로 명확하게 구별됩니다. 하나는 '레프레시옹repression'이고, 다른 하나는 '르풀르망refoulement'입니다. 전자는 의식적 차원의 억압이고 후자는 무의식적 차원의 억압입니다. 그런데 영어본을 보면, 전자를 '소셜 리프레션social repression', 후자를 '사이킥 리프레션psychic repression'으로 번역했습니다. 이러면 일단 원뜻과 어긋나게 됩니다. 그런데 들뢰즈와 과타리는 한 걸음 더 나아가서 훨씬 중요한 구별을 합니다. 르풀르망을 존재론적 차원과 심리적 차원 두 가지로 세분하는 것입니다. 말하자면 '존재론적인 무의식적 억압'과 '심리적인 무의식적 억압'을 구별합니다. 그리고 이 세 개념의 세밀한 구별이 책 전체에 걸쳐 아주 큰 역할을 합니다. 그런데 영어로 읽으면 그런 구별이 전혀 안 됩니다. 억압 이론이 전혀 이해될 수 없어요. 들뢰즈와 과타리에게 중요한 것은 '심리적인 무의식적 억압'이 사람들에게 '사회적 억압'을 바라도록 만든다는 겁니다. 하지만 '심리적인 무의식적 억압'은 어디서 비롯되는 걸까요? 그 답이 바로 '존재론적 무의식적 억압'입니다. 말하자면 억압은 일차적으로는 존재 차원에서 일어나는 일이라는 거죠. 세 억압의 관계를 여기서 자세히 설명할 수는 없지만, '사회적 억압'의 원인을 제대로 해명하려는 것이 억압 이론의 취지였다는 점은 기억하고 가는 것이 좋겠습니다.

또 다른 예로 '언어'라는 개념을 살펴보죠. 프랑스어에는 영어의 '랭귀지language'에 상응하는 말이 두 가지 있습니다. 하나는 '랑그langue'이고, 하나는 '랑가주langage'입니다. 들뢰즈와 과타리는 이 둘을 엄밀하게 구별해서 씁니다. 전자는 소쉬르와 촘스키가 염두에 두면서 분석하는 '언어' 개념으로, 정신분석에서도 중요하게 활용됩니다. 후자는 특히 옐름슬레우가 대상으로 삼는 개념으로 한국어로는 '언어활동'에 더 가깝습니다. 들뢰즈와 과타리는 전자(언어)를 추상적이라 비판하고 후자(언어활동)를 현실적인 진짜 언어로서 분석합니다. 한 문단에서도 '랑그'와 '랑가주'가 계속 변별되는데, 영어로 보면 온통 '랭귀지'뿐이에요. 그러니 들뢰즈의 언어 이론도 '메롱~!'인 것입니다. 이런 상황인데도 그 오역을 받아서 해설을 씁니다. 점입가경이지요. 요즘 젊은 영어권 학자들은 프랑스어를 다 해요. 그래서 시간이 좀 필요하다는 것입니다. 한국 사정도 크게 다르지 않죠. 그나마 들뢰즈를 잘 활용하는 건 예술 작업을 하는 사람인 것 같습니다. 예술 이론가나 비평가 말고 창작자요. 예술가들은 들뢰즈에서 많은 걸 느껴요. 그대로 자기 작품하고 연결합니다. 아주 흥미로운 일입니다.

하나만 더 이야기하겠습니다. 들뢰즈를 읽다 보면, 뜬금없이 시간 이야기가 많이 나옵니다. 가령, 프랜시스 베이컨의 회화를 말하면서도 시간 이야기를 합니다. 이어서 했던 작업인 영화에 대한 탐구 역시 시간 탐구의 일환입니다. 어떤 점에서는 『니체와 철학』에서부터 시간은 들뢰즈의 핵심 주제 중 하나였습니다. 거의 모든 저술에 시간 이야기가 나오니까요. 어쩌다 불쑥, 이야기를 던지기 때문에 이 문제를 따라가기는 상당히 힘듭니다. 그런데 들뢰즈를 이해할 때 시간의 흐름, 이것을 이해하는 건 무척이나 중요합니다.

시간은 흐릅니다. 아니, 흐른다는 표현은 시간에 대한 정확한 진술이 아닐 수도 있습니다. 이 점은 차치하고, 아무튼 시간은 되돌릴 수 없습니다. 일어난 일은 되돌릴 수 없습니다. 셰익스피어의 『맥베스』에 "일어난 일은 돌이킬 수 없다What is done cannot be undone"라는 말이 나옵니다. 시간은 한 방향으로만 진행한다는 뜻입니다. 그리고 이유는 알 수 없지만, 계속 새로운 미래가 옵니다. 시간과 관련된 이 두 가지 사실을 누구도 부정할 수 없습니다. 따라서 이 사실을 생각의 전제로 삼아야 합니다. 들뢰즈 철학의 첫 출발점이라고 이야기해도 좋습니다. 만약 누군가가 시간이 왜 흘러가느냐고 물으면, 그 이유를 설명하기는 대단히 어렵습니다. 아니, 설명할 수 없습니다. 미래가 계속 새롭게 도래해서 현재를 밀어낸다, 또는 현재 위에 덮친다 등과 같이 여러 가지로 표현할 수 있습니다. 표현이야 어쨌든 간에, 이런 일이 일어난다는 사실만은 틀림없습니다. 이에 대한 전반적 탐구가 들뢰즈 시간론의 핵심입니다. 초시간적 관점에서, 즉 시간의 문제를 고려하지 않으면서, 들뢰즈의 진술들을 이해하려고 하면 잘못될 수밖에 없습니다. 대표적으로 '차이'라는 말을 살펴보죠.

차이는 최소한 둘 이상의 무엇 사이에서 나타나는 현상입니다. 그런데 차이는 시간이 흘러가면 당연히 계속 생깁니다. 이 차이가 바로 들뢰즈가 가장 우선적으로 고려하는 차이입니다. 시간의 흐름과 차이는 사실상 같은 말입니다. 우주 전체는 단 한 순간도 쉬지 않고 자기 변화를 겪고 있습니다. 우주의 이런 자기 변화를 시간이라고 부를 수도 있고, 차이라고 부를 수도 있습니다. 그렇게 해서 생겨난 것들, 우주 속에 있는 부분들, 또는 더 정확히는 우주의 한 부분들은, 시간을 멈춘다면 비교할 수 있습니다. 변치 않는 어느 공간에 늘어놓고 비교해 보는 거지요. 그러나 동시에 우주 전체의 변화라는 맥락에서 차이의 발생을 이해할 수 있어야 합니다. 이럴 때 가장 먼저 고려해야 할 것은, 우주 전체가 동시에 함께 매 순간 계속 변한다, 즉 차이가 발생한다는 사실입니다. 이것을 바로 '차이의 반복'이라고 합니다. 차이의 반복이란 새로운 미래가 계속 도래한다는 뜻입니다. 그 이유는 좀처럼 알 수 없습니다. 하지만 미래가 도래하면서 무슨 일이 벌어지는가는 약간 알 수 있죠. 여기에서 공간적 차이는 부차적이고 파생적입니다. 우리는 흔히 공간적 차이를 차이라고 생각합니다. 모양의 차이, 장소의 차이, 성질의 차이 등, 이런 것들은 모두 기하학적 차이라고 할 수 있습니다. 물론 이 차이는 시간적 차이의 파생물이죠. 시간적 차이를 더 세분해서 고려할 수도 있습니다. 이른바 과거, 현재, 미래가 무엇인지 탐구하는 것입니다. 그런데 훨씬 중요한 것이 있습니다. 바로 시간을 이해하는 또 다른 범주로 순간과 영원을 고려하는 것입니다. 다른 한편, 지속이라는 관점도 고려 대상이지요.

이렇게 여섯 가지 개념을 함께 고려해야 들뢰즈의 시간론이 완성되고, 들뢰즈 철학 전체가 내적으로 체계적이고 정합적으로 이해됩니다. 통상적인 과거-현재-미래만 생각해서, 그것을 시간의 전부라고 여기면 들뢰즈가 말하는 걸 알 수가 없습니다. 시간이 계속 흐른다, 미래가 계속 온다, 오는 데 우연히 온다, 예측 불가능한 방식으로 온다는 사실만 기억해도 들뢰즈를 읽을 때 많은 도움이 됩니다.

요약하면 이렇습니다. 일어난 일은 돌이킬 수 없어요, 그것은 필연입니다. 앞으로 어떤 일이 올지는 모릅니다. 우연이 필연을 생산하는 겁니다. 우주가 존재하는 방식은 그렇습니다. 따라서 이미 일어난 일에 대해서는 아무리 징징거려도 소용없습니다. 이건 무조건 받아들일 수밖에 없습니다. 그러나 미래는 항상 열려 있습니다. 어떤 일이 어떤 형태로 확정될지 모르기 때문에, 한편으로 완전히 닫혀 있지만 다른 한편으로는 완전히 열려 있는 것입니다. 우주의 존재 방식이 생성입니다. 생성은 끊임없이 차이가 생겨나는 과정입니다. 쩨쩨하게 생성을 인간 수준에서 보려 해서는 안 됩니다. 우주 전체가 어떤 원리에 따라서 작동하는지를 알고, 인간이 바라는 것과 그 작동이 부합할 수 있는지를 확인하고, 부합할 수 있다면 어떻게 해야 더 부합할 수 있을지를 찾는 식으로 가야 합니다.

세 번째 강의

들뢰즈 철학과 실천의 문제

한국 사회에서 좌파는 들뢰즈 철학과 적극적으로 연계되고 있지 않는 것 같습니다. 그런 현상은 분명합니다. 이 강의에서 다루는 좌파라는 명칭을 어떻게 규정해야 할지는 명확하지 않지만, 극우 보수 쪽에서 말하는 좌파를 가리키는 건 아닙니다. 개념적으로는 분명하지 않지만, 스스로 좌파라고 칭하는 사람들, 가령, 사회 변혁과 정의에 관심이 있다든지, 행동으로 그리고 언어로 어떤 사태에 적극적으로 뛰어드는 사람들, 정치 활동의 일부로 좌파 정당에서 활동하거나 그런 활동에 관심이 많은 사람들, 사회적 약자를 위하려고 노력하는 사람들 등을 통틀어서 부르는 말입니다. 이런 사람들을 '좌파'라고 할 수 있을 텐데, 이들이 들뢰즈를 자신 앞에 내세우는 경우는 드물다고 생각합니다. 오히려 한국의 자칭 좌파들한테 들뢰즈의 철학은 후기 자본주의 이데올로기라고 이야기되는 경우까지 보았습니다. 여하튼 좌파에게 들뢰즈는 무언가 꺼림칙한 것 같습니다. 그 이유가 무엇인지 저 역시 궁금했습니다. 이 강의를 준비하면서 이 문제를 깊게 생각해 봐야겠다고 마음먹었습니다.

들뢰즈 스스로가 '좌파'라는 개념을 정의한 것으로부터 논의를 시작하겠습니다. 1988년에 있었던 한 인터뷰에서 들뢰즈는 나름대로 좌파가 무엇인지를 규정합니다. 들뢰즈는 좌파를 주소 체계와 관련해서 중심을 어디에 두느냐 하는 문제로 전환하는데, 요컨대 자기를 우선으로 놓는 자는 좌파에 반대되고, 자기를 가장 후순위로 놓는 자가 좌파라는 것입니다. 우편 주소 체계를 볼까요. 프랑스를 비롯해서 서양 대부분이 주소를 쓸 때 우리와는 반대로 씁니다. 제 주소를 예로 들어보죠. 우리나라에서는 충청남도 홍성군 무슨면 무슨 리 몇 번지, 그 다음에 자기 이름을 씁니다. 서구인들은 반대죠. 자기 이름이 가장 먼저 나오고, 몇 번지, 그다음에 거리가, 그다음에 시나 도가 오는 식입니다. 의아하게도 들뢰즈는 일본을 사례로 듭니다. 물론 일본도 우리와 주소 체계가 같습니다. 일본을 예로 드니까 인터뷰하던 사람이 깜짝 놀라는데, 일본이 무슨 좌파냐는 뜻이었죠. 그런데 들뢰즈는 일본도, 심지어 유럽이나 북미 중심으로 봤을 때는 변방이라고 말합니다. 좌파란 자기 자리를 지정하는 방식과 관련됩니다. 자기를 가장 나중에 놓는 자, 우주에서부터 점차 좁혀 오면서 마침내 자신에 이르는 자가 좌파라는 것입니다. 아주 독특하죠?

먼 곳에서부터 자기 쪽으로 향하는 방향이라고 할 때, '먼 곳'이란 뭐냐? 그건 우주입니다. 우주에서 시작해 나로 향하는 방향을 떠올리라는 것입니다. 존재를 설명할 때는 우주의 운행에서 시작해서, 가까이 있는 사람들, 그리고 나에게까지 이르는 순서로 진행해야 합니다. 나의 생각은 그런 과정의 최종 결과 혹은 최종 부산물로서 형성되는 것입니다. 지금 반소매 티셔츠를 입고 있다면, 여름이기 때문입니다. 태양이 우리를 특정하게 행동하고 생각하게 하는 결정적 원인입니다. 이건 생태학적 사고입니다. 생태학은 과타리가 많이 발전시켰지만, 들뢰즈도 함께 작업했습니다. 그레고리 베이트슨이 『정신 생태학』을 썼는데, 『천 개의 고원』의 '고원' 개념이 바로 이 책에서 유래했습니다. 들뢰즈에게 좌파적 사고란 생태학적 접근이라고 말할 수 있습니다.

그런데 보통은 이런 방식으로 좌파를 규정하지 않습니다. 일반적으로는 마르크스가 아무래도 중심에 놓입니다. 마르크스에 대한 태도나 수용 정도 여부, 이것이 좌파를 규정하는 데 상당히 큰 비중을 차지합니다. 반드시 마르크스가 아니더라도 마르크스로부터 유래해서 갈라진 여러 사상적 계통이 있죠. 레닌도 있고, 트로츠키도 있고, 독일의 프랑크푸르트학파도 있고, 중국의 마오쩌둥도 있습니다. 아래로 더 내려오면 프랑스의 사르트르나 알튀세르, 이탈리아의 그람시나 베트남의 공산당, 또는 남미의 해방신학 등 갈래는 많습니다. 아무튼 주로 이런 종류의 생각들을 자기 이론과 실천의 중심에 놓을 때 좌파라고 합니다. 제 생각에는, 조금 편견일지 몰라도, 이런 식으로 규정했을 때의 좌파는 들뢰즈를 적극적으로 수용하거나 포용하기보다 다소 밀쳐 내는 경향을 보입니다. 어느 정도 거리를 벌리려 합니다. 때로는 들뢰즈의 어떤 측면들을 선별적으로 수용하는데, 그 선별적인 부분은 들뢰즈 사상을 수용했다기보다는 기존에 자신이 기대었던 사상에 어울리는 파편적인 부분을 들뢰즈라는 이름에서 찾아냈을 뿐이라는 의혹이 듭니다.

왜 이런 일이 일어났을까요? 좌파들이 들뢰즈를 꺼린다기보다 어쩌면 들뢰즈를 잘 몰라서 그런 것은 아닐까 싶습니다. 좌파들이 들뢰즈를 잘 알면(물론 들뢰즈의 말이 알아듣기 어렵긴 하죠), 꺼려지는 사상가가 아니라 끌리는 사상가로서 들뢰즈가 평가될 수 있지 않을까 하는 생각이 듭니다. 하지만 좌파가 들뢰즈를 꺼리는 이유나 동기나 심리를 분석하는 건 큰 의미가 없습니다. 오히려 들뢰즈에 대해 좌파가 잘 모르는 핵심 부분, 좌파가 공유하는 어떤 사상과 들뢰즈가 양립하기 힘든 지점 등을 찾아보면 오히려 모양이 잘 그려지지 않을까 합니다. 그래서 그 부분을 중심으로 좌파와 들뢰즈의 변별 지점, 좌파가 들뢰즈를 알 수도 있는 지점, 어려워서 잘 모르는 지점들을 드러내 보고 싶습니다.

들뢰즈는 어쩌면 동서고금을 막론하고 인류 역사에서 가장 훌륭한 통찰력과 탁월한 문장력을 갖춘 사람 중 하나입니다. 심지어 성인이라 불리는 이들과 견줘도, 제 생각에는, 그다지 밀리지 않는 것 같습니다(웃음). 공자나 석가모니 같은 분들도 어떤 점에선 들뢰즈에 못 미치는 지점이 있다고까지 생각합니다. 물론 시대적인 차이도 중요합니다. 공자나 석가모니는 자본주의 시대를 살지 않았죠. 오늘날의 유용성 면에서 보면 들뢰즈가 훨씬 더 보탬이 될 수 있습니다. 들뢰즈 '빠'여서만은 아닙니다. 그보다 들뢰즈 사상에는 사람들을 빠져들게 할 만큼 탁월하고 매력적인 면모가 있기 때문에 이런 말을 하는 것입니다.

들뢰즈가 가진 강점부터 살펴보겠습니다. 들뢰즈는 자기 생각을 가장 치밀하고 일관되게 끝까지 밀고 나갔습니다. 생각의 논리적 일관성은 당연하고요, 더 중요하게는 생각의 물리적 견고성을 끝까지 유지했습니다. 예를 들면, 들뢰즈가 잘 쓰는 표현 중 하나가 콩시스탕스consistance, 영어로는 컨시스턴시consistency입니다. 이 말은 콘시스트con-sist, 즉 함께 공고히 다져진 어떤 것을 가리킵니다. 이 말을 『천 개의 고원』을 번역할 때는 '잘 다져진 땅' 같은 느낌으로 '고름'이라고 옮겼는데, 『안티 오이디푸스』에서는 한두 번밖에 등장하지 않지만 '공속共屬, 한데 속함'이라고 옮겼습니다. 잘 다져져 하나로 뭉뚱그려진 어떤 것을 가리킵니다. 이 개념을 생각 차원에서 가장 잘 구현한 사람 중 하나가 들뢰즈입니다.

철학의 여러 분과 중 가장 중요한 것은 존재론, 인간학, 실천철학입니다. 이 셋을 얼마나 수미일관하게 그리고 견고하게 조립했는가가 철학의 관건입니다. 그 밖에도 논리학, 인식론, 미학 등 다른 분과도 들뢰즈한테는 있습니다만, 이에 대한 논의는 다른 곳으로 미루기로 하고, 이 자리에서는 들뢰즈가 존재론을 얼마나 잘 구축했는지, 그에 따른 인간 이해는 과연 적합한지, 끝으로 그걸 바탕으로 해서 인간이 무엇을 할 수 있는지, 이런 점들에 초점을 맞추려 합니다. 세계는 어떠한가, 인간은 어떠한가, 인간은 무엇을 어떻게 할 수 있는가, 이걸 잘 짜 놓는 게 '좌파'라는 토픽의 가장 중심에 있다고 봅니다. 이 세 가지를 논하면서, 기존 좌파가 결여하고 있는 면 또는 빠져 있는 덫이 무엇인지도 함께 살펴보고 싶습니다.

유물론적 존재론이란 무엇인가

먼저 존재론부터 이야기해 보죠. 들뢰즈는 유물론적 존재론을 주장합니다. 정통 마르크스주의자 또는 마르크스 진영에 속해 있는 많은 이들이 들뢰즈가 어째서 유물론자냐 하는 의문을 제기할지 모르겠습니다. 그런데 그런 의문에는 전혀 근거가 없는 것 같습니다. 들뢰즈가 이상한 얘기를 많이 하니까, 개념들이 이상야릇하니까, 이 사람은 분명히 유물론자가 아닐 거다, 하는 식의 심증 말고, 실질적인 근거는 없는 것 같습니다.

존재론ontology은 존재하는 것에 대한 이론 또는 존재하는 것들에 대한 체계 구성이라고 말할 수 있습니다. 존재라는 건 가장 쉬운 의미에서 있는 것들(있다가 없어지는 것들까지 포함해서)을 가리킵니다. 존재론을 다른 말로 '형이상학'이라고 부르기도 합니다. 그 말의 유래를 살펴보면 '형이상학'은 '메타피직métaphysique'을 번역한 말입니다. 본래 '피직physique' '다음에meta'라는 뜻입니다. 물론 '메타'라는 말은 '넘어'를 뜻하기도 하기에 '피직' '넘어'라고 이해할 수도 있습니다. 그래서 형이상학이란 말에는 두 가지 뜻이 있습니다. '피직 다음에'와 '피직 넘어'가 그것입니다. 그렇다면 피직이란 뭘까요? 그것은 자연 세계에 대한 앎을 가리킵니다. 오늘날로 말하자면, 자연과학natural science에 해당합니다. 사이언스라는 말은 라틴어 스키엔티아scientia에서 왔는데, 이 말은 '앎'이라는 뜻입니다. '자연과학'은 자연과 우주에 대한 앎을 가리킵니다. 자연에 대한 앎은 양적으로 늘어나는 중입니다. 하지만 우리의 앎에는 한계가 있기 때문에, 자연에 대한 앎은 얼마간은 엉성합니다. 세계를 다 알려주지 못하니까요. 그래서 엉성한 부분을 메우려는 시도가 생겨납니다. 자연에 대한 앎 바깥에 있는 것까지 아우르기는 하지만 지금까지 우리가 아는 것과 모순되지 않도록 그 바깥의 세계를 통합적으로 그려 보는 겁니다. 어찌 보면 앎의 빈틈을 추정해 보는 일이라고 할 수 있습니다. 이처럼 하나의 일관된 체계를 만드는 것 또는 탄탄한 체계를 만드는 작업에 붙은 이름이 '메타피직'입니다. 자연을 철저히 탐구한 후에 아직 할 말이 있다면, 메타피직이 그 일을 하는 겁니다. 자연을 넘어서 있는 초월 세계를 이야기하자는 게 아닙니다. 우리가 아는 세계가 아직 많지 않아서 잘 모르지만, 그래도 그 앎과 어긋나지 않으면서 할 수 있는 이야기들을 다 해보자는 말입니다. 지금까지 아는 우주가 아니라 그것을 포함하는 우주 전체는 어떠어떠하다는 발언을 해볼 수 있다는 뜻입니다. 적어도 들뢰즈에게 형이상학은 그런 뜻입니다. 한마디로 말하자면, 존재론은 우주에 대한 가설입니다. 가설이라고 쉽게 폐기할 수 있는 것은 아닙니다. 어떤 가설은 상당히 그럴듯하게 지탱되니까요. 과학 역시 가설입니다. 100퍼센트의 사실이라고 주장하는 게 아니라 지금까지는(이 단서가 아주 중요한데요) 가장 완벽하다, 지탱할 만하다, 믿을 만하다, 등의 형태로 과학적 앎이 구성되기 때문입니다. 자연과학 지식에 위배되지 않으면서 할 수 있는 체계적이고 정합적인 이야기가 존재론입니다.

이런 식의 존재론에 유물론적이라는 말을 붙이는 까닭은 무엇일까요? 존재론을 이야기할 때 우리가 당연히 전제해야 할 중요한 사실이 한두 가지 있습니다. 우리 우주는 빅뱅과 더불어 생겨났다는 점이 하나의 중요한 출발점입니다. 또 다른 하나는 분자생물학으로 집약할 수 있는 진화론입니다. 생명은 없었던 때가 있었습니다. 빅뱅 때 생명이 있었느냐? 없었습니다. 따라서 우주와 생명의 진화가 존재론에 전제되어야 합니다. 우주에 대한 설명은 상대성 이론과 양자역학이 제공하고, 생명에 대한 설명은 진화론이 제공합니다. 존재론은 우주가 생명의 단계까지, 그리고 인간의 단계까지 진화해 왔다는 사실에서 출발해야 합니다. 태초의 우주에는 존재하는 게 거의 없었습니다. 수소와 헬륨 같은 가벼운 입자들에서 중력 작용으로 별이 생성됩니다. 별 내부에선 핵융합반응이 일어나 무거운 원자들이 생겨났고, 수명이 다한 별이 폭발하면서 우주 공간 사방으로 흩어집니다. 지구에 있는 무거운 원자들은 거의 다 우주에서 온 것들입니다. 그것들이 지구의 재료이고 생물의 재료입니다. 인간도 마찬가지로 별의 잔해로 이루어져 있습니다. 인간 사회도 나름의 진화를 거치면서 현재에 이르렀지요. 무릇 존재론은 우주와 생명과 인간 사회의 진화를 고려해야 하며, 암흑 물질과 암흑에너지 같은 미지의 우주까지도 고려하면서 구성되어야 합니다.

여기까지가 발생 순서에 따른 접근입니다. 이제 발견 순서를 따라가 보겠습니다. 인간은 언제나 사회 속에서 살아갑니다. 초기 인류를 고려해 볼 때, 인간은 출발에서부터 합심하고 협력해야 살아남을 수 있었습니다. 처음부터 인간은 사회적 존재였습니다. 사회 밖의 인간을 가정하는 건 진화의 관점에서 불가능합니다. 진화의 단위는 개체군이니까요. 인간은 사회의 극한까지만 알 수 있습니다. 수학에서 쓰는 '극한'이라는 개념을 떠올리면 됩니다. 이를 수는 없지만 거기까지 계속 근접하려는 것이죠. 들뢰즈는 미적분을 굉장히 많이 활용하는 편입니다. 극한이라는 개념도 그렇게 이해하면 됩니다.

오늘날 인간 사회의 극한은 보이저가 태양계를 막 벗어났다고 할 때 그 지점까지입니다. 아니 인간이 관측하는 범위까지의 우주라고 말하는 게 더 정확할지도 모르겠습니다. 그 극한은 닫힌 게 아니라 또 다시 확장될 수 있습니다. 따라서 사회의 극한은 그때그때 유동적입니다. 2500년 전에 인간 사회가 알던 것들과 지금 우리가 아는 것들은 다르죠. 사회가 지닌 앎 전반이 확장되고 교정되었으니까요. 우주와 자연에 대한 앎 역시 그 사회의 앎에 해당합니다. 아리스토텔레스가 인간 규모의 지각을 통해 안 것들, 과학혁명 이래 인간이 안 것들, 상대성 이론과 양자역학 이래로 인간이 안 것들은 각각 일정한 단절과 확장을 포함합니다. 말하자면 우주 자신은 바뀌지 않았더라도 인간이 아는 우주는 달라졌습니다. 바로 그런 식으로 얻은 앎이 자연과학의 앎입니다. 따라서 자연과학의 앎은 인간 사회의 앎의 일부입니다. 어쨌든 그렇게 해서 우리가 아는 것들을 다 아우르고도 여전히 모르는 게 많고 빈틈이 많습니다. 하지만 그에 대해 적합하게 추정하고 가설을 세우는 작업은 가능합니다. 존재론은 바로 그렇게 만들어집니다. 존재론은 인간 사회의 앎의 극한에서 구성됩니다. 시대에 따라 존재론이 다르게 구성되는 것도 이런 까닭입니다. 사회의 앎으로서의 자연과학이 가장 앞서고, 거기에 바탕을 두고 빈틈을 채워 우주 전체에 대한 존재론이 정합적으로 구성되고, 그런 식으로 가정된 우주의 구조에 따라 어떻게 행동할 수 있고 행동해야 하는지를 도출해 실천철학을 제시합니다. 유물론적 존재론은 이와 같이 사고합니다.

관념론은 어떨까요? (첫 번째 강의에서부터 말했지만) 관념론은 세계가 어떠한지에 대해 별 관심이 없습니다. 따라서 관념론에서는 실천철학이 도출될 수 없다고 봅니다. 가령, 하이데거나 사르트르는 결단을 이야기합니다. 그런데 결단이 과연 인간에게 가능한지는 입증하지 않고 그냥 전제할 뿐입니다. 인간에게는 자유의지가 있으니까, 결단을 내림에 있어서 이렇게 할 수도 있고 저렇게 할 수도 있다고 믿을 수 있습니다. 하지만 현대 과학은 인간한테 그런 종류의 자유의지가 없다는 점을 실험적으로 입증했습니다. 1983년에 있었던 벤자민 리벳의 실험은 이와 관련해서 아주 유명합니다. 인간이 의사 결정을 내렸다고 의식적으로 자각하기 약 0.5초 전에 뇌가 이미 활성화되어 있었다는 겁니다. 최근에는 인간이 의사 결정을 내렸다고 의식하기 몇 초 전에 이미 뇌가 활성화된다는 실험도 보고됩니다. 자연과학은 인간의 자유의지에 대한 '느낌'은 인정하지만 자유의지 '그 자체'는 부정합니다. 이런 실험들이 알려주는 내용이 맞는지 틀리는지를 떠나서, 인간이 경험적으로 자유의지가 있다고 믿는 것과 실제로 자유의지가 있는 것은 별개의 문제입니다. 하이데거나 사르트르 등 현상학자들이 객관적으로 입증되지 않은 것을 전제로, 행동에 대한 어떤 지침을 제시하는 것 자체가 이치에 닿지 않는 것입니다.

들뢰즈는 본래 사르트르의 '광팬'이었습니다. 1943년 『존재와 무』가 출간되었을 때, 들뢰즈가 좋아서 환장했다고 절친 미셸 투르니에는 회고합니다. 한때 들뢰즈는 사르트르를 신봉하면서 시대의 스승으로 생각했습니다. 그런데 결국 사르트르와 사상적으로 결별합니다. 현상학 탓입니다. 사르트르는 여전히 현상학적이라는 게 가장 중요한 이유였습니다. 공식 저술 목록에서는 들뢰즈가 배제했지만, 타계 20

주년을 맞아 출간된 유고 및 편지 모음집에 수록된 1945년의 글에서 들뢰즈는 사상적으로 사르트르와 결별했다고 언급합니다. 사르트르는 실천적인 지식인의 대표 주자로 꼽히고, 앙가주망, 즉 지식인의 현실 참여를 앞장서서 행했습니다. 그러나 그런 사르트르의 출발점이 현상학, 즉 의식과 자유의지를 중시하는 입장이었기 때문에 들뢰즈는 그를 버립니다.

들뢰즈는 최초의 유물론자로 루크레티우스를 꼽습니다. 루크레티우스는 에피쿠로스의 사상을 라틴어 시로 번역해서 소개했습니다. 두 사람의 이름은 동의어나 다름없습니다. 에피쿠로스의 사상이 후대에 전수되는 경로가 루크레티우스이기 때문입니다. 그래서 루크레티우스-에피쿠로스가 최초의 유물론자라고 들뢰즈는 말합니다. 들뢰즈는 1962년에 『니체와 철학』을 출간하는데, 그 전 해인 1961년에 「루크레티우스와 자연주의」라는 논문을 발표합니다. 루크레티우스의 자연주의(또는 유물론)를 다루고 있는, 아주 중요한 글입니다. 나중에 『의미의 논리』에 부록으로 들어가지만 바뀐 부분이 아주 많기 때문에, 처음 발표된 글을 참조하는 게 좋습니다.

들뢰즈가 루크레티우스의 존재론에 주목한 까닭은 실천을 위한 토대를 마련하고 싶었기 때문입니다. 인간은 자연 존재이기 때문에 자연을 잘못 알면 실천에서도 헛발질을 할 수밖에 없습니다. 그래서 실천을 위한 토대, 바탕, 디딤돌로 자연에 대한 앎이 필요하며, 이것이 바로 자연주의, 즉 존재론이 탐구되었던 이유라고 말합니다. 그런데 들뢰즈는 그 자연주의 실천이 아니었다면, 실천이라는 목표가 아니었다면 존재론이 제대로 구성될 수 없었을 거라고 부연해서 말합니다. 들뢰즈는 존재론과 실천철학 간의 보완 관계를 강조하는데, 그걸 최초로 이룬 사람이 바로 고대 원자론자인 루크레티우스였다는 것입니다. 존재론과 실천철학의 상보성은 들뢰즈 사상에서도 똑같이 이야기할 수 있습니다.

유물론적 존재론 또는 루크레티우스의 철학은 크게 두 적을 상대로 전개됩니다. 이 글은 짧지만 철학적 지식과 논쟁점을 응축해서 담고 있기 때문에 굉장히 어렵습니다. 핵심만 간략히 말씀드리죠. 루크레티우스의 철학은 종교와 언어, 두 가지를 공격합니다. 신, 즉 초월성 없이 자연에 대한 이론을 구성하는 게 하나의 목표이고, 관념론 또는 인간 언어를 극복하는 게 또 다른 목표입니다.

후자부터 먼저 이야기하겠습니다. 이 문제는 고대 희랍어가 가진 어떤 특성에서 비롯됩니다. 고대 희랍어에서 에이나이einai 동사의 3인칭 단수는 에스티esti입니다. 영어로는 이즈is입니다. 이 말은 세 가지 뜻을 동시에 지니고 있습니다. '동시에'라는 점이 중요합니다. 먼저 '있다, 존재하다'라는 뜻이 있습니다. 이를 '존재사存在辭, existential'라고 합니다. 두 번째로는 우리말 '이다'라는 뜻이 있습니다. 이를 '계사繫辭, copula'라고 합니다. 이는 주어에 어떤 성질을 귀속하는 방식으로 사용되며, '술어적predicative' 용법이라고 부릅니다. 세 번째가 중요합니다. 세 번째는 '진리사眞理, veridical'라고 하는데, 어떤 사태가 진실이다, 참이다, 하는 뜻을 지닙니다. 그런데 문제는 세 가지 뜻이 일상어 에이나이 동사에 들어 있었다는 데서 비롯합니다. 첫 번째 강의에서 말씀드렸듯이 아리스토텔레스는 에이나이 동사의 용법을 분류하여 '범주'라고 불렀습니다.

'말'에 대한 분석을 최초로 의미 있게 한 사람은 파르메니데스입니다. 말은 희랍어로 '로고스logos'라고 하는데, '이성', '논리', '설명' 등의 뜻이 함께 있습니다. 한마디로, '앞뒤가 맞는 말'이라고 생각하면 됩니다. 파르메니데스는 자기가 쓰는 말인 희랍어에 대한 분석을 통해 "있는 것은 있고, 없는 것은 없다is is, is not is not"라는 결론에 이릅니다. 여기에서 '있다'라고 옮긴 말은 물론 에이나이입니다. 여기에서부터 어떤 추리가 가능할까요?('추리'도 희랍어로 로고스입니다.) 다 논리적 이야기들이어서, 말과 관련됩니다. 여기서는 현실과 관련되는 게 아니라 말과 관련된다는 게 포인트입니다. 말은 세계를 다 담아내지 못합니다. 파르메니데스가 추리해 보니, 즉 말을 잘 분석해 보니 현실과 모순되는 결과가 나타난 것입니다. 아주 놀라운 주장이죠. 파르메니데스에 따르면, (말을 분석해 본 결과) 존재는 일단 하나여야 합니다. 두 개 이상이라는 건 쪼개졌다는 이야기입니다. 그러려면 빈틈이 있어야 하는데, 존재에는 빈틈이란 것이 있을 수 없습니다. 따라서 존재는 하나이고, 생성과 변화는 있을 수 없습니다. 변화는 A가 A 아닌 것으로 바뀌는 것입니다. 그러려면 A가 없어진다는 것인데, 그렇다면 이미 A는 진짜로 있는 게 아닙니다. 또한 A가 B가 되었다고 할 때도, B는 본래 없던 것인데, 이제 있다고 하니 모순이 생깁니다. 따라서 B도 진짜로 있는 게 아닙니다. 따라서 변화라는 것도 있을 수 없고 새로 생겨나는 것도 있을 수 없습니다. 이런 논리에 따르면, 생성과 변화가 부정될 수밖에 없습니다. 존재는 항상 그대로여야 합니다. 영원불변해야 합니다. 이것은 논리학의 문제입니다. 하지만 희랍어로 만들어진 논리학이죠. 한국어로 분석했다면, 아마도 이런 일이 생기지 않았을 겁니다. 한국어로는 '있다, 이다, 참이다'가 각각 다른 말이니까요. 한국어로는 파르메니데스가 내린 결론이 도출될 리 없습니다.

유감스럽게도 인도유럽어족에 속하는 언어들은 대부분 영어로 be 동사에 해당하는 말에 세 뜻이 모두 다 포함되어 있습니다. 한국어를 쓰는 바람에 우리는 이 세 뜻을 쉽게 구별할 수 있지만, 인도유럽어를 쓰는 사람들은 그 안에서 타고났기 때문에 이 셋을 구별하려고 해도 자꾸 헛갈립니다. 하이데거 같은 철학자도 결국 말에 놀아났습니다. 후기에 하이데거의 철학이 바뀌었다고 하는데, 그때도 여전히 "언어는 존재의 집"이라고 말합니다. 그때 언어는 독일어, 아니면 독일어의 원형이라고 하이데거가 추정하는 희랍어에 지나지 않습니다. 하이데거에 따르면, 존재는 언어마다 다 다를 수밖에 없습니다. 그런데도 하이데거는 자신이 구성한 존재론이 보편적이라고 주장하니, 벌써 자기모순인 것입니다. 물론 하이데거는 존재를 파악하는 데는 언어밖에 수단이 없지만, 그 언어는 논리적 언어가 아닌 시어라고 이야기합니다. 시가 존재를 드러낸다는 것입니다. 하지만 여전히 그의 사고는 언어에 머무릅니다. 이 한계는 파르메니데스 이래, 서양철학이 빠져 있던 덫에 그가 여전히 사로잡혀 있기 때문에 생겨난 것이라고 봅니다. 들뢰즈와는 정말 큰 차이가 납니다. 고대 원자론자들은 이와 같은 파르메니데스의 논리와 대결하려 했습니다.

루크레티우스의 두 번째 적수는 초월성입니다. 신 없이 세계를 설명할 수 있어야 한다는 것입니다. 이때 '신 없이'란 도대체 무슨 뜻일까요? 철학이 탄생하기 전에는 '뮈토스mythos', 즉 '신화적 이야기'가 세계를 설명하는 원리였습니다. 주로 신화나 서사시 같은 데서 나옵니다. 호메로스의 『일리아스』 첫 구절을 봐도 그렇습니다.

> 분노를 노래하소서, 여신이여, 펠레우스의 아들 아킬레우스의 파괴적인, 수천의 아카이아인에게 수많은 고통을 가져다 준 분노를! 수많은 영웅의 강건한 혼백들을 하데스로 보냈고, 그들을 개들과 새들의 먹이로 던져 버렸다네. 이렇게 제우스의 뜻은 이루어졌다네. 도대체 어디에서 처음 비롯되었는가? 저들이 서로 싸우고 갈라서게 된 것이, 남자들의 왕 아트레우스와 고귀한 아킬레우스가 신들 중에 도대

체 어느 분이란 말인가? 그들을 싸움의 한가운데에서 싸우도록 내던진 이는? 레토와 제우스의 아드님이지. (호메로스, 『일리아스』, 천병희 옮김, 도서출판 숲, 2015, 제1권 1~9행.)

여기에서 흥미로운 건, 아킬레우스가 분노한 까닭이 신이라는 점입니다. 레토와 제우스의 아들인 아폴론이 아킬레우스를 분노하게 한 겁니다. 이처럼 신화나 서사시에서는 우주 삼라만상의 변화를 설명하는 원리가 바로 신입니다. 그러나 철학이 탄생하고, 다시 말해서 탈레스가 등장하면서부터, 본격적으로 필로소피아philosophia의 설명이 나타나기 시작합니다. 18세기까지 서양에서 '필로소피아'는 '철학'과 '학문'을 동시에 뜻하는 말이었습니다. 신을 배제하고 보통명사만으로 세계를 설명하려는 시도입니다. 그것이 "만물의 근원은 물"이라는 탈레스의 말에 담긴 깊은 뜻입니다. 만물의 시작, 근원, 원리는 제우스가 아니고 레아도 아니고 포세이돈도 아닙니다. 신들이 등장하지 않습니다. 바로 물입니다. 물은 우리가 아는 자연 물질이에요. 일단 탈레스가 그런 식으로 말을 하고 나니까, 물이 왜 세계의 근원인지를 따질 수 있습니다. 신이 원리라면 아무것도 따질 수 없습니다. 하지만 신화나 종교의 세계에서 자연의 세계로 옮겨 왔다는 것은 이제 비로소 그 원리를 따져 물을 수 있게 되었다는 뜻입니다. 보통 '비판'이라고도 하지요.

탈레스가 그렇게 말하니까, 후배인 아낙시만드로스가 불과 물은 상극인데 물에서 어떻게 불이 나올 수 있느냐고 따져 묻습니다. 보통 그 시절에 물, 불, 흙, 공기 네 가지를 세계를 구성하는 기본 원소로 생각했는데, 그중 어느 하나를 근원으로 놓으면 충돌과 모순이 생긴다는 거예요. 그래서 아낙시만드로스는 아페이론apeiron이라는 개념을 도입합니다. 이는 경계나 한계라는 뜻의 페라스peras에 부정을 뜻하는 접두사 아a를 붙여 만든 말로, 무규정자無規定라고 옮기곤 합니다. 특정한 성질이 부여되어 있지 않다는 뜻입니다. 성질이 부여되었다는 건, 거기에 고유한 어떤 경계가 그려질 수 있다는 말이니까요. 일단 아페이론을 근원으로 삼으면, 이것들이 적절하게 이합집산해서 구체적인 특성 또는 규정을 가진 것들이 생겨날 수 있다고 본 것입니다. 훨씬 진일보했죠. 자연 세계 바깥의 원인을 제거한 덕입니다.

그렇게 시간이 지나면서 앞의 두 문제가 서로 만납니다. 파르메니데스는 존재는 영원불변이며 생성과 변화는 없다고 말했습니다. 그런데 이 세계는 변화무쌍합니다. 파르메니데스의 주장처럼, 이 세계가 가상이요 허깨비에 불과하다고 보는 건 받아들이기 어렵습니다. 하지만 논리적으로 반박하기도 어려웠습니다. 이 과제를 학자들은 '현상을 구제하기'라고 부릅니다. 논리와 현상이, 말과 현실이 충돌한 것입니다. 이 과제와 맞서 싸운 것이 소크라테스와 비슷한 시기에 활동했던 레우키포스와 데모크리토스입니다. 고대 원자론의 창시자들이죠. 이들은 더 이상 쪼갤 수 없는 것이라는 뜻으로 아토모스atomos, 즉 '원자'라는 개념을 만듭니다. 오늘날 원자조차도 쪼개진다는 사실이 이미 알려져 있지만, 우주를 구성하는 '기본 입자'나 '초끈' 같은 것을 떠올리면, 원자론자들의 착상은 여전히 유효합니다. 데모크리토스에 따르면, 세상에 존재하는 것은 허공과 원자들뿐인데, 원자 하나하나에는 파르메니데스가 말하는 존재의 특성이 있고, 그것들이 이합집산하면서 변화하는 현상 세계를 만들어 낸다는 겁니다.

그러나 데모크리토스의 원자론에는 중대한 결함이 있었습니다. 데모크리토스는 원자들의 운동을 사실상 결정론으로 설명했습니다. 마치 우리가 당구공을 치면 얻어맞은 당구공이 굴러가서는 다음 당구공을 치는 일이 계속되는 것과 같은, 아니면 톱니바퀴들이 서로 맞물려 돌아가는 것과 같은 결정론적 원자론이었던 셈입니다. 그래서 이후에는 데모크리토스의 핵심 아이디어를 이어받으면서도 결정론적인 세계가 아닌 어떤 세계를 확보하려는 시도가 나타납니다. 결정론이면 세상을 설명할 필요가 없습니다. 설명해 봐야 아무 소용이 없지요. 처음부터 끝까지 모든 건 이미 다 결정되어 있으니까요.

데모크리토스를 바로잡은 사람이 바로 에피쿠로스입니다(이미 말했듯이, 에피쿠로스 사상은 루크레티우스를 통해 우리에게 전승되었습니다). 루크레티우스는 이렇게 읊습니다.

> 물체들이 자체의 무게로 인하여 허공을 통하여 곧장 아래로 움직이고 있을 때, 아주 불특정한 시간, 불특정의 장소에서 자기 자리로부터 조금, 단지 움직임이 조금 바뀌었다고 말할 수만 있을 정도로, 비껴났다는 것을. 하지만 만일 그것들이 기울어져 가 버릇하지 않았다면, 모든 것은 아래로 마치 빗방울들처럼, 깊은 허공을 통하여 떨어질 것이고, 충돌도 생기지 않았을 것이고, 타격도 일어나지 않았을 것이다, 기원들에게는. 그래서 자연은 아무것도 창조하지 못했을 것이다. (루크레티우스, 『사물의 본성에 관하여』, 강대진 역, 아카넷, 2012, 2권, 216~224행.)

우주에는 원자들이 존재하고 원자들이 서로 충돌하고 이합집산하면서 변화가 일어나는데, 우리가 생각할 수 있는 것보다 짧은 시간 안에 원자는 서로 비껴가는 운동을 한다는 뜻입니다. 그러니까 원자는 결정론적으로 운동하는 게 아니라 우리가 아무리 빨리 생각한다 해도 미리 알 수 없는 우발적이고 우연한 비껴감을 포함하는 운동을 한다는 겁니다. 비결정론이죠. 이 예측 불가능한 비껴감을 가리키는 말이 바로 그 유명한 클리나멘clinamen이라는 라틴어입니다. 클리나멘은 존재론적 개념입니다. 원자들이, 오늘날로 말하면 기본 입자들이 이 우주를 구성하는데, 우리가 아무리 빨리 생각해도 우리의 앎을 벗어나는, 존재 자체가 그렇게 되어 먹은 우연성을 품고 있습니다. 우주는 결정론적으로 움직이는 게 아니라 항상 어떤 종류의 비결정성을 내포한다는 것, 우리는 미래를 근사치로 또는 통계적으로 예측할 수 있지만 그것은 아주 조작된 범위 안에서이고 실제로는 예측할 수 없다는 게 에피쿠로스의 결론입니다. 바로 들뢰즈는 이 결론에 주목했습니다. 우주의 근원적 비결정성 또는 우발성 말입니다.

클리나멘에 대해 몇 가지 오해가 있을 수 있습니다. 마르크스의 박사학위논문은 『데모크리토스와 에피쿠로스의 자연철학의 차이』입니다. 이 논문에서 마르크스가 이룬 중요한 업적 중 하나는, 에피쿠로스의 문헌을 찾아 독일어로 번역한 것입니다. 이것이 책의 후반부를 이룹니다. 전반부인 학위논문은 그 문헌을 분석하고 있습니다. 한글 판본은 그 둘을 묶어 놓았습니다. 마르크스가 공부를 엄청 많이 한 사람이라는 게 이해되시죠. 이게 1840년경에 했던 작업입니다(1818년생이니까 스물두 살 때 일입니다). 이 점에서는 들뢰즈와 아주 유사해요. 자연철학의 가장 본질적 부분을 건드린 것입니다. 심지어 1962년의 『니체와 철학』에서 들뢰즈는 마르크스의 이 논문을 직접 언급하기도 합니다. 어쨌든 우주에는 우연이 클리나멘이라는 이름으로 내재해 있다는 게 마르크스와 들뢰즈가 고대 유물론에서 발견한 중요한 사실입니다.

그런데 마르크스 스스로도 클리나멘이라는 개념을 오해하긴 했지만, 한국에서도 이진경, 고병권 같은 연구자들이 마르크스의 클리나멘 이해를 들뢰즈의 것으로 혼동했습니다. "우리 클리나멘 하자, 탈주하자, 이탈하자" 들뢰즈가 이러한 구호와 지침을 제시했다는 것입니다. 하지만 클리나멘은 이런 용법과 아무런 관계가 없습니다. 클리나멘은 인간이 등장하기 전에 우주 차원에서 일어나는 일과 관련됩니다. 우주 자체의 운동, 변화무쌍함, 우발과 우연 등과 관련한 존재론적 개념입니다. 클리나멘을 할지 말지는 인간이 결정할 문제가 전혀 아닙니다. 그럴 수도 없죠. 이는 용어의 오용입니다. 루크레티우스는 이렇게 읊습니다.

> 정신 자체는 모든 일이 일어나는 데 있어 내적인 강요를 가지지 않으며, 마치 패배한 존재인 듯 견디고 참도록 강제되지 않는다는 사실, 이 사실은 시초들의 아주 작은 비껴감이 만든다, 장소에 있어 정해지지 않은 곳에서, 정해지지 않은 순간에. (2권 289~293행)

클리나멘, 곧 '작은 비껴감'이 정신의 자유로움을 가능케 한다는 것입니다. 심지어 루크레티우스는 동물의 자유의지가 존재할 수 있는 근거도 클리나멘에서 찾습니다.

> 만일 항상 모든 운동이 연결되어 있고, 새 운동은 옛 운동으로부터 정해진 순서를 좇아 생겨난다면, 그리고 기원들이, 원인이 원인을 무한한 시간부터 좇게 되지 않도록, 비껴남으로써 운명의 법을 깨뜨릴 운동의 어떤 시작을 이루지 않았다면, 대체 어디에서 이 자유의지가 온 땅에 걸쳐 동물들에게 생겨나 있는 것이며, 묻노니, 대체 어디에서 운명으로부터 빼앗아 낸 이 의지가 생겨나서, 그것으로 말미암아 우리는, 쾌락이 각자를 이끄는 방향으로 나아가고, 또 마찬가지로, 정

해진 시간에 공간적으로 정해진 자리에서가 아니라, 정신 자체가 이끌어간 그곳에서, 그때에 운동의 방향을 비껴 바꾸는 것일까? (2권 251~260행)

루크레티우스가 말하는 '자유의지'는, 앞에서 비판한 그 자유의지와 구별됩니다. 여기에서는 분명히 '동물의 자유의지'를 말하고 있고, 이는 단순히 기계론적이고 결정론적인 인과를 부정하려고 사용한 말일 뿐입니다. 따라서 '클리나멘 하자'라는 말은 성립하지 않습니다. 다만, 클리나멘이 우주의 원리로 있기 때문에 결정론의 숙명에서 벗어날 수 있다고 할 수 있을 뿐입니다. 유념하십시오.

지금까지 존재론과 관련해서 조금 길게 이야기했습니다. 여기에 본질적인 것들이 많이 담겨 있기 때문입니다. 정리하면 예전에 사람들이 어떻게 우주를 이해했느냐 하는 문제입니다. 크게 보면 결국 두 가지입니다. 하나는 인간 자신을 투사해서 우주가 이러저러하다고 설명하는 방식입니다. 고전적으로는 '의인법anthropomorphism'이라고 합니다. 인간을 뜻하는 안트로포스anthropos와 형태를 뜻하는 모르페morphe를 합쳐서 만든 말입니다(두 번째 강의에서 이미 말씀드린 바 있듯이, 크세노파네스가 이를 비판했지요). 미켈란젤로가 그린 「천지창조」를 보세요. 그 신의 모습은 인간의 투영일 뿐입니다. 이런 식의 세계 이해를 칭하는 명칭이 '인간주의' 또는 '휴머니즘'입니다. 인간주의는 사실 자연주의에 대립되는 용어입니다. 자연 본래의 모습에 대한 앎을 추구하기보다 인간 자신이 가진 빈약한 앎을 우주 전체에 투사하는 행태입니다.

인간 자신이 지닌 앎이란 도대체 무엇일까요? 데카르트, 스피노자, 로크, 흄 등 많은 근대 철학자들이 그 부분을 지적하곤 했습니다. 인간은 어떤 사이즈, 스케일 속에서 살아가는지 생각하면, 1세제곱미터 정도 규모입니다. 인간의 키를 보세요. 대략 1세제곱미터 안에 들어갑니다. 사실 보통 사람보다 두 배 큰 사람은 없습니다. 인간은 그 정도 크기에 대해서는 '잘' 아는 편입니다. 가령, 우리가 태양을 지각할 때 어떤 일이 벌어질까요? 사람들은 태양이 쟁반만 하고 한 이백 걸음 정도 떨어져 있다고 지각합니다. 인간이 가진 앎은 대부분 이런 식입니다. 인간적 지각, 감각기관을 통해서 아는 세계는 이런 정도가 거의 전부입니다. 1만 년 전부터 변한 게 거의 없다고 할 수 있습니다.

언제까지 그랬을까요? 대략 16세기 정도까지 그랬습니다. 아까 인간을 투사했다고 했지만, 더 정확히 말하면 인간의 자연적인 지각을 통해 얻은 앎으로 우주를 재구성했다고 할 수 있습니다. 이 시기를 인간 사회의 제1기라고 불러도 좋습니다. 이런 지각을 통해 얻은 앎은 대략 언어와도 일대일로 대응합니다. 인간이 자연적으로 지각한 내용, 아는 내용을 우주 전체에 투사하는 데는 아리스토텔레스가 으뜸이었습니다. 아리스토텔레스는 철학자이자 동시에 과학자였습니다. 제자도 철학자보다 자연과학자가 더 많습니다. 특히 생물학자가 많았죠. 아리스토텔레스 우주론의 경계는 달입니다. 달을 넘어선 바깥 세계에서는 모든 것이 등속원운동을 해요. 달보다 가까운 쪽은 무거운 물체가 먼저 떨어지는 형태로 운동이 일어납니다. 달 저편은 신의 세계고, 달 이편은 인간의 세계입니다. 두 세계를 설명하는 원리도 다릅니다. 우주론 역시 그에 따라 구성되었습니다. 프톨레마이오스의 천문학은 아리스토텔레스의 우주론에 바탕을 둔 겁니다. 그 당시 사람들이 하늘 높이 올라가 봐야 얼마나 올라갔겠어요. 그때 인간이 알 수 있는 영역은 높은 산에 올라가서 눈 좋은 사람이 관측한 것까지입니다. 그 관측 결과를 두고 우리가 아는 익숙한 세계에 대해 이런저런 이야기를 했어요. 그 이야기 중에서 아마 가장 치밀한 이야기를 하고, 인간의 자연 지각을 통해 작업한 사람 중에 가장 탁월한 사람이 아리스토텔레스라고 해도 과히 틀린 말은 아닙니다. 아리스토텔레스 이후에 거의 2000년 정도 크게 변한 건 없습니다. 아리스토텔레스의 철학은 무척 인간주의적입니다. 인간이 아는 세계가 이런저런 영역에 적용됩니다. 범주론이라든지 논리학, 자연학, 형이상학, 윤리학, 정치학, 수사학, 시학 등 모든 영역에 적용되는 것입니다. 그의 분석과 종합은 정말 탁월했습니다.

아리스토텔레스 이후, 자연에 대한 우리의 앎을 결정적으로 혁신한 사람이 갈릴레오입니다. 갈릴레오는 인간 지각을 넘어서는 방법을 찾아냈습니다. 물론 그 전에 코페르니쿠스가 있었고 케플러가 있었습니다만, 코페르니쿠스는 신부로서 부활절 날짜를 정확히 정하려다 보니 태양계 행성 운동의 단순화가 필요했고, 케플러는 역사를 통틀어 눈이 가장 좋았던 천문학자 티코 브라헤의 관측 결과를 참조해서 세 가지 법칙을 찾아냈습니다. 반면에 갈릴레오는 중세 동안 아랍에서 발전했던 여러 관측 장비, 특히 망원경의 도움을 받았습니다. 직접 망원경을 제작해 목성의 위성, 달의 반점, 태양의 흑점 등을 관측합니다. 그랬더니 땅 가까이에서 운동하는 물체들과 달 저편에서 운동하는 물체들이 하나의 운동 원리를 따른다는 걸 찾아냈습니다. 갈릴레오가 괜히 종교 재판에 회부되어 감금형을 당한 게 아닙니다. 2000년가량 전통적으로 이어졌던 아리스토텔레스와 기독교의 우주관을 깬 것입니다. 코페르니쿠스는 그 정도로 혁명적이지 않았습니다. 이론적으로 좀 편리한 설명 방법을 찾아냈을 뿐입니다. 이러한 갈릴레오의 혁신을 바탕으로 해서 데카르트나 스피노자와 같은 뛰어난 철학자들이 등장합니다. 갈릴레오가 발견한 우주의 법칙을 수학적으로 잘 정립한 사람이 바로 뉴턴입니다. 16세기는 어찌 보면 인간 지각이 아닌 형태로 자연에 대해 앎을 획득한 최초의 시기였다고 할 수 있습니다. 따라서 과학혁명을 인간 사회 제2기의 시작점으로 보아도 좋습니다. 논리적으로, 또 원리적으로는 에피쿠로스가 그 일을 했지만 실질적으로는 갈릴레오부터 그 일이 시작되었다고 할 수 있습니다.

스피노자에 따르면, 수학과 자연과학의 도움을 받아 태양이 실제로 훨씬 멀리 있고 훨씬 큰 별이라는 걸 알면서도, 인간은 여전히 태양을 이백 걸음 정도 떨어진 쟁반만한 크기로 자연스레 지각한다고 합니다. 그래서 스피노자는 인간 지각을 '상상'이라고 부릅니다. 인간은 늘 상상 속에 살아간다는 겁니다. 요즘 용어로 '가상현실'이라고 해도 상관없습니다. 인간은 사실상 두세 가지 세계를 동시에 살아갑니다. 인간의 영역이 그 하나이고 다른 영역, 즉 수학과 과학의 영역이 다른 하나입니다. 수학과 과학을 통해 얻은 앎은 우리가 아무리 애써도 부인하기 힘든 실증성이 있습니다. 물론 자연과학이 이를 절대적으로 '참된' 지식이라고 주장하는 건 아닙니다. 그러나 이 앎은 가장 그럴 법한 지식입니다. 아주 단단한 지식입니다. 무수히 많은 검증을 통해 쌓아 올린 지식이니까요. 과학 지식을 무시하면 안 됩니다. 프랑스 철학 전통에서는 우주에 대한 앎과 관련된 논의를 전부 자연과학 영역에서 다룹니다. 그러나 영미 쪽에서는 아직 그렇지 않습니다. 지금도 여전히 철학이 앎이란 무엇이냐에 대해 답할 수 있다고 주장합니다. 에피스테몰로지epistemology라는 말을 보통 '인식론'이라고 합니다. 이 말의 뜻은 영어와 프랑스어에서 상당히 다릅니다. 영어에서는 지식에 대한 이론theory of knowledge, 즉 지식이란 무엇인가, 어떻게 참된 앎을 얻을 수 있는가와 같은 물음들에 대한 탐구를 가리킵니다. 가령, 로크는 인간은 감각을 통해 외부 사물을 아는데, 원래 사물 자체는 1차

성질만 있고, 우리가 지각할 때 1차 성질이 섞여서 2차 성질이 생겨난다고 주장합니다. 세계에 대한 앎을 그런 식으로 얻는다는 거죠. 그리고 철학자가 그 일을 할 수 있다고 생각합니다. 그러나 프랑스 전통에서 에피스테몰로지는 과학자의 작업에 해당합니다. 비근한 예로 들뢰즈의 박사학위논문 심사를 보겠습니다. 당시의 상황도 흥미롭습니다. 1968년 5월 혁명이 있었고, 파리가 난장판이 되었죠. 심사를 소르본 대학에서 받는데, 언제 학생들이 쳐들어올지 모르는 상황이었습니다. 심사장을 최대한 안전한 곳으로 옮겼는데, 교수들은 문이 언제 열리느냐에만 관심이 있었다고 합니다. 학생들 세상이었으니까요. 그래서 논문 심사가 굉장히 빨리 진행되었다고 합니다. 안 그랬으면 학위를 못 받았을 수도 있었다고 합니다. 들뢰즈는 1967년에 『차이와 반복』의 핵심 내용 중 일부를 이룰 「극화劇化의 방법La méthode de dramatisation」을 사람들 앞에서 발표합니다. 질의응답 과정에서 장 윌모라는 '에피스테몰로그épistémologue'가 이런 소견을 내놓습니다.

> 나는 그런 순수 철학적 발표를 따라가기 좀 어렵습니다. (…) 순수하게 철학적으로는 내가 무지하지만, 당신이 사용한 개념들, 방법들, 전거들에 대해 내가 고지식하지만, 나는 당신 말을 따라갈 수 있다고, 아니 차라리 매 순간 당신 말을 좀 거친 언어인 에피스테몰로지의 언어로 번역할 수 있다고 느꼈습니다. (ID 154)

이 발언에서 짐작하듯이, 프랑스에서 에피스테몰로지는 과학자의 작업에 해당하고, 과학철학이라고 할 수 있습니다. 자연과학자들도 분명히 어떤 이야기를 할 수 있고 자기들 이야기를 반성할 수 있습니다. 이러한 일화를 통해서 프랑스에서는 에피스테몰로지가 이미 철학의 영역 바깥에서 일어나는 활동으로 여겨진다는 점을 확인할 수 있습니다. 조심스레 말하면, 순수 철학과 과학철학을 동시에 행하기 어렵다는 정도라고 이해하면 되겠습니다.

따라서 들뢰즈에게는 인식론이 없습니다. 들뢰즈한테는 생각에 대한 이론이 있을 뿐입니다. 생각이란 무엇일까요? 들뢰즈에 따르면, 그동안 생각에 대한 여러 가지 입장이 있었습니다. 그것을 들뢰즈는 '생각에 대한 상'이라고 명명합니다(이에 대해서는 두 번째 강의에서 자세히 말씀드렸습니다). 생각에 대한 제대로 된 상을 만들어 내는 게 들뢰즈 평생의 과제였고, 들뢰즈가 선배들한테서 추출하고자 한 바입니다. 에피쿠로스 또는 루크레티우스, 스피노자, 흄, 니체, 베르그손 같은 철학자들이 늘 거론됩니다. 거기에 마르크스와 동시대인 푸코를 추가할 수 있습니다. 수많은 예술가와 과학자의 작업도 중요하게 활용되고요.

들뢰즈에게 생산의 세 종합인 연결connection, 분리disjunction, 결합conjunction은 무엇인가?

들뢰즈와 과타리는 우주의 생산 또는 생성이 이루어지는 세 가지 방식을 연결connection, 분리disjunction, 결합conjunction이라는 말로 나타냅니다. 그것은 또한 종합의 세 형식이기도 한데, 여기에서 말하는 종합이란 형식 논리의 종합이 아니라 차라리 사물 또는 세계의 종합을 가리킵니다. 들뢰즈에게 종합은 '생성의 논리'를 가리키는 다른 이름입니다. 우주의 생산 경과가 무엇인지는 뒤에서 자세히 설명하겠습니다.

생성의 논리는 한국 또는 심지어 다른 나라의 해석자들에게도 유감스럽게도 거의 이해되지 못한 것 같습니다. 물론 제가 게으르고 과문하여 어느 훌륭한 해석자의 글을 접하지 못한 것일 수도 있겠지만 말입니다. 아무튼 우회하지 않고 직접 비판하며 말해 보겠습니다. 내가 보기에 생성의 논리 또는 들뢰즈 철학에서 종합에 대해 가장 전형적인 오해는 이진경에게서 잘 드러납니다(인용문은 나중에 읽어도 좋습니다: 이진경, 『노마디즘』 1권, 휴머니스트, 2002, 91~93쪽). 이런 오해는 '전형적'이라는 점에서 살펴볼 필요가 있습니다.

> 저자들에 따르면, 먼저 리좀은 '접속connexion'의 원리에 의해 정의되고 만들어집니다. (...) 저자들은 접속이란 말에 특정한 외연을 부가합니다. 일찍이 들뢰즈는 『의미의 논리』에서 접속과 이접離接, disjonction과 통접統接, conjonction을 구별한 바 있는데, 이러한 구별은 가타리와 함께 쓴 『안티 오이디푸스』에서도 반복하여 나타납니다. 접속의 접속사는 '… et …(…와 …)'예요. 이접의 접속사는 'soit … soit …(이것이든 저것이든, 이것이냐 저것이냐)'지요. 통접의 접속사는 'donc …(그리하여 …)'예요. 세 경우 모두 가령 A와 B가 결합하거나 분지分枝하는 것을 뜻합니다.

물론, 제가 문제 삼는 것은 개념의 번역어가 전혀 아닙니다. 핵심은 설명된 내용입니다. 먼저 '연결'을 보겠습니다(이진경은 '접속'으로 옮깁니다).

> 하지만 접속은 A와 B가 등위적位的으로 결합하여, A도 아니고 B도 아닌 제3의 것인 C를 만들어 내는 것입니다. 입과 식도食道가 접속하여 먹는 기계가 되고, 입과 성대가 접속하여 말하는 기계가 되며, 입과 입이 접속하여 입 맞추는 기계(섹스 기계)가 됩니다.

들뢰즈의 생성 논리는 철두철미하게 시간 이해와 관련됩니다. 가령, 이진경처럼 "입과 식도가 접속하여 먹는 기계가 된다"고 서술할 수 있으려면, 우리는 입과 식도를 등위적等位的으로 바라볼 수 있어야 합니다. 즉, '입'이라는 존재물과 '식도'라는 존재물이 일단 있어야 하고, 입과 식도 각각을 객관적 거리를 두고 관찰할 수 있어야 해요. 이런 설명은 시간을 배제하고 형식 논리적으로만 들뢰즈를 이해했다는 방증입니다. 조금 자세히 살펴보겠습니다. 이런 취급은 유클리드 기하학의 공간에 놓인 두 점을 관찰하는 방식입니다. 왜냐하면 순서상, 그리고 여기에서 '순서'라는 표현은 논리적 순서와 시간적 순서를 동시에 지칭하는 것인데, 이런 서술은 '입'과 '식도'라는 항들이 먼저 있고 나서 (그래야 양자를 동시에, 같은 평면에서 보는 것이 가능합니다) 그 둘이 아닌 제3항인 '먹는 기계'가 나온다는 것을 뜻합니다. 이진경은 "A와 B가 등위적으로 결합하여, A도 아니고 B도 아닌 제3의 것인 C를 만들어 내는 것"이라고 서술하는데, 이게 바로 그런 뜻이지요. 하지만 이것은 들뢰즈가 가장 피하고자 했던 이해 방식, 즉 초월적 구도 내에서 생성을 이해하는 방식입니다.

그렇다면 초월적 구도 내에서 생성을 이해한다는 것은 무슨 뜻일까요? 그것은 전지적 시점에서 사태를 본다는 뜻입니다. 여기에 결여된 것은 시간입니다. 들뢰즈가 셰익스피어의 『햄릿』에서 가져온 구절에 따르면, '시간은 마디에서 벗어나 있다time is out of joint'고 합니다. 즉, 시간은 경첩에서 벗어나 제멋대로 질주한다는 것이지요. 이 말로 들뢰즈가 뜻한 바는, 이 세상에서는 전지적, 초월적 시점이 불가능하다는 것입니다. 이를 들뢰즈는 내재성 immanence이라고 부릅니다. 내재성의 관점에서 생성을 이해한다는 것은 '하나의 삶'의 관점에서 생성을 이해한다는 뜻입니다. 삶은 전지적으로 이해될 성질의 것이 아닙니다. 우리의 삶은 한 치 앞도 내다볼 수 없습니다. 한 순간도 앞을 내다볼 수 없이 '만듦'이, 즉 '만들어짐'과 '만들어 감'의 과정이 이어집니다. 김진석의 표현을 빌리면 '포월包越'입니다. 그저 순간에 충실할 수밖에 없는 운명입니다. 그 눈먼 삶의 과정에서 우리는 어떻게 해야 할까요? 이것이 들뢰즈의 핵심 물음입니다. 햄릿이 말하는 '마디에서 벗어난 시간'이란 이런 눈먼 삶의 시간, 내재성의 시간을 가리킵니다.

들뢰즈가 말하는 종합은 생성의 종합, 삶의 종합을 가리키며, 이는 결국 '존재(의 생성)의 종합'입니다. 존재는 생성이고, 생성만이 존재이므로, 종합은 존재 생성의 종합입니다. 이 종합의 세 국면을 설명하려고 들뢰즈와 과타리가 도입한 개념적 도구가 '연결 종합', '분리 종합', '결합 종합'입니다. 들뢰즈는 이 말들을 전통 논리학에서 차용했지만, 전혀 다른 규정과 용법을 부여합니다. 앞에서 보았듯, 『의미의 논리』에 나오는 종합 개념들은 『안티 오이디푸스』의 개념들과 크게 다릅니다. 그래서 전 세계적으로도 오해가 더 크다 하겠습니다. 2017년 '제5회 들뢰즈 국제 학술대회 아시아'에 참석해서 이 둘의 차이를 다룬 논문을 발표했을 때, 많은 학자들이 탄복했던 경험도 떠오릅니다.

'연결'이라고 옮긴 프랑스어 코넥시옹connexion은, 앞서 이진경이 잘못 설명했듯, 미리 존재하는 A와 B의 결합과 같은 것이 결코 아닙니다. 굳이 그런 식으로 항을 동원하여 표현하자면, 차라리 A는 B로 생성한다고 말해야 하겠습니다. 그렇지만 여기에서 항은 자기동일성을 지닌 A나 B가 아니라 차라리 사태, 즉 존재 생성의 각 국면(스냅 사진 한 장 한 장에 담긴 내용물과도 같은)이라고 보아야 합니다. 즉, A가 담긴 사진이 먼저 있고, 그다음에 B가 담긴 사진이 있다고 '설명'할 순 있겠지만, 더 정확히 말하면 A는 잠재virtuel이고 B는 현행actuel인 그런 관계에 돌입하는 것이지요. A와 B 사이에는 시간이 흐릅니다. A와 B는 동시에 있지 않습니다. 그래서 들뢰즈는 '연결 종합'이 "'그리고 et', '그다음에 et puis'"의 형식을 지닌다고 강조합니다. 들뢰즈는 형식 논리의 '그리고'를 생성 논리의 '그다음에'로 바꿉니다(AO 11). 즉 A와 B의 형식 논리적 결합이 아니라, 'A 그리고, 그다음에 B'라는 형식을 지닌다는 것이지요. 입이 미리 있고, 식도가 이미 있는 것이 아니라 무엇이 될지 "망설이는"(AO 7) '입'이 있고(그러나 망설인다는 점에서 이 '입'은 엄밀히 말해 항상 아직 입이 아니며, 뭐랄까 어리바리한 입이라고 부를 수 있는데, 이를 들뢰즈는 "기관 없는 몸"이라는 개념으로 설명하기도 합니다) 한 순간일지라도 시간이 흘러 '그다음에' 무언가로 생성하는데, 그렇게 생성한 것은 '입+식도'(먹는 기계)로, '입+기도'(호흡 기계)로, 또는 '입+항문'(배설 기계)이라는 결과로 드러납니다. 그러나 이 경우에서처럼 항문으로서의 입, 즉 토하는 입은 엄밀히 말해 입이 아니지요. 그건 어리바리한 입이고 무언가가 되기 위해 대기하는 작은 부품에 가깝습니다. 연결 종합은 잠재의 현행화로 이해하면 가장 좋겠습니다. 어디에도 초시간적 자기동일성을 지닌 입은 없습니다. 그것은 때로는 '입+악기'(노래하는 기계)가 될 수도 있고, 때로는 '입+주둥이'(슬레피안의 개가 된 사내)로 결판날 수도 있는 것이지요.

여기에서 생산되는 것은 '입+식도', '입+기도' 등입니다. 이를 굳이 분리해서 항의 관점에서 설명하면, 원천-기계에 해당하는 음식의 흐름(이것이 '질료'를 뜻하는 희랍적 개념인 휠레hyle가 뜻하는 바입니다)이 있고, 그것을 절단하는 기계에 의해 '입'과 '식도'(이것들이 기관-기계입니다)가 동시에 생성됩니다. 즉 생성이 먼저고 각 항에 대한 규정은 나중에 부여되는 것입니다. 이것 역시 이진경의 설명과 다릅니다. 들뢰즈가 기계를 "절단들의 체계"(AO 43)라 정의한 것도 바로 이런 까닭입니다. 다른 예를 들면, 공기의 흐름이 있고 그것을 절단하는 기계에 의해 '입'과 '기도'가 생성됩니다. 물론 이 '입'과 앞의 예에 등장했던 '입'은 사실 전혀 다른 기관인 셈이지요. 예를 하나만 더 들면, 소리의 흐름이 있고 그것을 절단하는 기계에 의해 '입'과 '악기'가 생성됩니다. 연결은 이런 식으로 작동하며, 들뢰즈는 이것을 "생산의 생산"이라고 합니다.

그러면 '분리'라고 옮긴 디스종시옹disjonction은 어떤 종합을 가리킬까요? 이진경은 이렇게 설명합니다.

> 이접은 A냐 B냐를 선택—논리학에서는 '선언選言'이라고 하지요—하는 것입니다. 여기에서는 둘 중 하나를 배타적으로 선택하는 배타적exclusive 이접과 상이한 경우를 허용하는 포함적inclusive 이접이 있습니다. "네가 남자냐 여자냐?" 하는 질문, 혹은 "동성애자인가 이성애자인가"라는 질문이 앞의 경우라면, "네가 남자든 여자든" 내지 "동성애자든 이성애자든" 하는 문장이 뒤의 경우예요.

하지만 들뢰즈의 분리는 니체의 영원회귀 사상에 대한 들뢰즈의 고유한 해석을 표현한 말입니다. 분리는 『차이와 반복』에서 반복과 억압의 관계에 대해 들뢰즈가 말할 때의 '반복의 계기'입니다. 억압이 있어서 반복되는 것이 아니라 반복이 있기에 억압이 있다고 들뢰즈는 말합니다. 이 반복은 '…이든 …이든soit … soit'이라는 형식으로 이루어지며, 그 시간적 간격에 억압이 존재합니다. 이때 억압이란 프로이트가 말한 것과 달리 생산(즉, 생산의 생산)으로 표출되지 못한 것 전부의 다른 이름입니다. 앞에서 설명한 예를 동원해보죠. 어리바리한 입은 '입+식도'(먹는 기계), '입+기도'(호흡 기계), '입+항문'(배설 기계), '입+

악기'(노래하는 기계), '입+주둥이'(슬레피안의 개가 된 사내) 등으로 생성할 수 있다고 했습니다. 연결 종합 과정에서 어리바리한 입은 단 하나로 생성하고 결정됩니다. 설사 나중에 다시 다른 것으로 생성할 수 있다고 해도요. 어쨌건, 이때 하나의 생성으로 발현하지 못한 나머지 잠재성은 억압되었다고 보면 됩니다.

여기에서도 강조되어야 할 것은 시간입니다. 다른 예를 통해서 보겠습니다. 밭에 콩을 심든 옥수수를 심든 감자를 심든, 밭의 입장에서는 상관없습니다. 이런들 저런들 상관없어요. 밭의 입장에서는, 자신 위에 아무것도 심어지지 않는 편이 더 나을 수도 있을 거예요. 뭔가 나면 괜히 지저분해질 테니까요. 바로 이처럼 콩을 '심든' 옥수수를 '심든' 감자를 '심든'이라는 상황을 가리키기 위해 필요한 것이 분리 종합입니다. 콩을 심는 생산의 경과와 옥수수를 심는 생산의 경과, 그리고 감자를 심는 경과는 서로 동시에 일어날 수 없으며, 항상 (시간적으로) 분리되어 일어날 수밖에 없어요. 즉, 일단 어느 하나를 심으면 다른 것은 심을 수 없다는 게 명백합니다. 여기에서 심기지 못한 모든 것은 억압되는 것이고요. 억압은 하여간 뭔가가 심어진다는 사태(이것이 반복이 뜻하는 바입니다)에 후행하는 것이지, 미리부터 있는 게 아닙니다.

여기에서 '…이든 …이든'은 '… 아니면 …ou bien'과는 전혀 성격을 달리하는 종합입니다. 들뢰즈는 양자택일을 가리키는 형식 논리적 선언選言 또는 이접離接이라는 오해를 피하려고 굳이 '… 아니면 …'이 아니라고 강조까지 합니다. "'… 아니면 …'이 호환 불가능한 항들 간의 결정적 선택(양자택일)을 표시하려 하는 데 반해, '…이든'은 이전移轉되고 미끄러지면서 늘 같은 것으로 회귀하는 차이들 간의 호환 가능 체계를 가리킨다."(AO 18) 다른 구절로는, "'… 아니면 …'의 배타적 양자택일에 대해 조합들과 순열들의 '…이든 …이든'이 대립한다."(AO 82) 이 점에서도 이진경의 설명은 모두 헛되고 헛되다 하겠습니다. 게다가 『노마디즘』에는 들뢰즈의 종합이 시간과 관련되어 있다는, 가장 기초적이고도 중요한 사항이 전혀 강조되어 있지 않습니다.

형식논리에서는 '이것이냐 저것이냐' 역시 등위적 선택의 문제로 다가오며, 미리 존재하는 두 선택지 중 어느 것을 선택하느냐의 문제가 되어 버립니다. 반면, 생성 논리에서는 "이것이든 아니면 '그다음에' 저것이든"과 같은 식으로 종합이 일어납니다. 물론 이 표현에서 '저것'은 '이것'과 다른 시점에 생성하기 때문에 '이것'이라고 쓰지 않은 것일 뿐, 실제로는 여전히 '이것'일 수도 있어요. 왜냐하면 확률 통계적으로 이것과 저것이 반씩 번갈아가며 일어나리라는 법은 없으니까요. 후회해야 소용없는 냉혹한 시간의 흐름이 있을 뿐이며, 시간 속에 가정법이란 존재하지 않습니다. 한 순간에는 어느 하나만 생성할 뿐, 다른 모든 건 억압됩니다. 『맥베스』에 나오는 셰익스피어의 말처럼, "일어난 일은 결코 돌이킬 수 없다." 이것이 바로 "(생성의 시간에서의) 등록의 생산"입니다. 하지만 다음 순간에 어떤 일이 일어날지는 아무도 모릅니다.

영원회귀의 가장 깊은 비밀은 '긍정'에 있습니다. 긍정이 세 번째 종합인 결합, 즉 '콩종시옹conjonction'이 의미하는 바입니다. 이진경의 설명부터 보겠습니다.

> 통접은 다양한 요소들이 결합하여 어떤 하나의 통일체를 이루는 것입니다. 즉 A와 B는 물론, C, D 등 그 이상의 것들이 모여 모두가 어떤 하나로 귀결되는 것입니다.

긍정이란 흔한 오해처럼 추수가 아닙니다. 긍정은 생성의 향유, 즉

"(생성의) 소비의 생산"입니다. 주체가 탄생하는 것이 이 시점이에요. '따라서 …가 너야'라는 사건이지요. 주체는 생성을 향유하는 자로서 생성의 주변에서 생성이 완료(그러나 잠깐 그런 것이지 결코 끝은 아닙니다)될 때 겨우 등장합니다. 세간의 오해처럼 주체가 먼저 있고 그것이 무언가를 향유하는 것이 아닙니다. 따라서 종합에 따라 주체는 유동적이며, 그런 점에서도 분열적입니다. 생성에 결합하는 자, 젊은 이인성처럼 "돌이킬 수 없는 것은 돌이킬 필요가 없는 것이 되어야 한다"(『낯선 시간 속으로』)고 말하는 자, 시간을 받아들이는 자가 주체입니다. 니체가 말하듯 "그럼에도 불구하고 '그럼에도 불구하고'는 최고의 긍정의 형식"입니다. 주체는 긍정하는 자라기보다 긍정이 만들어내는 자입니다. 이런 점에서 생성의 사상은 최고의 유물론적 사상이지요.

자유의지는 존재하지 않는다

생각에 대한 상과 관련해서 이제 인간학을 살펴볼 차례입니다. 인간은 두 가지 면으로 이루어져 있습니다. 몸과 마음 또는 육체와 정신. 우리는 몸이 무엇인지 아직 잘 모릅니다. 동시에 마음이 무엇인지도 잘 몰라요. 몸이, 또 마음이 무엇을 할 수 있느냐 하는 문제는 스피노자가 제기하고 들뢰즈가 물려받은 주요한 문제입니다. 이 문제와 관련해서 특히 주의할 지점이 자유의지입니다. 의식과 자유의지는 서로 떼려야 뗄 수 없는 관계죠.

들뢰즈는 많은 선배 철학자, 특히 스피노자나 니체와 비슷하게 자유의지를 부정합니다. 자유의지를 부정하는 건 유물론적 관점에서는 그다지 어렵지 않습니다. 우주는 물질에서 시작됐어요. 나중에 비로소 생명이 생겨나고, 인간도 탄생했습니다. 자유의지는 언제 생겨났을까요? 적어도 인간에게 선험적으로 내장되었다고 할 수는 없습니다. 자유의지라는 생각과 개념이 있을지라도, 우주 안에 자유의지가 없다가 있게 되었다는 건 굉장히 설명하기 힘들어요. 이미 이야기한 바대로 우연과 우발 같은 것으로 설명할 수는 있습니다. 그러나 우연과 우발이 우주에 내재한다고 해서 자유의지가 있다고 이야기하지는 못합니다. 다시 말하면, 기계론적으로 우주가 돌아가지 않는다 하더라도 자유의지가 개입할 여지가 아직은 없습니다.

자유의지가 무엇이기에 그럴까요? (사실, 이에 대해서는 첫 번째 강의에서 지젝과 칸트를 통해 자세히 이야기했습니다.) 결정론적 세계를 피하는 길에는 두 가지가 있습니다. 하나는 선행 사건이 후행 사건을 유발할 때 '반드시' 유발한다는 조건을 빼는 것입니다. 흄은 이와 관련해서 '필연적 연결necessary connexion'이라는 용어를 썼습니다. 반드시 후행 사건을 생겨나게끔 하는 게 아니라면 결정론은 해체됩니다. 그런데 흄의 분석에 따르면 '반드시'라는 건 자연에 존재하지 않습니다. 그런 건 우리 머릿속에만 있다는 것입니다. '반드시'가 빠지고 나면, 자연 안에 우연과 우발이 내재해 있을 뿐입니다. 이는 에피쿠로스 이래, 그 전통을 이어받은 유물론자들이 자연을 파악하는 방식입니다.

결정론을 피하는 또 다른 길은 자연 바깥에서 자연에 존재하는 것들의 인과 그물에 개입하는 어떤 원인이 있다고 가정하는 겁니다. 초월적 원인이 개입하여, 본래 그대로 두었더라면 초래되었을 사건과는 다른 사건을 초래하게 한다면 결정론이 부정되지요. 그 초월적 원인으로 개입하는 게 자유의지입니다. 결정론적이지 않을 때, 인간이 자유의지로써 자연의 변화무쌍한 흐름의 방향을 바꿀 수 있다는 것입니다. 우리의 경험과 상식으로는 그럴 법한 말이지요. 그런데 이 방식은 항상 유물론 바깥에서 어떤 초월성을 다시 끌어들입니다. 자유의지는 초월성과 관련됩니다. 마치 신이 우주에 명령을 내려 우주의 흐름이 바뀌는 것과 같습니다. 그러니까 자유의지는 신학적 개념이지 유물론적 개념이 될 수 없습니다. 낙하산 인사 같은 것입니다. 그런데 지젝은 자유의지가 있어야 한다고 말합니다. 왜 그런 말을 할까요? 실천할 때 목표를 이루려면, 우리가 의도한 방향으로 어떤 일이 이루어지도록 개입해야 하기 때문입니다. 그 대목을 설명하려면 반드시 자유의지가 있어야 한다는 겁니다. 그래서 우리 목표와 의도가 있고 그 방향으로 세상이 가게끔 하는 어떤 작용, 이것이 자유의지에서 비롯되어야 한다는 것입니다.

『안티 오이디푸스』의 존재론:
우주는 생산의 경과다

아리스토텔레스에서 시작해 보겠습니다. 그는 우리가 원인을 안다는 게 어떤 현상을 아는 거라고 누누이 강조합니다. 전에도 비슷한 아이디어는 있었지만, 이는 기본적으로 아리스토텔레스가 종합한 사고방식입니다. 아리스토텔레스는 어떤 결과를 낳은 원인을 찾는 방식을 네 가지로 분류했습니다. 그중 가장 대표적인 방식은 부모를 찾는 방식이었어요. 아버지가 없으면 자식이 없거든요. 플라톤은 수학, 특히 기하학에 자기 철학의 원형을 둔 반면, 아리스토텔레스는 생물학에 두었습니다. 식물을 예로 들어 보죠. 다 큰 나무가 있고요, 씨앗이 있고, 계속 순환합니다. 동물을 예로 들면, '사람이 사람을 낳는다'는 구절로 드러납니다. 책에서 이태수 교수를 인용한 적이 있는데, 아리스토텔레스 강의를 할 때면 늘 이 구절을 언급합니다. 앞에 있는 사람은 뭐냐? 성인이죠, 아버지, 어머니. 뒤에 있는 사람은 뭐냐? 자식입니다. 혈연filiation 관계가 핵심입니다. 부모와 자손 관계.

아리스토텔레스는 어떤 결과에서 시작해 생물학적 모델에 따라 아버지, 아버지의 아버지, 아버지의 아버지의 아버지를 계속 따라갑니다. 이상李想의 「오감도」 시 제2호가 생각나나요? 아무튼 그렇게 추적하다 보면 제일 처음에 뭔가가 있어야 합니다. 그걸 퇴행regression이라고 부릅니다. 시간적으로 앞선 시기로 간다는 의미입니다. 이렇게 가는 운동에서 아리스토텔레스는 어느 순간 멈춥니다. 앞에서 짧게 언급했듯, 멈추면서 '그 자신은 태어나지 않았으면서 누군가를 낳는 존재'를 도입합니다. 그런 게 있어야만 한다고 생각한 겁니다. 이걸 '부동의 원동자'라고 부릅니다. 『안티 오이디푸스』에서 '바위' 얘기가 나오는 아주 수수께끼 같은 구절이 있는데, 그게 아리스토텔레스의 이 주장을 가리킵니다. 바위라는 건 반석이죠. 탄탄한 토대입니다. 이런 게 없으면, 그 후에 나온 것들이 있을 수 없다, 그 후에 뭔가 생겨날 수 없다, 또는 생산의 과정이 시작될 수 없다, 이렇게 봤던 거죠. 이게 초월성의 도입입니다. 부모를 계속 찾아가는 퇴행을 멈추고, 그 순간에 초월성을, 즉 그 자신은 그 후에 생겨난 모든 것들과 성격을 달리하는 무언가를 도입하는 겁니다.

이런 설명 방식은 과정을 왜 굳이 멈춰야 하는지 답할 수 없습니다. 다른 방식이 있습니다. 지금 뭔가가 존재한다는 것은, 그 전에 뭔가가 있어서 지금의 존재를 있게 했다는 뜻입니다. 그리고 그전에 있던 존재는 더 전의 존재에서 비롯했고, 이 과정 역시 과거로 퇴행합니다. 하지만 과정을 어느 순간 멈추지 않고, 지금보다 조금 앞선 순간, 그 순간보다 조금 더 앞선 순간이 있는 일이 계속 되풀이된다는 방식으로 생각해 볼 수도 있습니다. 지금이 있으니까 전 순간이 있고, 그 전 순간이 지금일 때 그 전 순간이 있었고, 그냥 그렇게만 생각해도 충분합니다. 더 이상 최초의 순간을 따지지 않아도 됩니다. 반석은 없지만, 그럭저럭 안심할 순 있습니다.

이를 더 잘 관찰해 보면 이렇습니다. 전 순간에 있던 우리 우주 전부가 바로 다음 순간 쪽으로 뭔지 모를 힘을 통해 밀쳐집니다. 즉, 미래의 순간을 향해, 다음에 올 순간을 향해 뻗어 나가는 거예요. 정체는 모르지만, 힘을 발휘한 겁니다. 그래서 전 순간 우주의 온갖 힘이 뻗어 나온 게 지금 이 순간의 우주이고, 거꾸로 말하면, 지금의 힘들 중에서 앞으로 올 시간을 향해 뻗어 나갈 수 있는 것들이 다 뻗어나감으로써 다음 순간이 생겨난다고 할 수 있습니다. 이 과정은 신비하고 설명하기 어렵지만 분명히 일어나고 있는 과정입니다. 그런 의미에서 과거로건 미래로건 우주가 멈춘다는 걸 생각할 필요가 없습니다.

데카르트가 가장 고민했던 문제 중 하나가 '우주의 멈춤'과 관련됩니다. 데카르트의 기본 명제는 다음과 같이 요약됩니다. 초기 『방법서설』(1637)을 쓸 때는, '나는 생각한다, 그러므로 나는 존재한다', 즉 '코기토 에르고 숨cogito, ergo sum'이라고 표현했고, 『성찰』(1642)에 오게 되면 '나는 생각한다, 나는 있다', 즉 '코기토, 숨cogito, sum'이라고 표현했습니다. 두 시기 사이에 '그러므로'가 빠졌는데, '생각'과 '있음'이 추론적인 관계가 아니라 '생각하자마자 있다'로 바뀐 거죠. 내가 속고 있을지라도 바로 그 순간 속는 나는 있으니까, 그건 분명해요. 하지만 생각하지 않을 때는 어떻게 되느냐가 문제입니다. 나는 생각하는 동안만 있게 되는 거예요. 생각하지 않으면, 가령 이 우주에서 생각할 수 있는 존재가 다 같이 생각을 멈추면 어떻게 될까요? 우주는 사라지게 될까요? 현상은 존재하지 않게 되겠죠? 철학적으로 굉장히 심각한 문제입니다. 그래서 우주가 존재하는 것을 멈추지 않게끔 하는, 이 우주를 계속 생겨나게끔, 어떤 힘이 있어야 해요. 데카르트에게는 그게 바로 신이에요. 신은 매 순간 우주를 창조합니다. 그걸 통해 우주가 사라지는 걸 막을 수가 있어요. 그리고 이를 통해 '나는 생각한다, 그리고 생각하는 동안 나는 있다'라는 명제가 확보됩니다. 될 수 있습니다. 정말 신기한 건 우주가 멈출 수도 있는데 왜 그다음 순간 계속 되느냐, 이거거든요.

신을 끌어들이는 데카르트와 설명 방식 말고, 더 상식적이지만 쉬운 방식이 있습니다. 전 순간의 힘들이 우주 자체인데, 다음 순간 발현될 수 있는 힘들이 그다음 순간을 끌어온다는 거예요. 그런 식으로 계속 가요. 그렇다면 전 순간의 우주는 어디로 가느냐? 지금 이 순간의 우주에 다 담겨 있습니다. 빠질 건 빠지더라도 남아 있을 건 남아 있는 형태로 이 우주의 재료 역할을 합니다. 그러니까 앞 순간과 뒤 순간 사이의 관계가, 앞 순간이 뒤 순간을 만들면서 앞 순간은 사라지는 방식 마치 당구공 모델에서 생각하듯 앞의 공이 굴러가 다음 공을 밀어내는 식의 관계가 아니라, 앞 순간이 뒤 순간으로 다 이전하는 겁니다. 다만 '다'라는 말에서 이전할 수 없는 힘들이 사라진다는 게 전제됩니다.

이처럼 힘들의 순환, 반복, 회귀라는 형태로 우주의 정지라는 문제가 해소될 수 있습니다. 니체의 '영원 회귀' 혹은 '영원한 반복'은 다른 뜻이 아닙니다. 힘들의 문제로 파악하면, 지금 이 순간은 그 앞 순간에서 와서 여전히 작용하며 남아 있는 힘들입니다. 물론 변형과 분해와 합성을 거친 힘이겠지요. 힘의 관점에서 설명할 때 유리한 건, 또 그다음 순간도 같은 방식으로 설명할 수 있다는 점입니다. 힘의 관점에서 보면 결과가 곧 새로운 원인입니다. 결과-원인이 한 덩어리(결과=

원인)가 됩니다. 바로 그게 우주의 운행 방식입니다. 우주의 자기 생산 운동이 있다는 거죠. 이것을 니체는 '영원 회귀'라고 했고, 스피노자는 '자기 원인'이라고 했습니다. 자기 원인은 되게 이상한 개념이죠? 어떻게 자기가 자기의 원인일 수 있겠어요? 그러나 순환의 관점에서 보면 자기 원인은 아주 쉬운 얘기입니다. 자기를 낳은 게 바로 전 순간의 자기라는 뜻이에요. 우주를 하나의 자기라고 보면, 그건 바로 전 순간의 자기가 낳았어요. 베르그손은 그걸 '지속'이고 했어요. 지속은 처음과 끝 간에 폭이 있다는 거거든요. 끝은 계속 지연되기 때문에 '끝'이라는 말이 이상하지만, 끝에 처음이 다 포함된 관계가 지속이에요. 조금 뜻밖일 텐데, 마르크스도 유사한 생각을 표명했습니다. 제 박사 학위 논문에서는 자세하게 분석했어요. 맑스는 『경제학-철학 초고』(1844)에서 '두르히 지히 젤프스트 자인Durchsichselbstsein'이라는 표현을 썼어요. druch는 '통해through', sich selbst는 '자기 자신one self', sein은 '존재'입니다. 즉 'being-through-one-self', '자기를 통해 생겨나는 존재'라는 뜻입니다. 이 표현들은 모두 아리스토텔레스 식의 우주관, 존재관을 벗어나기 위한 답변으로 읽을 수 있습니다.

과감히 말해보자면, 스피노자의 '자기 원인', 마르크스의 '자기를 통해 생겨나는 존재', 니체의 '영원 회귀', 베르그손의 '지속'을 들뢰즈와 과타리는 '자기 생산'이라고 표현했습니다. 이건 무의식 혹은 우주의 생산 운행 전체를 가리켜요. 다른 말로 '고아인 무의식the unconscious as an orphan'이라고도 했고요. 고아라고 한 건 부모가 없다는 걸 강조하기 위해서입니다. 부모가 없다는 말에는 자기의 자기 생산이 함축됩니다.

무의식은 다른 데 있는 게 아니라 우주 자체가 무의식입니다. 그렇다면 인간이 만나는 무의식은 뭐냐? 인간이 자연과 만날 때, 인간은 항상 사회를 경유해서 자연과 만납니다. 그렇다면 순수한 자연은 세상에 있을 수 없습니다. 말하자면 인간이 만나는 모든 자연은 인간화된 자연일 수밖에 없습니다. 마르크스는 특히 『독일 이데올로기』에서 이런 얘기를 많이 합니다. 마르크스 당시 시점에서 우리가 알고 있는 자연은 주로 교역, 상업의 결과예요. 그래서 이렇게 말합니다. "벚나무도 거의 모든 과수나무와 마찬가지로 불과 수백 년 전에 교역을 통해 우리 지역으로 이식된 수종이다." 인간이 자연이라고 부르는 것도, 나무와 풀과 강과 산과 바다, 이런 것들도 이미 그 자체가 순수 자연pure nature, 순수 자연 상태pure natural state가 아니라 인간화된 자연humanized nature, 인공적 자연artificial nature에 속합니다.

나아가 인간과 자연의 구분도 없습니다. 『안티 오이디푸스』에는 '호모 나투라homo natura'라는 개념이 있어요. 인간과 자연의 동일성을 얘기할 때, 인간은 생물로서의 인간을 넘어 사회를 가리킵니다. 왜 인간이 곧 사회냐? 마르크스가 포이어바흐로부터 가져와서 가공한 '유적존재Gattungswesen'라는 개념이 있어요. 좀 어려운 개념인데, 단순화를 무릅쓰고 쉽게 설명하면 '개인으로서의 인간'은 애초에 없다는 거예요. 인간은 출발에서부터 사회적 존재, 하나의 유類라는 거지요. 제가 『공동 뇌 프로젝트』(2025)에서 이 문제를 탐구했어요. 인간은 처음부터 개체군 수준에서 긴밀한 소통과 협력을 통해 존재할 수 있었습니다. 도구 사용, 함께 돌보기, 식량 것 구하기 등을 함께 하지 않으면 생존할 수 없었어요. 다 알다시피 개인이라는 게 발명된 건 사유재산 개념이 사회에 도입된 후입니다. 그러니까 자본주의 탄생 전에는 개인이라는 관념이 성립할 수가 없었어요. 가령 벼농사를 지을 때 따로 못 지어요. 마을의 논을 돌아가면서 모내기, 김매기, 벼 베기를 함께 해야 합니다. 왜 인간이 이기적인 존재인데 이타심을 가질 수 있느냐? 굉장히 바보 같은 질문이에요. 애초에 그런 물음을 던질 필요가 없죠. 인간은 애초부터 공동 존재, 사회적 존재, 유적 존재인데, 왜 이기적이 되었나를 물어야 맞습니다. 따라서 존재와 사회, 자연과 사회, 인간과 자연은 하나입니다.

자본주의가 만만하지 않은 까닭

자본주의 경제 시스템 또는 사회 시스템은 하나의 무의식입니다. 이 얘기는 뭐냐 하면, 우리는 자본주의 경제와는 다른 형태의 경제적 · 사회적 삶을 잘 생각하지 못합니다. 그러나 역사적으로 보면 분명히 전前자본주의 시대가 있었어요. 들뢰즈 · 과타리에 따르면, 원시 영토 유형, 야만 전제군주 유형이 있었고, 실질적으로 그리고 시간이 지나면서 점점 그것들이 자본주의의 부품으로 편입되었습니다.

이건 굉장히 무서운 얘기예요. 자본주의 경제 · 사회 시스템이 우리의 무의식이라는 말은 무슨 뜻일까요? 자본주의가 무엇인지 정의하는 방식은 여럿이지만, 핵심에 있는 건 '상품'이라는 개념입니다. 상품은 두 가지 형태로 존재합니다. 인간 상품과 비인간 상품입니다. 먼저 인간 상품인 노동력이 있습니다. 그리고 비인간 상품인 재화가 있습니다. 재화에는 물건 말고도 서비스라든지 다양한 것이 포함됩니다. 크게 보면 자본주의가 성립하는 과정에서 사람이 상품이 되고 사물이 상품이 되는 두 가지 일이 있었습니다. 한 가지 일만 있어서는 안 되고, 두 일이 동시에 있어야 됩니다.

근데 잘 보세요. 원칙적으로 보면 사람의 활동은 삶이지 돈으로 바꿀 수 있는 뭔가가 아닙니다. 사물은 많은 부분 자연인데, 그건 그냥 있는 거지, 사고 팔 수 있는 게 아니에요. 그런데 어느 순간 두 가지가 다 상품이 됩니다. 다시 말하면 인간과 자연의 '고유한' 영역들이 질을 상실하고 양으로 환산되기 시작합니다. 양으로 환산된다는 게 바로 상품이 된다는 말의 의미입니다. 가격이 매겨지고 화폐를 통해 거래될 수 있는 상태가 되는 거죠. 그래서 구닥다리 용어지만 인간은 그의 인격이라든지 이런 것에 의해 규정되는 것이 아니라 그가 받는 연봉에 의해서 규정되고, 사물은 가격에 의해 규정됩니다. 심지어 고흐 같은 미친놈의 그림도 얼마짜리인가로 언급되죠, 이 해바라기는 얼마, 이 자화상은 얼마, 이런 식이 돼요. 〈TV쇼 진품명품〉이란 프로그램이 있어요. 찾아 보니 지금도 하더라고요. 예전에 보면, 3대째 물려져 내려 오는 집안의 소중한 물건을 갖고 왔는데 진품명품이 아니라 가짜인 경우가 있죠. 그래서 가격이 15만 원으로 평가되고, 의뢰인의 표정이 안 좋아지죠. 이런 장면이 많았어요. 조상의 손때가 묻었다는 질적 가치가 한 순간에 사라지는 거예요. 아마 집에 가면 버릴지도 모르겠다는 생각이 들더라고요. 이런 식으로 모든 것이, 인간이나 사물이 모두 고유한 질을 상실하고 양으로 바뀐 과정이 자본주의의 성립에 필수적이었습니다.

자본주의가 성립하려면 화폐와 상품이, 즉 인간 상품과 사물 상품이 만나야 합니다. 여기에 덧붙여 자유롭게 거래가 이루어지는 시장도 성립해야 합니다. 화폐, 상품, 시장 기능이 어떻게든 함께 있어야 자본주의 경제 · 사회 시스템이 작동할 수 있습니다. 세계사를 돌아보면 그런 결합은 우연히 발생했습니다. 각 구성 요소는 예전에도 있었지만, 따로따로 있었어요. 근대 유럽에 와서야 화폐와 두 종류의 상품과 시장이 함께 만났고, 이 만남은 우연에 의한 것이었지만, 일단 만난 후에는 되돌릴 수 없는 불가역적인 과정이 진행되었습니다.

그 후에는 어떻게 될까요? 이 구조를 벗어나서 사는 게 점점 어려워집니다. 가령 골목 상권 보호 규제를 생각해 보죠. 재래시장을 살리고 대형마트를 규제하는 일이 어떻게 진행되는지 과정을 보면, 한편으로 정부의 개입, 제도 마련을 통해 재래시장과 중소 상인을 살리려는 노력이 행해집니다만, 다른 한편 사람들의 라이프스타일이 변해서 재래시장에 가기 어려워진 부분도 있어요. 더 본질적인 건 자본의 논리입니다. 자본의 논리는 단 하나 '이윤 증대'입니다. 자본 자체가 더 늘어나는 것을 지향합니다. 이윤이 자본으로 다시 편입되어야 합니다. 마르크스의 표현을 빌리면, 아버지 자본이 아들 자본을 낳아야만 아버지 자본은 자본으로서 비로소 성립합니다. 아들 자본이 이윤입니다. 이윤이 계속 있어야만 미리 투자되었던 돈이 자본으로 성립합니다. 이윤 대신 손해가 이어지면 그 자본은 결국 사라지고 맙니다. 이제 자본의 논리 속에서 더 많은 이윤을 낳을 수 있는 영역이 어딘지 따져야 하겠죠. 이 영역은 자본의 공세에 의해 경쟁력이 사라집니다. 더 많은 이윤을 남기기 위해 일시적으로, 가령 덤핑 형태로, 대형마트가 공격적인 영업을 하면 작은 동네 상권이 죽고, 그 후엔 그동안 누리지 못했던 그 이익을 다시 챙기는 식으로 가는 게 자본의 운동입니다. 지금은 골목 상권하고 대형마트를 예로 들었지만, 그것은 중소기업이나 대기업, 혹은 대기업 사이에 벌어지는 합종연횡 과정 속에서도 분명하게 드러납니다. 대기업들이 경쟁력 없는 기업을 흡수해 몸집을 키워가는 과정을 계속 밟아 왔는데, 이 역시 자본이 운동하는 기본적인 방향입니다.

그러니까 들뢰즈의 물질적 무의식, 그건 현 단계에서는 자본주의 사회 그 자체인데, 자본주의 사회에 나 있는 여러 길들, 그리고 우리가 그 길을 따라서만 살게 되고 생각하게 되는 현실에 대해서 꼼꼼하게 짚어 보는 분석 작업이 필요합니다. 이게 분열 분석입니다. 분석이라는 말은 팔짱 낀 채로 이런 게 이런 거고 저런 게 저런 거라고 설명하는 일로 보이지만, 분열 분석이 미시 정치라는 이름과 등치되는 까닭은, 그래서 단순히 분석으로 끝나는 게 아니라 그 자체로 이미 정치적인 실천을 함축하고 있으며, 표층에 가려진 심층의 작동 원리를 폭로하기 때문입니다. 우리가 지금 이렇게 사는 게 사실은, 심층 또는 미시적인 수준에서 벌어지는 이런저런 원인 때문이야, 그러니 다른 태도를 취해야 문제가 극복돼. 앞에서 본 것처럼, 빛에 의해 움직이는 우리의 일상도 한 예인 거죠.

우연과 우발의 실천철학

마지막으로 우연과 우발을 살펴보겠습니다. 이 문제는 실천철학과 아주 밀접한 관계가 있습니다. 1976년경 알튀세르가 써서 유명해진 표현인 '우발성의 유물론', '만남의 유물론'이란 개념에서 출발해 보겠습니다. 그 개념은 『안티 오이디푸스』에서 개진된 '우발성의 세계사'를 알튀세르가 수용해서 만들었다고 봅니다. 우발성의 세계사라고 할 때 세계사universal history는 단지 인간에게 일어난 일만 가리키는 게 아니고, 우주 전체의 역사를 가리킵니다. (첫 번째 강의에서 자세히 말씀드렸듯이, 마르크스와 발리바르는 세계사가 우연에 의해 진행된다고 보았고, 알튀세르와 들뢰즈의 영향 관계도 복잡합니다.)

우주는 우연과 우발이 그 안에 개입해서 지금까지 진행되어 왔습니다. 알튀세르와 마르크스를 먼저 이야기한 까닭은, 이들이 유물론에 충실하게 우주의 운동을 보았기 때문입니다. 세계사는 필연적 과정을 따라 움직이는 게 아니다, 우발과 우연, 그 흐름들의 만남, 언제든 일어날 수 있지만 그제야 비로소 일어난 사건들, 자본주의는 그런 식의 일들이 겹쳐서 탄생했다는 것입니다. 마르크스는 상당히 일관된 사람입니다. 그는 박사학위논문에서 파악한 세계의 모습을, 구체적 세계인 인간 사회의 역사 속에서 다시 확인하려 했습니다. 이를 간단히 살펴보죠. 일단 에피쿠로스의 도움으로 이론적 수준에서 마르크스의 존재론이 구성되었습니다. 그러나 현실적 수준에서 우리가 살아가는 이 존재 세계는 무엇인지 물을 수밖에 없습니다. 사회가 바로 우리의 존재 세계입니다. 그 사회에는 우주도 포함됩니다. 달도, 태양도 다 포함됩니다. 인간화된 자연은 당연히 사회입니다. 그러니 우주 역시 사회입니다. 그러한 사회 중에서 구체적으로 우리가 지금 살아가는 사회는 어떤 사회인가, 우리가 지금 살고 있는 존재 세계는 무엇인가? 마르크스는 이런 질문을 던졌습니다. 답은 바로 자본주의 사회죠. 이와 같이 존재론은 필연적으로 사회 이론으로 나아갈 수밖에 없고, 특히 당시 사회인 자본주의에 대한 분석과 비판으로 나아갈 수밖에 없습니다. 필연적으로 마르크스는 당대까지의 정치경제학자인 스미스, 리카도, 장밥티스트 세 등을 탐구합니다. 1844년에 쓴 『경제학 철학 초고』(이하 『초고』)는 대부분 발췌로 이루어져 있습니다. 당시까지 나왔던 경제학 책들을 모두 읽은 것입니다. 이 사회의 정체가 무엇인가를 스크랩해서 옮겨 적어 가며 파악하려 했습니다. 그리고 그것을 토대로 자기 생각을 나름대로 발전시켜 갑니다. 마르크스는 1859년에 회고적으로 자신의 초기 작업을, 특히 『초고』를 평가합니다. 그는 『정치경제학 비판을 위하여』의 「서문」에서 헤겔의 법철학을 비판적으로 수정하는 과정에서 "국가 형태들과 같은 법 관계들"은 "삶의 물질적 관계들"에 근거하며 "시민사회의 해부학은 정치경제학에서 찾아야 한다"

는 결론에 이르렀다고 말합니다. 이어서 마르크스는 파리(『초고』)에서 시작했던 정치경제학적 탐구는 브뤼셀(「테제」, 『독일 이데올로기』)로 추방된 후에도 계속되었고, 그리하여 일반적 결론을 도출했다고 말합니다. 이 진술에 따르면 최소한 마르크스 자신은 『초고』에서 『독일 이데올로기』 사이에 그 어떤 단절이 있다고 생각하지는 않은 것 같습니다. 마르크스가 그 사이에 비약적인 발견을 했다면, 그것을 지적하지 않고 넘어갔을 리 없기 때문입니다. 『초고의 세 번째 노트에서도 중요한 사상이 개진되지만, 결국 이 작업은 『자본』이라는 책으로 종합됩니다. 그러니까 마르크스의 『자본』은 존재론입니다. 자본주의 사회라는 '현실 존재론'이죠. 그렇게 이해해야 옳습니다.

그런데 마르크스가 살던 시기의 자본주의는 아직 충분히 성숙하지 않았다는 점에 주목해야 합니다. 말하자면 세계 자본주의가 마르크스가 『자본』 3권에서 이야기한 단계인데, 세계 자본주의가 실현되지 않았죠. 그러니까 그 구체적인 양상을 마르크스는 관찰할 수 없었던 것입니다. 세계 자본주의는 최초의 자본주의 전쟁인 제1차 세계대전과 이어진 제2차 세계대전을 거쳐서 비로소 완성되었습니다. 1945년 이후에야 비로소 세계 자본주의가 완성되고, 자본주의 자체가 성숙했다고 할 수 있습니다. 들뢰즈가 과타리를 만나 함께 작업한 게 그 시점입니다. 자본주의가 갈 데까지 간 거죠. 오늘날 우리가 후기 자본주의 신자유주의니 여러 명칭을 붙여 가면서 자본주의가 변했다고 하는데, 그건 한국 상황에서죠. 프랑스에서는 이미 제1차 오일쇼크, 제2차 오일쇼크, 대처와 레이건 정권의 등장 등 여러 맥락에서 자본주의가 갈 데까지 가 버렸죠. 스무 해 정도 늦게 한국에서는 그걸 깨달은 겁니다. 1997년 외환 위기, 또 2008년 미국발 금융 위기 같은 것은 후폭풍에 불과합니다. 이런 현상은 사실 마르크스가 '공황론'을 통해서 다룬 주제인데, 유럽이나 북미의 시각에서는 이미 두 차례 세계대전을 통해서 경험했던 현실입니다. 『안티 오이디푸스』의 부제가 '자본주의와 분열증'인데, 이 책의 자본주의 분석은 마르크스가 19세기에 데이터가 부족했기 때문에 미처 다 쓰지 못한 『자본』을 20세기 후반에 접어들면서 다시 쓴 거라고 보면 적합합니다. 물론 그 작업은 『천 개의 고원』으로 이어지고요.

세계사가 형성되고 우주의 역사가 진행되는 것이 우연과 우발을 통해서라면, 문제가 하나 생깁니다. 수많은 패악을 보이는 현재의 자본주의, 들뢰즈가 살았을 때도 이미 그 폐해가 심각했는데, 이 나쁜 자본주의를 극복하고 퇴치하거나 넘어서려는 시도, 즉 혁명이 어떻게 가능할까, 하는 점이 문제입니다. 묘한 문제죠. 사회 이론의 차원에서 세계사는 우연과 우발을 통해서 만들어졌습니다. 인간학 차원에서 인간의 자유의지는 존재하지 않습니다. 인간은 의식적으로 자기 이익을 좇아 행동하지도 않습니다. 바로 이 점이 문제입니다. 당연히 들뢰즈한테서 실천 이론이 있을 수 있느냐가 쟁점이 될 수밖에 없죠. 들뢰즈한테 실천 이론이 부재하는 것처럼 보인다는 점이 바로 좌파가 들뢰즈를 꺼리는 가장 중요한 이유가 아닐까 합니다. 게다가 이 문제는 사실상 들뢰즈 사상 내에서 핵심 위치를 차지합니다.

주목해야 하는 건 1960년대에 사람들이 이미 의식의 파탄을 경험했다는 점입니다. 유럽인들, 특히 프랑스 사람들은 아주 심했습니다. (앞에서 자세히 이야기한 바대로) 전쟁을 겪었기 때문입니다. 사상적으로 인간의 선의지, 의식 같은 것이 아무런 효과가 없다는 걸 전면적으로 깨달았습니다. 그럴 때 유력한 대안으로 떠오른 게 정신분석입니다. 의식은 전부가 아니다, 의식은 무의식적 활동의 결과물일 뿐이라는 거죠. 그래서 정신분석과 전통 사상을 결합하려는 온갖 시도가 나타납니다. 모든 길은 정신분석으로 통한다고 말할 수 있을 정도였습니다. 대표적으로 소쉬르의 언어학과 정신분석을 결합한 라캉, 마르크스주의와 정신분석을 결합한 알튀세르와 동료 제자들 및 료타르, 현상학과 정신분석을 결합한 데리다, 독일 쪽이지만 마르크스주의와 정신분석을 결합한 호르크하이머와 아도르노, 마르쿠제, 프롬 등 미국에 망명했다 복귀한 프랑크푸르트 학파 등 가히 모든 곳에 정신분석이 출현합니다. 유일하게 둘 정도가 강한 예외인데, 푸코와 들뢰즈입니다. 푸코와 들뢰즈는 프랑스 과학철학의 전통에 속해 있습니다. 두 사람은 콩트에서 시작해서 베르그손, 바슐라르를 거쳐서 캉길렘으로 이어진 생명과학철학 전통에 있습니다. 캉길렘은 푸코가 박사학위논문을 쓸 때 실질적인 지도교수였고, 들뢰즈가 흄에 대한 논문을 쓸 때 지도교수였습니다. 실증적으로 분석하다 보니 정신분석이 헛소리라는 걸 금세 깨달은 것입니다.

푸코와 들뢰즈는 니체와 직거래를 했습니다. 니체를 만난 맥락은 각각 다르지만, 어쨌든 니체라는 방패로 정신분석이라는 허깨비를 물리쳤는데, 말하자면 니체의 무의식 이론으로 프로이트의 무의식 이론을 퇴치했습니다. 퇴마사는 니체이고, 유령은 프로이트라고 정리할 수 있습니다. 정신분석이 당시의 중요한 대안으로 부각되었지만, 들뢰즈한테는 그렇지 않았습니다. 들뢰즈한테는 니체가 있었고 흄 같은 경험주의자가 있었습니다. 경험주의는 사실을 직접 만난 후, 그로부터 이론을 찾아내는 작업입니다.

좌파는 자연과학을 열심히 공부하지 않는 경향이 있습니다. 마르크스를 알아야 한다, 헤겔을 알아야 한다. 변증법을 알아야 한다고는 자주 말하는데, 공부를 안 해서 자연에 대해선 잘 모릅니다. 어쩌면 사회에 대해서도, 자본주의에 대해서도 잘 이해하지 못합니다. 그렇기 때문에 관념적이고 이상적으로 생각합니다. 그리고 한 걸음 한 걸음이 가지는, 디딜 수 있는 하나하나의 징검다리가 가지는 기능에 주목하지 않고, 강을 다 건넌 후 저곳의 이상적 상태를 주로 말합니다. 어떻게 건너가느냐가 중요한데, 저기 아름답고 좋은 곳이 있다. 저기에 가야 한다고만 합니다. 그런 점이 바로 관념적이라고 생각합니다. 때때로 불가능한 걸 대안으로 제시하고, 그것 봐라, 이것 안 되지 않느냐, 너희들이 제대로 안 해서 안 되는 것이라는 식으로 이야기하곤 합니다. 들뢰즈는 이를 '사제 권력' 또는 '사제 심리학'이라고 말합니다. 사제들이 죄를 물을 수 있도록 담론을 구성하는 겁니다. 그러면 사람들은 죄책감과 양심의 가책에 빠져서 사제에게 예속됩니다. 들뢰즈에 따르면, 사제 권력과 관련한 가장 탁월한 분석가가 네 사람 있습니다. 스피노자, 니체, 푸코, 그리고 조심스럽게 아마 네 번째는 자신도 속할 것이라고 말합니다. 사제 권력은 남들을 힐난하기 위한, 그래서 자기 스스로 나약해지게 하는, 결국 사제에게 복종하게 하는 다양한 수법을 일컫습니다. 한국의 좌파는 이러한 사제 권력을 많이 구사하는 것 같습니다.

작은 땅뙈기라도 하나 마련해서 공간을 직접 확보하는 건 아주 중요합니다. 이런 것이 바로 무의식의 구성 작업입니다. 사람들은 이런 곳이 있기 때문에 찾아올 수 있죠. 이 공간은 구체적 하부구조의 일부로 존재합니다. 이것이 무의식입니다. 공간을 이야기할 때, 들뢰즈는 매끈한 공간과 홈 파인 공간을 언급합니다. 우리는 공간에 파인 홈으로만 다닐 수 있습니다. 도로가 대표적이죠. 우리가 정해진 대로 다니는 이유는 도로가 그렇게 나 있기 때문입니다. 길이 다른 쪽으로 나면 다른 길로 갈 수 있습니다. 또는 길이 없어지면, 이동하는 다른 방식이 있을 수 있습니다. 길을 어떻게 내느냐, 공간을 어떻게 구성하느냐 등이 무의식을 건설하는 과제입니다. 매끈한 공간이라면 아무 데로 다닐 수 있습니다. 우리가 자기 의지로 많은 것을 결정한다고 생각하지만, 실제로는 주어진 물리적, 물질적 조건과 환경에 의해 대부분이 결정되며, 생각하고 행동할 때 한 숟가락 얹는 식으로 자기 결정을 보태는 겁니다. 그래서 유물론자로서 우리는 몸 하나 눕히는 작은 땅뙈기, 즉 영토를 건설하고, 동시에 거기에 안주하지 않고 이동해서 또 다른 영토를 건설하는 일을 하면서 살아갑니다. 영토 건설과 탈영토화를 반복하는 삶, 이것이 사실 무의식 이론입니다.

마지막으로 우연을 긍정한다는 것이 무슨 뜻인지 살펴보겠습니다. 시도를 자꾸 해 본다는 것이고, 실험해서 그 결과를 받아들인다는 뜻입니다. 실패를 긍정하자는 게 아니라, 현실 속에서 실제 해 보았다는 사실 자체를 직시하고, 다시 손대서 수선할 게 무엇인지를 찾는 일입니다. 계속되는 실험이지, 실패를 받아들이고 끝내자는 이야기가 절대로 아닙니다. 실패와 약간의 성공, 실패와 약간의 성공… 이런 것이 이어지는 과정을 살아가자는 겁니다. '운명애amor fati'라는, 스토아학파에서 유래하고 니체가 좋아했던 개념을 들뢰즈는 실천철학의 핵심으로 삼습니다. 그런 실험은 개인이 할 수밖에 없는데, 때로는 같이 모여서 집단으로 하는 것도 가능합니다. 여기서 윤리와 정치의 구분이 나옵니다. 둘 다 사회 속에서 수행하지만, 윤리가 자신을 향해 있다면, 정치는 타인을 향해 있습니다. 그럴 때 최소한 출발점으로서 내가 어떻게 해야 하느냐 하는 문제가 생깁니다.

실패란 처음에 의도한 목표와 내가 노력해 생겨난 결과가 어긋날 때, 목표에 이르지 못했을 때를 가리킵니다. 그 어긋남 때문에 사람들은 좌절하고 후회합니다. 후회는 결과에 비추어서 노력을 평가하려 할 때 생깁니다. 그때 그랬더라면, 하는 식으로 생각하는 거지요. 하지만 결과란 나의 노력과 우주의 조건이 어우러져서 생겨나는 법입니다. 내 노력이 바라던 결과를 낳는다는 보장은 없습니다. 목표를 향한 노력이 원하는 결과를 낳지 않는 것이 존재론적 조건 아래에서는 오히려 정상입니다. 차라리 실패가 정상 상태라고 해야 합니다. 따라서 우리는 노력하는 순간에 집중해야 합니다. 노력했지만 결과가 좋지 않았다고 할 것이 아니라, 결과가 나쁠지라도 최대한 노력하는 겁니다. 매 순간 최선을 다할 때, 그 결과와 상관없이, 후회가 남지 않습니다. 후회란 노력에 대한 후회인데, 노력의 순간에 더할 수 없을 만큼 최선을 다했으니까요. 노력과 결과를 분리하는 일은 쉽지 않습니다. 하지만 그래야 합니다. 노력은 최선을 다하되 결과는 무조건 수용하기. 그러고 나서 최선을 다한 또 다른 실험을 진행하기. 이런 것의 연속이어야, 이것이 삶이어야 하는 게 '운명애'의 진짜 의미입니다. 숙명론과는 다릅니다. 삶의 경로와 결과가 모두 미리 정해져 있음을 받아들이는 것과는 정반대입니다. 진인사대천명人事待天命이라는 말이 있습니다. 할 바를 다하되 그 결과를 겸허하게 긍정하라. 그렇게 살아갈 때, 그 삶의 끝에서, 나는 할 수 있는 일을 모두 했노라면서, "이것이 내 운명이고, 나는 내 운명을 사랑한다"라고 말할 수 있겠지요?

삶의 과정에 개입하는 수많은 우연은 방해가 됩니다. 그래서 우연을 제거하고픈 욕심이 생깁니다. 하지만 우연의 제거는, 우주의 원리라고 할 수 있는 우연을 제거하는 것은 관념적으로만 가능합니다. 우연을 통제하려니까 원치 않더라도 결국 관념론으로 가는 겁니다. 아니면 초월적 존재를 끌어들여서 잘 조정해 주었으면 하는 바람이 등장하는 것이기도 하죠. 그렇게 해서 관념론과 초월성이라는 적이 계속 끼어듭니다. 그런데 들뢰즈는 그것들을 철저히 제거하는 방식으로 실천철학을 구성합니다. 강령 없이 실천한다는 게 말도 안 되는 것 같지만, 어떤 의미에서는 그것 말고는 다른 도리가 없다고 해야 합니다. 세계사가 우연의 개입을 통해 만들어졌는데, 강령을 제시해서 어쩌자는 겁니까? 우연을 통제해 보겠다는 관념론적 시도에 지나지 않는더 말입니다. 그것은 실패가 예정된 불가능한 시도입니다. 개인 차원에서든, 사회 전체 차원에서든 말입니다. 이런 식의 실천철학을 이야기하기 때문에 좌파가 들뢰즈를 꺼리는 게 아닌가 하는 생각이 듭니다.

그러면 자유의지가 없이도 실험과 시도와 노력이 가능할까요? 목표를 설정하고 달성하겠다는 의지 없이도 노력이 가능할까요? 이 질문에 답하려면 자유의지와 의지를 구별해야 합니다. 자유의지가 없다는 말과 의지 작용이 없다는 말은 별개입니다. 니체의 철학에서 의지는 핵심 개념입니다. 그러나 니체는 자유의지를 부정합니다. 자유의지라고 느끼는 건 착각이나 환상이고, 실제로 우리 안에서는 무수히 많은 작은 의지들이 경합합니다. 니체는 자유의지를 부정하지만 의지를 긍정합니다. 여러 의지가 서로 다투는 것을 긍정합니다. 자유의지가 있다는 것은, 우리를 구성하는 여러 의지들을 통일하고 제어하는 어떤 사령관이 있다는 뜻입니다. 하지만 사령관 없는 의지들이 있습니다. 항상 서로 경합하다, 매 순간 승리하는 의지가 '나'라고 주장하는 것일 뿐입니다. 자유의지라는 가상은 실패 결과는 배제하고 성공 결과만 꼽아서 "내가 이걸 원해서 한 거고, 난 그럴 수 있어"라고 우기는 거죠. 자유의지를 부정한다는 건 이런 맥락입니다.

노력들은 분명히 있습니다. 그 노력 중에서 정말 '내'가 기원이 돼서 어떤 일을 시도했다고 할 만한 것을 일일이 꼽는 게 불가능할 뿐입니다. 신학적이고 초월적인 자유의지 말고, 동물적인 수준의 갖은 욕망과 노력과 시도 등을 생각하면 됩니다. 니체는, 그리고 『니체와 철학』의 들뢰즈는 '파이데이아paideia'라는 개념을 힘주어 말합니다. 이

용어는 '훈육' 또는 '훈련'을 뜻합니다. 파이데이아의 목적은 '약속할 수 있는 인간'을 만드는 겁니다. 약속은 약속을 지킨다는 걸 전제하는데, 약속을 지키려면 약속을 기억해야 합니다. 하지만 여러 가지 의지들의 복합체인 인간이 약속을 기억하리라는 보장은 전혀 없습니다. 따라서 약속을 지킬 수 있는 인간을 길러 내야 합니다. 이 훈육이 바로 파이데이아입니다. 약속을 지킬 수 있으려면, 약속을 어기지 못하도록 하는 외적 강제가 필요합니다. 이 강제를 지칭하는 개념이 '잔혹cruauté'입니다. 잔혹을 통해, 인간은 약속을 지키는 존재로 길러집니다. 들뢰즈와 과타리는 『천 개의 고원』 중 「6. 1947년 11월 28일 - 기관 없는 몸은 어떻게 만들어질까?」에서 이 과업을 '마조히즘'이라 부릅니다. 마조히즘은 "본능적인 힘들을 파괴해서 전수된 힘들로 대체하기"(MP 193)를 조련을 위한 공리로 삼습니다. 심지어 두 사람은 스피노자의 윤리학이란 결국 마조히즘이라는 말까지 합니다. 파이데이아든, 잔혹이든, 마조히즘이든 간에, 자유의지를 부정하면서도 노력할 수 있는 인간을 길러내는 것을 목표로 삼는다는 점을 기억하면 됩니다.

들뢰즈 철학 전체를 놓고 보면, 지금까지 이야기한 바를 진짜로 들뢰즈가 이야기했는지 파악하기 어렵습니다. 게다가 철학사를 비롯한 문화적 역량을 다 동원해서 논의를 전개하기 때문에, 즉 들뢰즈 자신이 프랑스어로 접한 모든 것을 다 써먹기 때문에, 우리 같은 낯선 문화 자원 속에서 살아가는 사람은 더욱더 그 사상을 이해하기 힘듭니다. 하지만 동시대 프랑스 사람들에게도 사정은 마찬가지인 듯합니다. 들뢰즈 자신이 워낙 다작인 데다 한 문장 한 문장은 쉽지만 세 문장 이상으로 이어지면 무슨 이야기를 하는지 잘 모르겠는, 독특한 형태로 글을 쓰기 때문에 더 접근하기 어렵습니다. 하지만 이런 진입 장벽만

큼이나 어려운 것은 들뢰즈 사상 자체가 쉽게 요약해서 소개하기 힘든 면모를 가지고 있다는 겁니다. 내부로 들어가면, 쉽게 받아들이기 어려운 내용도 많습니다. 행하기 힘든 일을 하라고 자꾸 채근하는 것 같은 느낌이 듭니다. 상식과 어긋나는 것도 많죠. 이런 점들이 아직 대중이, 특히 실천 운동에 관심 있는 좌파 이론가나 실천가가 들뢰즈를 멀리하는 또는 가까이 하지 못하는 원인이 아닌가 하고 생각합니다.

끝으로, 충분히 오해를 살 만한 발언이지만, 개인적으로는 들뢰즈 계열의 사상만이 유일한 좌파라고 생각합니다. 신학적이거나 관념적이거나 인간주의적 시도들이 개입하면 좌파가 될 자격이 없다고 생각합니다. 기본적으로 들뢰즈를 얼마나 아느냐의 문제가 아니라, 들뢰즈 사상이 기본으로 놓는 것들을 자기 말과 행동에서 담아내고 있다면 들뢰즈를 몰라도 좌파의 자격이 있습니다. '좌파 감별사' 노릇을 하려는 건 아닙니다. 하지만 관념론적이거나 신학적이거나 인간주의적으로 되면 좌파로서는 자기모순을 범하는 일입니다. 그런 사람들은 자격 미달이라고 생각합니다.

네 번째 강의

질문과 답변으로 알아보는 들뢰즈 철학

Q **들뢰즈의 철학에 언제, 어떻게 관심을 품었습니까?**

A 학부 때부터 니체에 관심이 있었습니다. 그 와중에 들뢰즈의 『니체와 철학』을 접했고, 그 후로부터 들뢰즈에 대한 관심이 점차 커졌습니다. 들뢰즈한테서 가장 인상 깊었던 부분은 기존 철학사를 언급하는 관점이 독특하다는 점, 철학을 공부하면서 답답했던 부분을 풀어 주는 면이 강했다는 점입니다. 예를 들어, 니체 해석은 하이데거도 시도한 바이지만 두루뭉술해서 명확한 입장을 읽기 어려웠어요. 반면 들뢰즈는, 단정적으로 보일 만큼 선명하게 자신만의 니체 해석을 보여 줍니다. 그 과정에는 감성에 호소하는 부분이 있습니다. 느낌으로 먼저 오는 것입니다. 물론 거기에서 그치지 않고, 개념으로 엄밀하게 뒷받침하는 논증이 뒤이어 나옵니다. 시 같으면서 철학 같고, 산문적 가다듬에 충실하면서도 함축적 정감이 있습니다. 글로써 그 양면을 모두 표현하는 점이 들뢰즈의 매력입니다.

Q **『안티 오이디푸스』는 68년 5월 혁명의 영향을 받아서 쓰였다고 합니다. 이 말이 무슨 뜻인지 자세히 이야기해 주십시오.**

A 『안티 오이디푸스』는 1972년 프랑스에서 처음 출간되었습니다.

출간되자마자 프랑스 내부에서 극적인 반응을 불러일으켰습니다. 이 책에 대한 이러한 열광적 수용은 물론 68년 5월 혁명과 관련지을 때에만 납득할 수 있습니다. 어쨌든 이 책은 그 사건에 대한 응답으로 쓰였으니까요. 오늘날의 한국이 자본주의가 가져온 다양한 문제 상황을 맞이하고 있듯이, 프랑스 역시 일찍이 이러한 상황을 겪으면서, 그와 관련한 담론들을 마련해 왔습니다. 그리고 68년 5월 혁명은 이러한 담론을 극명하게 드러내 준 계기였습니다. 들뢰즈와 과타리는 이 사건을 통해 정치적으로, 철학적으로 현재 상황에 대한 본격 탐구를 진행합니다. 이 책은 두 사람이 자본주의가 지배하는 현대적 상황에 대한 반성적 사고의 끝에 낳은 저작입니다. 68혁명의 과정에서 문제들로 제기되고 또 드러난 것들, 예컨대 그토록 강렬하게 자신들의 욕망을 분출했던 바로 그 사람들이 왜 그렇게 빨리 보수화되는가, 사람들은 왜 예속을 욕망하는가와 같은 문제들을 성찰하면서, 들뢰즈와 과타리는 어떤 조건에서 이런 일이 생겨나고, 어떻게 해야 자유로워질 수 있는가를 탐색합니다. 이런 의미에서 이 책은 철두철미하게 정치철학 책입니다.

Q 20세기를 대표하는 정치철학 책인 『안티 오이디푸스』를 21세기의 우리가 읽어야 하는 특별한 이유가 있다면 무엇이라고 생각하십니까?

A 『안티 오이디푸스』(1972)는 20세기를 대표하는 정치철학 책이라기보다 '현대 자본주의 시대'를 대표하는 정치철학 책입니다. 자본주의가 발흥해서 정착하던 19세기에 마르크스가 『자본』을 통해 자본주의를 분석했다면, 자본주의가 완성 단계에 이른 시점인 20세기에 다시 자본주의를 분석한 책이 『안티 오이디푸스』인 거죠. 따라서 20세기냐, 21세기냐의 구분보다 전쟁과 위기crisis(일본 사

람들이 '공황'으로 옮긴 말)가 만성화된 현재의 세계 자본주의 상황이 더 중요합니다.

들뢰즈와 과타리는 『안티 오이디푸스』에서 출발해 『천 개의 고원』(1980)에 이르기까지 현대 자본주의의 해부 작업에 임합니다. 그리 먼 과거도 아니고, 시기적으로 그 후에 더 진전된 분석을 시도한 철학자는 없었다고 봅니다. 아마 당시 프랑스 상황을 생각해 봐야 할 것입니다. 한국은 늦게야 세계 자본주의의 압박을 받았지만(이른바 1997년 IMF 사태), 프랑스는 이미 그런 압박 속에 있었고, 들뢰즈와 과타리는 그 지점에서 분석을 시도했던 것이지요.

이렇게 말할 수도 있습니다. 들뢰즈와 과타리는 21세기 벽두, 한국의 자본주의 상황을 30~40년 전에 이미 분석했다고, 지금 한국이 처해 있는 상황은 당시 프랑스와 유사하다고. 아니, 세계 전체가 지금 들뢰즈와 과타리가 분석한 자본주의를 살아간다고 말하는 편이 더 나을 것입니다. 이 점이 바로 '자본주의와 분열증'이라는 부제를 단 『안티 오이디푸스』의 현재적 의의입니다.

Q **철학사 또는 들뢰즈 철학 내에서 『안티 오이디푸스』의 위상을 설명해 주십시오.**

A 제 생각에, 철학사 내에서 들뢰즈는 독보적인 위치를 차지하고 있다고 생각합니다. 고대 철학의 정리자가 아리스토텔레스라면, 서양철학 전체의 정리자는 들뢰즈라고 봅니다. 들뢰즈의 철학 작업을 따라가다 보면 과거 서양철학의 주요 개념들과 인물들이 대부분 등장합니다. 들뢰즈는 서양철학 전체를 객관적으로 훑어가는 동시에 이를 통해 자기 고유의 철학을 형성했습니다.

들뢰즈 철학 안에서 『안티 오이디푸스』가 지닌 위상은, 말하자면, 모든 영역을 건드리는 가장 '종합적인' 책입니다. 그 전까지의 들뢰즈 철학이 주로 존재론과 이론철학 중심이었다면, 이 책은 그 탐구의 결과를 다시 현실 속에서 종합하고 사회철학과 정치철학을 본격적으로 포섭하면서 완성되었습니다. 이 책에서는 현실이 그대로 사례로 등장합니다. 예컨대, 당대의 예술가들, 작가들과 교류한 체험이 책 곳곳에서 그대로 묻어납니다. 1972년에 이 책이 출판되고, 다시 『천 개의 고원』이 출판되기까지 근 10년 동안 들뢰즈는 오직 이 문제, 즉 '자본주의와 분열증'만을 다룹니다. 그사이에 과타리와 함께 쓴 논문과 대담집 역시 이 책과 관련이 깊죠. 가령, 『카프카, 소수 문학을 위해』 같은 책은 소수민족의 언어를 뒤틀면서 언어가 곧 정치라는 사실을 설파합니다. 이 책 역시 분열분석 연구에서 나온 것입니다. 1968년에 『차이와 반복』이 나오고, 1969년 『의미의 논리』까지 진행되었던 연구가 해체되었다가 『안티 오이디푸스』에서 재구성되며 다시 만납니다.

들뢰즈가 철학의 선배들보다 뛰어날 수 있었다면, 시대의 덕을 많이 보았기 때문입니다. 자본주의의 수준이 다르니까요. 마르크스나 니체의 시대는 아직 자본주의 초기였습니다. 그에 반해서 들뢰즈는 이미 무르익을 대로 성장한 자본주의 속에 있었습니다. 자본주의 실상에 대한 파악이 다를 수밖에 없었습니다. 그 분석에 들뢰즈의 탁월성이 있습니다.

그런데 그 뒤로 학문 후속 세대가 재생산되지 않은 점은 프랑스나 한국이나 비슷한 듯합니다. 철학은 감각만으로 되는 것이 아니라 개념의 역사가 필요한데, 개인을 통제하는 자본주의의 방식은 더 교묘해지고, 자유로운 연구 시간 부족이나 시장친화적인 가벼운 책들만 주목받는 출판 시장 등, 두 나라 모두 여러 측면에서 어려운 상황입니다. 죽기 전에 한 인터뷰에서 들뢰즈가 이런 말을 한 적이 있습니다. "요즘 젊은이들은 사막에서 태어난다. 사막에서 태어나지 않은 사람들은 적어도 사막을 건너는 것이 가능하지만, 사막에서 태어난 사람은 사막이 아닌 곳을 모르니까 더욱 암울하다." 지금으로서는 언제 다시 가능성이 열리는 시대가 올지 알 수 없으니, 조금 답답하네요.

Q 『안티 오이디푸스』의 가장 큰 매력은 무엇이라고 생각하십니까?

A 이 책을 통해 이른바 '인간주의'의 한계가 무엇인지를 가장 많이 느꼈습니다. 오늘날 '인간주의'라고 부르는 것들은 사실 역사적 과정을 거쳐서 형성된 결과물인데, 그 한계에 갇혀 살았구나, 하는 것입니다. 우주 전체, 나 밖의 영역(사실, 이런 것 자체가 너무 인간화되어 있기는 하죠)을 향한 시각의 변화가 새로운 사고의 출발점이 되어야 합니다. 예컨대 생물학의 어떤 연구에 따르면, 인간 구성의 80퍼센트가 바이러스라고 합니다. 따라서 인간은 텅 빈 존재에 지나지 않습니다. 일상에서 인간의 이런 모습은 잘 상상하지 못하잖아요. 하지만 사실은 이런 지점으로부터 새로운 인간 이해를 시작하는 것입니다.

Q 과타리는 어떤 사람인가요? 들뢰즈와 어떤 관계일까요?

A 과타리는 흔히 투사로 묘사됩니다. 실제로 활동가였고, 어떤 사태가 생기면 일단 부딪쳐 본 다음에 깨달은 것을 개념으로 만들고 경험을 확장하는 사람입니다. 들뢰즈도 이 점을 언급합니다. "내가 피뢰침이라면 과타리는 번개다. 나는 번개를 받아서 썼다"라고요. 아주 적합한 표현입니다. 『안티 오이디푸스』에서 개념을 정리하

고 체계화한 것은 들뢰즈였습니다. 그렇지만 그 개념을 발명하기 위한 영감을 제공한 것은 과타리였으며, 정신분석과 같은 구체적 영역에 어떻게 접근할 것인가 하는 지점에도 과타리의 기여가 절대적이었습니다. 과타리가 쓴 『『안티 오이디푸스』 노트』(2004)는 『안티 오이디푸스』를 쓰면서 들뢰즈와 주고받은 기록들로, 과타리가 기여한 부분을 알 수 있게 해줍니다.

Q 그동안 한국에서 흔히 '가타리'로 표기되었던 Guattari를 '과타리'로 표기한 이유가 무엇인가요?

A 저도 처음에는 '가타리'나 '가따리'가 맞지 않을까 생각했습니다만, 실제로 그렇지 않다는 것을 확인했습니다. 발음에 논란의 여지가 있는 것은 외국 사정도 비슷합니다. 그래서 위키피디아 영어판 해당 항목(http://en.wikipedia.org/wiki/Félix_Guattari)에서는 Guattari의 발음 기호와 발음까지 소개하고 있습니다. 이에 따르면 발음 기호는 [gwataʁi]입니다. '과테말라'라는 나라 있죠? 그런 '과'입니다. 들뢰즈 국제 학술 대회에 몇 년간 참가해 본 결과, 생전의 모든 지인이 '과타리'로 부르더군요. 그래서 더 시간이 지나기 전에 이름을 바로잡아 주는 것이 필요하다고 생각했습니다. 현재 젊은 전공자들은 대체로 과타리로 부르고 있습니다.

Q 들뢰즈와 과타리의 언어 이론이 궁금합니다. 선생님은 최근에 언어에 기반한 인공지능의 한계를 지적하기도 했습니다.

A 본문에서 짧게 말했는데, 언어에 대한 발상은 두 가지가 있을 수 있습니다. 중요한 내용은 『천 개의 고원』 네 번째 편 「언어학의 기본 전제들」에 설명되어 있습니다. 이들의 언어 이론은 라캉의 정

신분석을 이해하고 비판하는 데 도움이 되고, 최근 유행하는 '초거대 언어모델Large Language Model, LLM' 인공지능의 한계를 뒷받침하는 근거이기도 합니다. 본문에서 말했듯, 영어의 '랭귀지language'는 프랑스에서는 '랑그langue'와 '랑가주langage'로 세분됩니다.

기본적인 특징을 보면 '랑그'는 추상적이고 등질적인 언어 체계입니다. 소쉬르의 구조 언어학이 다뤘던 게 랑그고, 우리의 대학입학시험 같은 데 등장하는 표준 언어도 랑그입니다. 랑그langue는 혀tongue라는 뜻입니다. 영어에서도 '마더텅mother tongue'이라고 하면 모국어잖아요? 그런 의미의 언어입니다. 랑그는 완결성, 체계성, 등질성을 지닌 언어로, '한국어'라고 했을 때, 한국어가 지칭하는 바가 랑그의 특성입니다. 하지만 한국어가 어디 있어요? 온갖 종류의 방언들이 있을 뿐이잖아요. 한국어를 대표한다(그래서 국가시험에 나옵니다)고 해서 '표준말'이라고 부르지만 사실 그건 서울 방언이에요. 그런데 힘이 세서 권력을 잡았기 때문에 학교 국어 시간에 배우는 거죠. 이처럼 표준화는 권력의 산물입니다. 언제나 그러했습니다. 하지만 표준어, 즉 등질적이고 체계적이고 내적으로 완결된 언어를 탐구하는 활동을 언어학이라고 보면서 그런 언어를 탐구한 대표적인 학자가 프랑스의 페르디낭 드 소쉬르나 미국의 노엄 촘스키, 그리고 조금 맥락이 다르지만 오스트리아의 루트비히 비트겐슈타인이었습니다. 이들의 언어 이론은 의미론에 국한됩니다. 이러저런 문장 혹은 발언이 무슨 뜻이냐? 무슨 의미냐? 이걸 찾으려 했습니다.

다른 한편 '랑가주langage'는 언어와 활동이 결합된 겁니다. 랑그와 대비되며 구체적이고 개별적인 발화인 '파롤parole'과는 조금 다릅니다. 랑가주는 '언어활동'이라고 번역할 수 있습니다. 실제로 우리가 사용하는 구체적 언어들인 거예요. 슬랭, 속어, 방언, '블랙 잉글리시Black English, 흑인 영어', '콩글리시' 등 이질적인 것들이 다 모여 있고, 심지어 언어학적linguistic 언어가 아닌 다른 종류의 언어, 가령 제스처도 포함될 수 있습니다. 그게 랑가주입니다. 문법도 제대로 갖춰져 있지 않습니다. 이런 언어를 다루는 언어학의 분과가 프래그매틱스pragmatics입니다. 통상 '화용론話用論'이라고 번역하는데, 저는 '화행론話行論'이 더 적합한 번역이라고 생각합니다. '언어를 이용한다, 사용한다'는 뜻이 아니라, '언어가 곧 어떤 행동'이라는 뜻입니다.

이런 종류의 언어는 실천의 일부, 행동의 일부로 간주됩니다. 「언어학의 기본 전제들」에 처음 등장하는 예는, 교사가 학생에게 산수건 문법이건 질문했을 때, 학생에게 답을 듣고자 하는 게 아니라는 내용입니다. 그럼 뭐냐? 교사는 뭔가 행동을 하고 있다는 거예요. 학생에게 뭔가 지시 또는 명령을 내리고 있다는 겁니다. 그런 점에서 평서문, 의문문, 명령문, 감탄문 등 구체적 형식과 관계없이 모든 언어활동은 모두 '명령'이라고 말합니다. '명령어mot d'ordre, order-word'라는 것입니다.

언어는 곧 명령을 내리는 활동입니다. 의미는 명령어의 작동에 부차적일 뿐입니다. 아이가 엄마한테 "엄마"라며 아주 짧게 표현해요. 그때마다 컨텍스트가 있는데, 아이는 뭔가 요구하고 명령하는 거예요. 밥 달라는 얘기일 수도 있고, 춥다, 덥다, 그러니 무언가를 해달라는 요구일 수도 있고, 기저귀를 갈아달라는 명령일 수도 있어요. 요점은, 아이가 언어행위 혹은 언어활동을 통해 명령을 내리고 있다는 겁니다. 다른 예를 볼게요. 시어머니랑 며느리랑 고스톱을 치고 있어요. 갑자기 시어머니가 "밖에 비가 오나 보다, 얘야"라고 하면 그건 '비가 온다'는 정보를 전하는 게 아니에요. '빨래 걷어라'라고 명령하는 거예요. 이게 언어가 실제 상황에서 사용되는 방식이라는 겁니다.

화행론, 랑가주, 명령어, 수행성performative, 화행Speech Act 이론 등은 비슷한 언어관에 입각해 있습니다. 언어를 의미에 가두어서는 안 되고, 언어를 행위로 봐야 한다는 거예요. 제가 언어 모델 인공지능(챗GPT, 클로드, 제미니 등)의 한계를 주장하는 것도 같은 맥락에서입니다. 자세한 내용은 『AI 빅뱅』에서 다뤘어요. 요점은 의미 관계를 중심으로 언어를 분석해서 만든 인공지능은 언어의 행위적 측면을 고려하지 않는다는 점 때문에 인간과 세계를 다루는 일에도 제한적이라는 거예요. 참고로 언어의 행위적 측면을 다룬 학자들에는 루이스 옐름슬레우, J. L. 오스틴, 존 설, 윌리엄 라보프 등이 있습니다.

첫 번째 언어관으로 돌아가, 랑그에 주목한 소쉬르를 보겠습니다. 그에게 언어를 구성하는 기본 단위는 기호이고, 기호는 다시 표현적인 측면, 소쉬르가 '청각 이미지acoustic image'라고 부른 시니피앙signifiant과 내용의 측면인 시니피에signifié의 결합물입니다. 시니피앙은 청각 이미지, 즉 우리가 들은 거예요. 글자를 보는 것과는 전혀 상관없습니다. 영어로 '시그니파이어signifier', 우리말로 '기표'라고 하는데, 그건 관념적인 거예요. 이 점은 아주 중요해요. 어떤 음성을 들을 때, 가령 '가', '까', '카'라는 소리를 들을 때, 그런 차이들을 사상해서 하나의 소리로 간주하는 거예요. 사람마다 다 다르게 발음해도 같은 소리라고 간주하는 거예요. 이 소리는 '나', '다', '라', '마' 등의 소리와 구별된다고 간주되기만 하면 되거든요. 그런 관념적 청각 이미지가 시니피앙이에요. 시니피에는 영어로 '시그니파이드signified', 우리말로 '기의'라고 하는데, 그것 역시 관념적 내용입니다. '나무'라는 말을 들었을 때 머릿속에 떠오르는 내용, 그것이 시니피에입니다. 시니피앙과 시니피에 둘 다 관념적이라는 점을 기억해야 합니다. 번역어 '기표'와 '기의'에만 주목한 나머지 '기호의 표현된 형태'와 '기호가 뜻하는 의미'라고 이해하면 안 된다는 말입니다. 얘기들이 굉장히 복잡한데, 이 정도에서 그치겠습니다.

소쉬르는 하나의 등질적인 언어권에서는 시니피앙과 시니피에의 결합이 항상 필연적이지만(언어의 필연성), 그렇다고 해서 다른 언어에서도 시니피에가 특정한 시니피앙과 결합될 필요는 없다(언어의 자의성)고 주장합니다. 둘의 결합은 사회마다 다를 수 있어서, 하나의 내용(시니피에)에 대해 '나무', '트리tree', '아르브르arbre', '바움baum' 등 음성 이미지나 청각 이미지(시니피앙)는 무엇이 붙든 아무래도 상관없습니다. 자의성과 필연성이 있을 뿐입니다. 그래서 궁극적으로 시니피에를 찾으려면 다른 시니피앙의 도움을 얻을 수밖에 없습니다. 시니피앙은 곧바로 시니피에로 다가가지 못하고, 다른 시니피앙으로 계속 미끄러져 갑니다. 사전에서 단어를 찾는 상황과 비슷합니다. 한 단어를 찾았더니, 이 단어를 풀이하는 여러 단어가 등장해요. 그럼 풀이에 등장하는 단어 하나하나의 뜻을 찾아가야 하는데, 이 과정은 끝없이 계속되죠. 이게 라캉이 언어에서 무의식이 작동하는 방식이라고 얘기한 대목입니다. 라캉의 무의식 이론은 철저하게 소쉬르의 언어학에 기반했는데, 그건 특정한 언어학일 뿐입니다. 그래서 라캉의 이론을 비판하려면 소쉬르의 언어학을 비판하면 됩니다. 라캉은 '무의식은 언어처럼 구조화되어 있다'고 말합니다. 라캉은 '랑가주'라고 썼지만, 실제로는 소쉬르의 '랑그'를 염두에 두고 있습니다. 이처럼 라캉의 언어학은 소쉬르의 언어학일 뿐입니다.

그럼 랑그 말고 랑가주 쪽에서 언어는 어떻게 이해되느냐? 니체의 기호 개념에서 출발하면 좋습니다. 니체가 말하는 기호는 소쉬르적 의미의 기호와 전혀 상관없습니다. 니체에게 기호는 해석의 대상입니다. 들뢰즈는 『니체와 철학』에서 기호를 징후symptom라고도 합니다. 기호, 징후, 혹은 증상, 징표, 다 같은 말입니다. 랑가주에서의 기호는 징후 혹은 증상인데, 다 해석의 대상입니다. 기호는 그 자체로 존재하는 게 아니라, 뭔가 다른 것을 표현합니다. 병원에서 어떤 증상을 보고 무슨 병인지 찾아가는 것과 유사한 활동이 요청되는 겁니다. 아이가 "엄마"라고 말할 때, 그건 "'엄마'라고 아이가 날 불렀구나'라고만 할 일이 아니죠. '재가 왜 저럴까'를 생각해야만 합니다.

그래서 『프루스트와 기호들』에서 들뢰즈는 기호란 생각에 폭력을 가하는 그 무엇, 또는 생각을 시작하도록 폭력을 가하는be forced to begin to think 그 무엇과 같은 표현을 많이 씁니다. 기호는 항상 "뭐지?"라고, 여태까지 생각해 보지 않았던 것을 생각하게 만드는 기능을 합니다. 이건 소쉬르적인 맥락의 기호, 그리고 기표 및 기의와 전혀 다른 발상입니다. 들뢰즈와 과타리는 랑가주의 언어학을 했습니다. 랑가주에서의 의미는 행동에 대한 요구이고, 청자는 사전에 있는 뜻풀이 말고 궁극적으로 명령을 알아채서 행동해야 합니다.

두 종류의 언어학을 구별하기만 해도, 들뢰즈와 과타리가 라캉의 무의식 이론을 비판한 이유가 이해됩니다. 라캉은 프로이트의 무의식 이론을 소쉬르의 언어학을 통해 현대화했습니다. 들뢰즈와 과타리는 니체와 프루스트의 기호 이론을 통해 무의식을 분석했습니다. 전자가 주목한 건 랑그였고, 후자가 주목한 건 랑가주였습니다. 언어를 이해하려 할 때 우리는 자꾸만 의미론적인 측면에 주목합니다. 사실 정치인들의 언어가 언어의 본질을 잘 보여 줍니다. 정치인이 어떤 말을 할 때 중요한 것은 진실이나 의미가 아니라 어떤 효과를 창출하는 거죠. 언어를 이런 식으로 생각하기 시작하면 굉장히 많은 것들이 드러날 수 있다고 생각합니다.

Q 『안티 오이디푸스』를 어떻게 읽으면 좋을까요?

A 『안티 오이디푸스』는 난해하기로 유명합니다. 호주의 저명한 연구자 이언 뷰캐넌은 "이 책을 읽는 것 자체가 하나의 성취"라고 말할 정도니까요. 사정은 한국에서도 마찬가지입니다. 앞에서 『안티 오이디푸스』는 68년 5월 혁명의 영향을 받아 쓰였고, 출간되자마자 열렬한 환영을 받았다고 말했습니다. 그렇다면 당시에는 읽기 쉬운 책이었을까요? 당연히 아닙니다. 들뢰즈 자신이 이 책을 오독한 수많은 사례를 인터뷰에서 밝히기도 했으니까요. 이 책이 읽기 어려운 사정은 여러 원인에서 비롯됩니다.

첫째, 이 책에는 서양철학사의 거의 모든 개념과 논쟁거리가 거의 매 쪽 포함되어 있습니다. 서양철학에서 쓰여 온 개념들의 역사를 잘 모르는 독자들한테는 논의 비약이 너무 심해서 따라가기 힘들다는 느낌이 듭니다. 더욱이 한국에서는 서양어로 된 개념 그 자체는 물론이고, 그 개념이 번역과 전승 과정에서 빚어낸 뉘앙스 역시 포착하기 어렵습니다. 심지어 들뢰즈와 과타리는 이 개념들을 자기 철학에 전유하는 과정에서 때로는 미묘하고 때로는 과격한 변형을 가하기도 했습니다. 궁극적으로, 들뢰즈와 과타리의 철학 개념 자체가 쉽게 이해하기 어렵게 주조되어 있다고도 할 수 있습니다.

둘째, 이 책에는 많은 문학 · 예술 작품이 활용되는데, 때로는 너무 짧게, 때로는 아무런 전거 없이 인용되고 심지어 작품명만 언급되어 원래 문맥을 모르고서는 이해가 가지 않는 경우가 많습니다. 개념도 이해가 어려운데, 사례도 이해가 어려운 거지요. 요컨대 『안티 오이디푸스』를 어느 정도 이해하면서 읽으려면, 철학 · 문학 · 예술 · 과학이 모조리 망라된 서양 문화 전체에 대한 일정 수준 이상의 기반 지식이 필요합니다. 저는 운이 좋았다고 생각합니다. 제가 공부한 대학(서울대 인문대)에서는 외국에서 공부하고 온 유수의 학자들이 다양한 배경에서 강의를 제공했습니다. 그 덕분에 저는 영어권, 독일어권, 프랑스어권 철학, 현상학, 비판철학, 분석철학, 과학철학, 윤리학, 사회철학, 희랍철학, 미학, 종교학, 문학 등 종횡으로 거의 모든 주제를 배울 수 있었죠. 이른바 국내파의 이점을 십분 활용할 수 있었다고나 할까요.

『안티 오이디푸스』를 읽는다면, 아무래도 1장이 어렵지요. 2, 3장도 지치는 면이 있고. 반면 4장과 부록은 듬성듬성 건너가면서 읽어도 건질 것이 많습니다. 감성적으로 이야기를 건네는 글들이 많은 장입니다. 개인적으로 가장 흥미 있었죠. 그러나 도전 정신이 있다면 1장을 정확히 이해해 보기를 권고합니다. 전에는 존재하지 않았던, 즉 니체나 스피노자 같은 철학의 선배들을 모두 아우르면서 등장하는 존재론이니까요. 원서 50여 쪽에 불과하지만, 이 대목을 꼼꼼히 읽고 나면 철학사 전체, 아니 전 인간의 사고와 맞부딪칠 것입니다.

아리스토텔레스는 상식 철학의 완성자이고, 그 이후의 철학들은 사실상 아리스토텔레스 철학의 변주에 지나지 않습니다. 이때 상식이라는 것은, 이른바 인간주의, 즉 인간의 언어로 할 수 있는 것은 다 했음을 뜻합니다. 그런데 들뢰즈는 그 두 가지를 벗어납니다. 언어로 포섭되지 않는 영역, 즉 비언어에 대한 성찰이 있습니다. 게다가 예술과 과학 등 거의 모든 분야에서 인간중심주의를 벗어납니다.

Q 어떤 사람들이 『안티 오이디푸스』를 읽어야 할까요?

A '글'을 읽고 싶은 이들, 도전을 통해 자기 삶이 달라졌으면 하는 이들이라면, 어렵고 답답하더라도 이 책을 통독하기 바랍니다. 읽고 나면, 아니 읽기와 동시에 변화가 시작될 것입니다. 가령, 여성과 남성의 구분 역시 인간의 문법인데, 페미니즘이 한참 돌아 다시 그 틀에 갇힌다면 실패할 수밖에 없을 것입니다. 성을 떠나 더 세밀해져야 합니다. 제도든 법이든 권력이든, 담론 투쟁 차원에서 잘 구획할 수 있는 세련된 담론들이 나와야 기존 담론에 잡아먹히지 않을 것입니다. 프레임을 잘 설정해야 합니다. 한 프레임에 갇힌 채 시작하면 결과가 뻔할 테니까요. 주류 권력이 제시하는 프레임, 이러한 구획들은 오랫동안 유통된 것들이라서 깨기가 아주 힘듭니다. 여러 프레임이 짜여 있는 형태를 전반적으로 조망하는 일이 필요합니다. 그래야 실질적 변화가 시작될 수 있을 거라고 봅니다. 예컨대 대학에서 종교 교육 과정을 강제하거나, 교육 과정 전반에 걸쳐 수학, 과학, 사회, 역사 등을 쪼개서 접근하는 것 등. 이런 구획은 모두 공부하는 이들을 현실의 불구자로 만드는 일이 아닐까요?

Q 빚을 진 존재로서의 인간, 그러니까 태어나자마자 사회 안에서 이러저러한 홈을 따라가게 되고 인간을 움직이게 하는 근본적인 빚의 비유가 인상적이었습니다. 들뢰즈도 빚의 비유를 직접 썼나요? 아니면 선생님께서 해석한 풀이인가요?

A 빚과 부채의 문제는 대체로 들뢰즈와 과타리가 얘기한 내용입니다. 예전에는 빚이 갚을 수 있는 정도였다면 오늘날 자본주의 사회를 살아가는 사람들은 무한한 부채 상황 속에서 살아가고 있습니다. 자본주의는 '금융' 메커니즘을 통해 돈을 무한대로 찍어 내면서 사람들에게 무한한 빚을 지우거든요. 가령 은행이 '프로젝트 파이낸싱' 형태로 미래에 실현될 가능성이 있는 사업에 대출을 해주면 기업의 통장에는 엄청난 돈이 입금됩니다. 그 돈은 하늘에서 뚝 떨어지는 것과도 같아요. 보통 사람들이 담보 대출이나 신용 대출을 받는 경우와는 근본적으로 차원이 달라요. 게다가 우리는 일한 후에야 통장에 돈이 입금되죠. 물론 통장을 스쳐가고 말지만요. 저는 이 얘기를 발전시켜 학자금 대출, 전세금 대출, 주택 담보 대출, 신용카드로 풀이했을 뿐이고요.

최근에 기억에 남는 비유를 들었는데, 남녀의 만남을 통한 가족의 구성, 그리고 가족을 계속 이어나가는 것도 인간이 우주에 진 빚을 갚기 위해 계속 봉사하는 시스템이라는 거예요. 저는 인간과 자연 관계에서도 빚이 굉장히 문제되는 것 같다고 생각해요. 예를 들면 기후 변화나 코로나 팬데믹을 보면 인간이 더 많은 것을 얻기 위해 자연을 더 많이 갈취하다가 탈이 났고, 그래서 인간이 자연에게 너무 많은 빚을 지고 사는 게 아닌가 합니다. '생태 발자국'이라는 용어는 인간이 재화를 조달하기 위해 자연에 남긴 영향을 뜻하는데, 이것 역시 빚의 관계라고 생각해요. 사회와 전체 생태계의 변화도 빚의 관점에서 바라보면 일맥상통한다는 느낌이 들어요.

Q **빚지지 않은 자들은 어떻게 해석을 할 수 있을까요? 가졌다고 하는 사람들은 빚 때문에 움직여지는 것인가요?**

A 사실 가진 자들이 더 열심히 일해요. 열심히 삽니다. 한 치의 빈틈도 없이 꼼꼼하게 챙기려는 노력, 다시 말해 일에 더 얽매여 살아가는 거죠. 아주 큰 기업의 대표는 잠잘 시간도 별로 없고 밥도 편하게 못 먹어요. 비즈니스 관리에만 신경 써야 해요. 이익이 떨어지고 주가가 떨어지면 해고되죠. 들뢰즈는 자본가도 자본주의 사회에서는 승리한 종일 뿐이라고 말합니다. 보통 사람들이야 빈틈과 여유도 있지만, 자본가는 그것마저 없다고 생각하면 될 것 같아요. 자본가의 처지가 더 나쁘다는 뜻은 아니고, 그들은 잃을 게 더 많고 그러면서도 그닥 즐기며 산다고 보기 어렵다는 점에 주목해야 합니다.

Q **왜 인간들이 스스로를 예속하려고 하는가, 스스로 착취와 모욕과 속박을 바라는 지점까지 가는가, 이런 질문을 던졌습니다. 그러면서 브렉시트나 트럼프 지지를 예로 들었는데요. 그리고 이 질문에 답하기 위해 욕망과 무의식을 말했습니다. 욕망이 자신의 이해관계를 떠나 있다고 했고, 또 무의식이 정신을 넘어 사회와 자연까지 다 포함한다고 했습니다. 이런 주제들이 연결되는 과정을 더 자세히 설명해주세요.**

A 우선 자본주의 사회, 현대 사회가 어떤 식으로 판이 깔려 있느냐의 문제가 결국 무의식입니다. '구조'라는 말은 들뢰즈가 좋아하지 않으니까 '판'이라고 하겠습니다. 우리는 대체로 현재 깔려 있는 이 판, 지형, 그리고 거기에 나 있는 길들을 따라 살아갈 수밖에

없습니다. 그게 우리 삶의 조건입니다. 이 조건은 기본적으로 자기를 예속화하는 조건이고, 주된 동력은 자본의 논리지만, 결국 개개인한테 다가오는 방식은 빚입니다. 하지만 그것만으로 답변되지 않는 게 있습니다. 구체적인 상황을 만들어 내는, 사람들의 뭐랄까요? 욕망이라고 해야 할까요?, 이게 뭔가 종잡을 수 없는 부분입니다. 구체적으로 왜 브렉시트를 찬성했고 왜 트럼프를 지지했는지, 왜 윤어게인을 외치는지, 사람들이 가진 욕망의 구체적인 구성 과정을 분석해야 해요. 이건 요즘 사회의 문젯거리로 부상한 포퓰리즘과 극우화의 문제에 다 해당해요. 『안티 오이디푸스』의 주제인 '일상의 파시즘'과도 연관됩니다. 한국에서도 계엄과 탄핵 과정에서 심각한 문제로 도드라지기도 했고요. 쉽지는 않겠지만, 이론적으로 분석을 더 파고들어가 뿌리를 한번 뽑아야겠다, 끝장을 봐야겠다고 생각합니다.

사람들이 원하는 게 뭐냐? 각 개인이 원하는 게 뭐냐? 큰 힘, 큰 권력인 것 같아요. 더 정확히는, 니체의 분석처럼 권력의 느낌인 것 같아요. 내가 큰 힘의 일부로 속해 있다면 그 힘이 주는 느낌을 나도 느끼게 되지요. 개인은 집단적인 존재니까, 집단이 얼마나 큰 힘을 갖고 있느냐가 관건이죠. 사람들은 더 많은 힘과 권력을 가진 집단에 소속되고 싶은 거예요. 집단에서 자기의 위치는 별로 상관없어요. 가장 말단에 있어도 좋아요. 사람들은 집단이 주는 힘의 느낌만 있다면 그 집단에 자기를 다 줘도 상관없다고 생각해요. 실제로 그가 존재하는 방식은 뭐냐? 집단 내에서는 가장 하단에 있더라도, 집단 바깥과 관련해서는 그 집단에 기대어 호가호위함으로써 힘을 행사하는 거예요. 자기는 집단 안에서 '을병정'으로 살더라도 남한테는 '갑질'하면서 사는 방식을 스스로 욕망하는 거죠.

포퓰리즘에서 사람들의 심리를 자극하고 조직하는 방식도 그런 게 아닐까 합니다. 그러려면 그 집단과 집단 바깥이 적대적인 관계로 구성돼야 하는데, 선동하는 정치인들이 잘하는 짓이죠. '넌 지금 약하고 피해를 입고 있어. 이유가 뭔지 알아? 저들 때문이야! 하지만 우리 안에 들어오면 보호받을 수 있어.' 그런다고 이 사람들의 삶이 개선되지는 않죠. 여전히 질 낮은 삶을 누리지만, 결과적으로 이런 식으로 결집함으로써 자기도 강해진 것 같은 느낌을 가지며 살 수 있게 되는 거죠. 힘과 권력을 원하면서 모욕과 착취 같은 무력함을 동시에 욕망하는 상황은 이런 식으로 조성되는 것 같습니다. 실제로 들뢰즈와 과타리는 텍스트 내에서 이런 점을 많이 예시해요. 이걸 우리 상황과 직접 연결해서 분석한다든지, 최근에 세계에서 일어나는 일들과 연결해서 분석하는 일은, 그들에게서 직접 들을 수 없지만, 저로서는 텍스트 안에서 해당되는 부분과 지금의 현실을 병치함으로써 시도해 보고 싶은 일입니다.

Q 『안티 오이디푸스』를 보면 '기계'라는 개념을 굉장히 많이 사용합니다. 그게 제일 당혹스러웠습니다. 과학철학 얘기도 아닌 것 같은데요. 모든 걸 다 기계로 표현하는 발상은 도대체 무슨 생각일까요?

A 기계라는 말에서 일단 공장의 기계를 떠올리면 가장 좋습니다. 공장의 기계는 주로 생산합니다. 재료를 집어넣으면 생산물이 나오죠. 그게 공장의 기계가 하는 기능인데, 들뢰즈는 우주를 그런 공장과 같다고 봤습니다. 개별적인 공장처럼 단순하지는 않죠. 거대한 공장입니다. 하지만 기본적으로 인풋input이 있고 어떤 작동이 있고 아웃풋output이 있습니다. 그럼 인풋은 뭐냐? 우주 자신이에요. 우주 자신이 재료들의 집합으로 투자됩니다. 그러면 어떤 가

공이 일어나고 생산이 일어나고, 그다음에 아웃풋이 나옵니다. 아웃풋도 우주 자신이에요. 하지만 시간 차이가 있어요. 인풋 시점과 아웃풋 시점은 약간이지만 미묘하게 차이가 납니다. 그러니까 우주는 자신을 재료로 삼아 항상 자신을 리메이크하는 기계입니다. 아무리 세부적으로 클로즈업해도 같은 작동이 일어납니다. 우리가 알고 있는 생산 공장은 우주의 축소판이지만, 생산 공장만 떼어 놓고는 그 작동에 대해 절대 이해할 수 없습니다. 왜냐하면 기계에 재료가 들어가는 순간까지 일어나는 일은 사실 우주 전체가 조화를 이루어서 벌어지는 일이에요. 예를 들어 호주에 100년 만에 홍수가 나서 탄광 기능이 마비됐죠. 이로 인해 석탄을 사용하는 지구 곳곳에서 석탄 공급에 지장이 생기고, 공장 가동도 지장을 받습니다. 개별 공장 하나가 가동되기 위해 필요한 다양한 짜임, 네트워크가 있어요. 그 네트워크 전체가 협력해야만 특정한 공장에서의 생산 활동이 가능합니다. 이런 의미에서 우주 전체는 서로 얽히고설킨 거대한 공장이에요. 꽃 하나 피는 것마저도 우주 전체의 짜임 속에서 벌어지는 일이지, 단지 꽃 하나의 문제가 아닙니다.

Q **『안티 오이디푸스』 도입부에 있는 리처드 린드너의 〈기계와 함께 있는 소년**Boy with Machine**〉이라는 그림이 무척 흥미롭습니다. 들뢰즈와 과타리가 그 그림을 고른 이유가 특별히 있을까요? 그 그림이 어떻게 해석되는지도 궁금합니다.**

A 들뢰즈와 과타리는 리처드 린드너의 그림을 두 번 언급합니다. “리처드 린드너의 그림 기계와 함께 있는 소년은 몸집이 크고 부어 있는 아이를 보여 주는데, 이 아이는 자신의 작은 욕망 기계들 중 하나를 거대한 사회 · 기술 기계에 접붙여서 기능하게 하고 있다(앞

으로 보겠지만, 이것은 이미 아이에 대해서도 진실이니까)."(AO 31) "어린아이는 끊임없이 가족 안에 있다. 하지만 어린아이는, 가족 안에서 그리고 처음부터, 정신분석이 빠져나가게 내버려 두는 엄청난 비가족적 경험을 즉각 하고 있다. 린드너의 그림."(AO 91쪽)

이 언급들에서 두 가지가 드러납니다. 먼저, 아이는 '아빠-엄마-나'로 이루어진 핵가족 삼각형 안에 우선적으로 존재하는 것이 아니라 처음부터 가족 바깥의 '사회 · 기술 기계'와 만나며, 정신분석이 무시하는 '엄청난 비가족적 경험'을 즉각 하고 있다는 점입니다. 게다가 아이는 이미 여러 욕망 기계로 이루어진 욕망 기계입니다. 정신분석은 가족에서 시작해서 사회에 이른다고 보는 반면, 들뢰즈와 과타리는 사회가 이미 가족을 가로지르며, 아이의 경험들도 이미 그렇다는 것을 밝힙니다. 린드너의 그림은 이 주장을 뒷받침하기에 아주 적합해 보입니다. 사실 책에 수록된 것이 흑백이어서 아쉬운데 색채도 참 독특한 그림이어서 한 번이라도 칼라 도판을 보면 좋을 것 같네요. 위키피디아에 있으니 확인하세요. 위키피디아의 그림은 제가 찾아서 제 홈페이지에 올린 것을 퍼간 거예요.

Q 개념을 번역할 때 고심하셨다고 알고 있습니다. 몇 가지 사례를 들려주시면 좋겠습니다.

A ① 내공intensité

먼저 앵탕시테intensité, intensity 개념을 보겠습니다. 이건 엑스탕시옹extension(영어로도 철자 같음)과 쌍을 이룹니다. 우선 extension은 통상 '외연'이나 '연장延長'으로 옮깁니다. 단어를 분석하면 '밖으로ex' '펼쳐져 있다tens'는 뜻입니다. 반면, 칸트가 『순수이성비판』에서 만든 intensive quantity(편의상 영어로 표현) 또는 앵탕시테는

'등급'이나 '도度'로서 '크기를 갖되' 밖으로 펼쳐지는 것이 아니라 오히려 '안쪽으로in' '긴장되어 있다tens'는 뜻입니다. 앵탕시테는 칸트가 발명한 개념을 들뢰즈가 재가공하면서 탄생했습니다.

일본 학자들은 이 말을 둘로 번역했습니다. 수학자들은 '외연'에 대립해서 '내포內包'라고 했습니다. 철학자들은 '강도强度'라고 했고요. 둘 다 일리 있는 번역입니다. 하지만 아무리 고민해 봐도, 한국어로는 앵탕시테의 한 측면만을 나타낼 뿐입니다. '내포'에는 '바깥'과의 대립이 분명한 반면, '힘'이라는 의미가 결여되어 있고, '강도'에는 힘의 의미가 있지만 '외연'이라는 의미는 약해보였습니다.

'안쪽으로'와 '힘'의 두 측면을 다 담아 낼 말이 있을까하는 고민이 들었고, 어쩔 수 없이 '내공內功'이라는 조어를 만들기로 했습니다. 전에는 '가죽'을 가리키는 '공鞏'이라는 한자를 썼는데, 여기엔 '묶다'는 뜻도 있었습니다. 가죽의 탄성이 묶는 일을 가능하게 한 것이지요. 저는 이 말이 어원적으로 '펼치다'라는 뜻의 텐스tens에 잘 대응하면서도 '힘'을 나타내기에 좋다고 보았습니다. 그런데 최근에는 그냥 '치다'라는 뜻의 '공功'을 써도 무방하겠다고 생각합니다. 중요한 건 '힘'입니다.

기존 번역어로 '강도', '강렬도', '강밀도', '강렬함', '내적 강도' 등이 있는데, 이처럼 서로 다른 많은 번역어가 있다는 것 자체가 이 개념을 옮기기 어렵다는 것을 방증합니다. 이 개념의 정의는 『안티 오이디푸스』 1장 3절 중 '주체' 개념을 정의하는 대목에서 등장합니다. 책의 문맥을 따라가면서 잘 읽어 보면 제 고민을 짐작할 수 있으리라 봅니다.

② 욕망 기계machine désirante

『안티 오이디푸스』 첫 쪽부터 등장하는 마신 데지랑트machine désirante 개념을 보겠습니다. 그동안은 '욕망하는 기계'로 많이 번역했습니다. 그런데 désirante는 데지레désirer, 욕망하다의 형용사형입니다. 가령 들뢰즈와 과타리는 마신 소시알machine sociale, social machine, 사회 기계, 마신 테크니크machine technique, technical machine, 기술 기계와 나란히 마신 데지랑트라는 말을 씁니다. sociale, technique이 형용사이듯 désirante도 형용사라는 것이지요. 그렇다면 이들 각각은 '사회(적) 기계', '기술(적) 기계', '욕망(적) 기계'라고, '기계'를 형용하는 식으로 옮겨야 합니다. 저는 '적'이라는 일본어식 표현을 피하려 애쓰기 때문에, 마신 데지랑트는 '욕망 기계'라고 옮겼습니다.

③ 현실적réel, 현실계le réel, 현실réalité

라캉과의 대결 장면도 하나 말해야 하겠군요. 레엘réel, real, 르 레엘le réel, the real, 레알리테réalité, reality라는 개념쌍이 대표적입니다. 이 개념은 라캉의 리마지네르l'imaginaire, the imaginery, 상상계, 르 생볼리크le symbolique, the symbolic, 상징계와 더불어 성립하는 개념입니다. 보통은 '실재'라고 옮깁니다.

그런데 들뢰즈와 과타리는 리마지네르와 르 생볼리크를 모두 부정하며, 심지어 레알리테 프쉬쉬크réalité psychique, psychic reality, 심적 현실와 레알리테 퓌지크réalité physique, physical reality, 물리적 현실마저도 동일한 레알리테réalité, 현실라고 말합니다. 즉, 모든 것은 '현실' 또는 '현실계'인 것입니다. 즉 '심리 현실'과 '물리 현실'이 따로 있는 것이 아니라는 것이지요.

이렇게 되면 '실재'라고 옮김으로써 들뢰즈와 과타리의 라캉 비판 혹은 전통 철학 비판의 국면을 강조해야 하느냐, 아니면 들뢰즈와 과타리가 건설하려는 새로운 철학 체계를 강조하기 위해 '현실'이라고 옮기면서 라캉 및 전통 철학을 비판하는 면모를 따로 설명해야 하느냐 사이의 선택이 필요해집니다. 그런데 제 해석으로는 들뢰즈와 과타리는 '모든 것은 현실이다'라는 주장을 자신들의 철학 체계의 핵심부에 놓고 있습니다. 따라서 출발점을 들뢰즈와 과타리로 놓아야 한다고 생각했습니다. 부정적 양상과 정립적 양상 중 정립적 양상이 우선한다는 것이지요. 아마 이 부분은 기존 학자들이 별로 좋아하지 않을 것 같습니다.

Q 최근에 바꾼 번역어들이 몇 개 있다고 들었습니다. 논쟁도 많았다고요?

A 앞에서 내공intensité 개념의 번역을 살폈습니다. 여기에 두 개를 추가할 수 있습니다. 퓌상스puissance, power과 아펙트affect(영어로도 철자 같음)입니다.

퓌상스는 '역량'이라고 많이 옮기고 저도 종종 그 말로 옮겼습니다. 니체의 맥락에서는 '권력'으로 옮겼고요. '권력의지'를 프랑스에서는 볼롱테 드 퓌상스volonté de puissance라고 하거든요. 그런데 최근에 '실력實力'이 더 낫다고 생각하게 되었습니다. 퓌상스는 스피노자의 포텐티아potentia의 프랑스어 번역어로 쓰이기도 합니다. 흥미로운 건, 들뢰즈가 퓌상스 개념의 의미를 채우기 위해 참조한 스피노자와 니체 모두 '가능성'으로서의 힘, 즉 현재는 발현되지 않고 있지만 언젠가 미래에 발현될 수도 있는 힘을 부정하고 있다는 점입니다. 모든 힘은 현행actuel입니다. 숨은 힘은 없습니다. 이런 특징을 지닌 가장 좋은 용어가 우리말 '실력'입니다.

아펙트는 스피노자가 만든 아펙투스affectus 개념의 프랑스어 번역입니다. 스피노자가 쓴 문장을 보겠습니다. 아펙투스는 "몸의 작용 실력을 증가 혹은 감소시키고 촉진 혹은 억제하는 몸의 변화affectio들 및 동시에 이 변화들의 관념들"이라고 정의됩니다. 아펙티오affectio, affection를 '변화'라고 번역했는데, 이때는 '변화'가 특정한 용법으로 쓰입니다. 두 개의 물체가 만나서 부딪힐 때, a가 b에게 가하는 작용, a가 b로부터 받는 작용, 거꾸로 b가 a에게 끼치는 작용, b가 a로부터 받는 작용, 이런 것들이 있습니다. 이렇게 물체 간의 만남에서 비롯되는 변화 각각이 아펙티오입니다. 스피노자의 '평행론'에 따르면 '물체의 변화'와 '물체의 변화의 관념', 즉 '관념의 변화'는 동시에 일어납니다. 몸에서 일어나는 변화와 생각에서 일어나는 변화가 평행하게 간다는 뜻입니다. 아펙티오와 동시에 '작용 실력potentia agendi, puissance d'agir, power of act'은 셌다가 약해지거나 약했다가 세지거나 합니다. 실력의 증감을 가리키는 말이 아펙투스입니다. 커피 한 잔 혹은 박카스 한 병을 마시면 힘이 증가되고, 술 먹고 다음 날 숙취에 시달리면 힘이 감소됩니다. 아펙투스는 힘의 변화의 '방향성'과 관련됩니다. 몸과 마음에서 일어나는 세기의 변화압나더.

아펙투스를 한국어로 어떻게 번역할지 30년 넘게 고민했습니다. 최종적으로 '기운'이 적합하다고 결정했습니다. 한국어로 기운은 상승과 하강 같은 힘의 변화와 관련이 깊습니다. 기운이 솟는 것, 기운이 나는 것, 기운이 빠지는 것, 기운이 처지는 것 등이 다 기운이라는 말로 표현됩니다. 어원을 따라가면 15세기 순우리말로 나오지만, 아마도 한자어 '기운氣運'과 관련되는 것 같아요. 흥미로운 건, 사전을 보면 일본어엔 'きうん[気運]'라는 말이 있는데

중국어엔 없다는 것입니다('气运'이라는 말이 있지만, '팔자, 운수'라는 뜻). 어쨌건 한자로 표기해서 설득하면 일본이나 중국에도 다 가갈 수 있는 번역어일 것 같습니다. 2023년에 한국에서 열린 학술대회에 일본의 저명한 들뢰즈 연구자 히로세 준廣瀬 純이 왔었어요. 대화를 많이 했는데, 아펙투스의 번역에 대해 3일 동안 짬이 날 때마다 얘기했고, '기운'이 좋겠다고 제안했어요. 몇 달 후, 일본에 돌아가서 메신저로 연락이 왔는데, 그때 아펙투스를 어떤 말로 번역하자고 했었는지 궁금해 하길래, 다시 알려줬어요.

아울러 제가 동의하기 힘든 이상한 번역어가 '정동情動'이에요. 일본에서 쓰는 말이고, 의학이나 심리학에서 사용되기도 합니다. 저는 『천 개의 고원』을 번역할 때는 '변용태變容態'로 옮겼고, 그 후 '정감情感'을 제안한 바 있는데, 지금 단언할 수 있는 건, 스피노자나 들뢰즈가 뜻한 바에는 '기운'이 가장 적합하다는 거예요. 계속 논쟁 중이긴 합니다. 일상 맥락에서는 '정서'나 '감정' 정도로 이해해도 좋겠습니다. 기쁨이나 슬픔이 대표적인 아펙투스인데, 감정이나 정서라고 해도 무난하니까요. 하지만 마음과 관련된 의미로 이해되면 안 되겠습니다.

물론 언제 어느 맥락에서나 이 용어들(내공, 실력, 기운)이 맞다고 고집하려는 것은 아닙니다. 일반적 용법이라는 게 있기 때문입니다. 하지만 들뢰즈가 가공한 개념에 한해서는 맞다고 봅니다. 일감에 이 용어들을 뭔가 신비주의적 용어로 옮긴 게 아닌가 하는 느낌이 들 수 있습니다. 철학 용어라고 보기엔 너무 투박하거나 무협지에나 나올 법해서 상스럽기까지 하다고 느낄 수 있습니다. 그런데 무협지야말로 '힘'의 여러 측면과 국면을 가장 깊게 사고했습니다. 물론 무협지의 판타지스러운 측면은 털어 내는 것이 좋겠습니다. 하지만 들뢰즈야말로 '힘'에 대해 가장 깊게 생각했던 철학자, 혹은 가장 깊게 생각한 저술을 남긴 철학자라는 점은 분명합니다. 그의 주요 선배인 스피노자, 니체, 베르그손보다 더하다고 볼 수도 있습니다. 따라서 들뢰즈의 고민과 생각에 집중한다면 인간 안팎의 힘, 자연과 지구의 힘, 기계의 힘 등을 고루 포괄하는 용어를 선택해야 합니다.

특히 『천 개의 고원』 이후의 저작을 고려한다면 이 번역어들은 독해에 도움이 될 것이 분명합니다. 실력은 '잠재적'이지 않고 언제나 '현행적'이다. 감각은 내공의 양이다. 진드기는 세 개의 기운을 갖고 있다. 이런 표현들이 더 이상 어렵지 않게 이해될 것입니다.

Q 정신분석에 관해 궁금증이 생겼습니다. 저도 프로이트가 엄청난 천재라고는 생각하지만, 왜 이렇게 부모님 문제와 성에만 집착할까 하는 의구심을 가지고 있다가 들뢰즈의 이야기를 들으니까 좀 해소되는 느낌도 들었습니다. 그런데 무의식을 정신 밖 물리 세계까지 펼치잖아요. 그 아이디어가 독창적인 생각인지, 아니면 정신분석의 트렌드 중 하나여서 정신분석 안에서 수용되는 이야기인지 궁금합니다.

A 실제로 정신분석 텍스트를 읽는 게 중요해요. 가령 프로이트는 상담하고 치료하는 과정을 꼼꼼하게 기록해요. 그 기록을 보면 정신분석의 실천에 어떤 성격이 있는지 잘 드러납니다. 막상 기록을 보면, 제 느낌으로는, 환자의 생각에 대한 억측과 아전인수와 짜깁기로 가득 차 있습니다. 객관적으로 접근할 때 정말 그랬을까 하는 의구심이 들게 하는 텍스트가 태반이에요. 아이가 등장하는 텍스트나, 아이 시절의 기억을 담은 텍스트가 특히 심해요. 그래서 진술을 따라가기가 어렵습니다. 프로이트의 이론을 정리된 형태로

접하는 건 크게 의미 없고, 그가 직접 분석을 수행하는 과정과 내용을 들여다보아야 해요. 마치 검사가 피의자한테 심문하듯이 접근하는 게, 바로 정신분석가의 가장 기본적인 방식이에요. 가령 내담자가 어떤 걸 마음에 들지 않는다고 말하면, 정신분석가는 당신이 잘못한 거야, 거짓말하는 거야, 하고 분석해요. 내가 너의 진심을 알려 주마, 너의 무의식을 내가 들려줄게, 하는 식으로 이야기를 계속 바꿔치기해요. 취조하는 사람의 마음에 들 때까지. 실제 프로이트 자신도 그 비유를 들어요. 정신분석가는 심문하는 경찰과 같은 위치에 있다는 거예요. 정신분석은 엄마-아빠-나에 갇혀 있다는 문제도 있고, 정신세계 안에만 갇혀 있다는 문제도 있고, 상담 치료 과정에서 발현되는 문제도 있습니다.

들뢰즈와 과타리는 무의식을 바깥으로 확장했는데, 철학 내부에서 돌파구를 찾았다기보다는, 그리고 정신분석의 도움을 받았다기보다는, 주로 작가들이나 예술가들에게서 도움을 받았습니다. 물론 들뢰즈와 과타리는, 정신분석에서 출발했지만 거기에 갇혀 있는 걸 견디지 못해서 결국 파문당한 정신분석가의 텍스트들을 굉장히 많이 활용합니다. 당시에는 정신분석이 사상계의 트렌드였고, 그래서 너도 나도 그걸 했거든요. 이처럼 정신분석과 무관한 사람이 별로 많지 않았으니, 파문당하거나 추방당한 사람들이 자양분을 공급했다고는 할 수 있습니다.

Q 저는 '무의식을 생산하라'는 표현이 흥미로웠습니다. 무의식과 욕망의 관계를 조금 더 알고 싶습니다. 하지만 아직도 프로이트식의 의식과 무의식 개념을 갖고 있어서, 자꾸만 그것과 비교해서 생각하는 버릇이 남아 있습니다. 무의식이 마치 우주의 본질적인 요소를 총체적으로 말하

는 건가? 그렇다면 무의식은 의식과 아무 상관없는 것인가? 아니면 무의식은 욕망을 만드는 것인가? 무의식이 욕망의 조건인가? 좋은 욕망과 나쁜 욕망이 있고, 무의식을 생산하는 것은 좋은 욕망을 만들어 내라는 것인가? 꼬리를 물고 뱅뱅 도는 질문들이 생깁니다.

A 그것들의 관계를 매듭짓는 게 필요하겠네요. 무의식은 우리 인간의 또는 개개인의 의식을 규정합니다. 무의식은 의식을 규정하는 조건입니다. 의식은 뭐냐? 내가 어떠하다고 스스로 아는 것, 깨닫는 것, 자각하는 것이 '의식된' 겁니다. 가령 우리 신경 작용의 상당 부분은 무의식적으로 이루어져요. 우리가 걸을 때 2백 개가 넘는 뼈와 근육이 관여하는데 그걸 의식하지는 않습니다. 우리의 작용 중에는 의식적인 게 있고, 그건 주로 정신을 차려야 하는 상황과 관련돼요. 가령 메뉴를 고를 때는 의식하죠. 하지만 나머지 활동 대부분은 무의식적으로 이루어집니다. 프로이트는 우리의 정신 활동 안에 그런 의식 활동이 아닌, 그러니까 뭔가 깨닫고 자각하는 정신 활동이 아닌 요소들이 있다고 생각했고, 그걸 무의식, 더 정확히는 '의식되지 않은 것das Unbewußte, the unconscious'이라고 불렀습니다. 프로이트는 그걸 분석하려 했던 겁니다. 니체나 들뢰즈와 과타리는 더 확장해야 한다고 보았습니다. 몸과 사회와 우주까지 확장했지요. 종합하자면 들뢰즈와 과타리 입장에서는 무의식은 의식 활동이 만들어지게 하는 조건들의 집합, 그러니까 물질 세계 전체를 포괄합니다.

욕망은 그런 작동이 일어나도록 하는 생산과 관련된 에너지입니다. 욕망은 흐르고 흐르게 한다는 표현이 『안티 오이디푸스』에 나옵니다. 실제로 우주를 가동케 하는 에너지죠. 그래서 처음에 정신분석에서 그 에너지에 붙인 이름, 즉 욕망에 붙인 이름이 '리비도'입니다. 리비도 에너지라는 표현은 정신분석에서 빌려 왔지만 들뢰즈는 완전히 다른 의미로 바꿔요. 우주를 작동케 하는, 하부 구조에 속하는 에너지, 그게 욕망이에요. 욕망이 하는 일은 생산하고 건설하고 구성하는 일입니다. 인간 수준에서 벌어지는 활동에 앞서 자연과 우주에서 벌어지는 활동이 욕망을 통해 일어납니다. 그걸 통해 인간과 인간 사회를 해명하려고 시도했습니다. 개념의 겉모습은 정신분석에서 빌려 왔지만 실질은 다 바꿨던 거예요.

Q **저는 농사짓는 사람이기 때문에 두 가지 질문을 드리겠습니다. 저는 사람들이 밥을 골고루 나눠 먹는 세상이 됐으면 좋겠다는 생각을 많이 합니다. 그것이 궁극적으로 사랑을 실천하는 행위라고 생각되거든요. 들뢰즈도 그런 뉘앙스를 풍기는 말을 한 적이 있는지가 첫 번째 질문이고요. 두 번째로, 저도 욕망을 예속당하고 있는지 모르면서 살아오고 있었구나, 라는 생각이 들어 좀 섬뜩하더라고요. 정규직을 원하는 사람은 정규 노예직이나 다름없고, 비정규직은 비정규직 노예나 다름없다는 생각에 정신이 번쩍 들었고요. 그렇다면 자기 예속을 욕망하지 않으면서 살 수 있는 방법이 있는지, 사회 변혁이나 사회주의 같은 다른 형태의 사회가 필요다고 들뢰즈가 말한 적이 있는지 궁금합니다.**

A 아주 핵심적인 질문이네요. 들뢰즈가 강조하는 건 우리가 사실 무의식적으로, 즉 자기도 모르게 어떤 행동을 하고 있더라는 거예요. 알면 그러하다는 게 분석돼서 그렇게 살지 않을 여지가 생기는데, 모른 채로 그냥 살고 있는 거예요. 이건 막연한 계몽주의가 아니에요. 정말 구체적인 분석이 필요해요. 자기가 놓인 상황을 자기가 분석하는 수밖에 없어요. 남이 알려줄 수 없기 때문에 어떤 상황과 조건에서 살아가는지 분석하는 일은 자기 문제일 수밖에 없는 거

죠. 나도 모르게 어쩌다 보니 남한테 잘못하고 있더라, 하는 상황이 문제인 거죠.

우리가 욕 많이 하는데, 언론인들이 과연 돌아가는 상황의 전모를 알면서 대중한테 욕먹을 일을 하는 걸까요? 그걸 가리는 장치들이 겹겹이 있는 것 같아요. 자기의 책임과 관여 정도를 줄이는 데스크 작업도 있을 거고, 제일 마지막에는 나도 먹고 살아야지 하는 수준까지 포함해서, 여러 면에서 남한테 최소한으로 해를 끼치겠다는 마음과 그래도 자기가 뭔가 잘하고 있다는 느낌이 혼재하는 조건 속에서 활동하는 게 아닌가 싶어요. 언론인이 대표적이라서 그렇지, 누구나 그럴 수 있습니다. 따라서 관건은 공존공생하려면 어떤 행동들이 모여야 전체적으로 그런 결과를 낳을 수 있겠나, 하는 고민입니다. 좀 구닥다리 같은 표현이긴 한데, 우리가 살아가는 사회, 즉 남극, 북극, 바다 등 자연을 다 포함해서, 사회 전체가 좀 살 만해지려면 어떤 힘들이 모여야 할까요? 가령 기아로 굶주리고 질병으로 죽어가지 않게 하려면 어떻게 해야 할까요? 반대로 누군가가 이 세계의 부를 거의 독점하고 남을 학대하고 괴롭히고 폭행하는 일이 일어나지 않게 하려면 어떻게 해야 할까요? 어려운 문제입니다.

그동안 좀 안이하게 생각했던 건 분명해요. 정신분석이 무의식을 강조했으니까 우리의 무의식을 개인화해서 문제를 풀 수 있다고 보거나, 사회의 짜임을 단순화해서 조금만 분석하고 사람들이 속고 있으니까 속지 않게 각성시키면 된다고 보았던 게 아닐까요? 들뢰즈와 과타리가 독특한 점은, 사람들은 속는 게 아니라 바라는 게 있었던 경우가 많다는 걸 폭로했다는 점입니다. 동시에 자신과 자신이 속한 집단이 그렇게 되지 않게 하려면 집단 내에서 무엇을 실천해야 하는가에서 출발합니다. 지구 인구가 80억을 넘었지요. 자본주의는 너무 엉켜 있어서 어떻게 뜯어고쳐야 할지 알기 어렵습니다. 하지만 몇 가지 주요 지점은 짚어볼 수 있어요. 폴 배런과 폴 스위지는 농부와 트랙터 공장 노동자도 다 전쟁에 연루돼 있다고 고발했습니다. 하지만 우리는 다 같이 죄를 나눠 갖고 있기 때문에 다 같이 회개해야 한다고 말하는 것으로는 안 됩니다. 중요한 건 죄책감이 아닙니다. 사회의 짜임과 작동 원리를 정확하게 분석하는 데서 시작해야 합니다. 들뢰즈와 과타리의 작업은 우리 시대의 과제를 푸는 데 유효한 접근법이라고 봅니다. 그 매력을 놓치고 싶지 않은 이유지요.

Q 좀 어렵다고 느껴지는 '소수자, 생성, 그램분자적'이라는 개념은 책만 읽어서는 이해하지 못하겠습니다.

A 소수자는 다수자 즉 주류와 관련된 개념입니다. 그건 정치권력과 지배 관계 문제입니다. 많고 적음이라는 수의 문제도 아니고요. 왜냐하면 여성은 수 면에서는 지구의 절반이지만 분명 사회적 약자거든요. 남성은 그런 점에서 다수입니다. 영어의 메이저major가 다수인데, 야구의 '메이저리그'가 갖고 있는 사회적인 위치를 떠올리면 이해가 쉬워요. 마이너리그와 메이저리그의 차이죠. 그래서 어떤 지배 권력을 행사하고 있느냐와 관련해서 당하는 쪽 입장을 마이너 혹은 소수자라고 보면 됩니다. 하지만 소수자를 실체로 보기 시작하면 문제가 생깁니다. 힐러리 클린턴이나 박근혜가 여성인데, 그럼 소수자냐, 하는 물음이 나올 수 있거든요. 여자라는 집단을 실체처럼 보기 시작하면 그런 함정에 빠져요. 여성이라고 할 때 핵심적인 특성이 뭐냐? 오랜 역사 동안에 여성이 사회적으로 처

한 공통된 상황이 있단 말이에요. 그 점에 주목하면 힐러리 클린턴을 생물학적 여성이라는 이유로 소수라고 할 수는 없는 거죠. 마찬가지로 오랫동안 사회적으로 굉장히 학대당하고 핍박받았던 유대인도 그렇습니다. 유대인은 다른 한편 이스라엘이라는 독재 국가를 이끄는 세력이기도 해요. 역사적으로 유대인이라고 했을 때 그들이 겪었던 그런 특성을 과연, 이스라엘 국민이 다 그렇지는 않겠지만, 이스라엘의 집권 세력이 그런 특성을 갖고 있느냐 물어보면, 아닌 거죠. 이런 식으로 실체화하는 거 말고 생생한 현실을 '분자적'이라고 불러요. 하나의 집단으로 묶기 전 상태죠. 각자가 처해 있는 소수자로서의 측면에 주목해야 합니다. 반면 '그램분자' 혹은 '몰'은 하나의 실체로 뭉뚱그려서 여성이면 그냥 여성, 유대인이면 그냥 유대인, 이런 식으로 보는 방식입니다. 화학에서 빌려 온 용어입니다. 들뢰즈의 생성은 사회적 약자나 소수자를 실체로서 다루지 말고 생생한 현실적 과정으로서 다루는 것을 가리킵니다. 그러니까 '여성-생성'이런 말은 가능하죠. 여성이 가진 소수자로서의 특징을 지니게 되는 거죠. 그런 점에서 소수자 생성은 거의 동일한 의미로 쓸 수 있어요. 여성-생성, 유대인-생성, 흑인-생성 등에 공유되는 뭔가가 있죠. 그걸 묶으면 사회-정치적인 혹은 역사적인 의미에서는 생성이 갖고 있는 의미망이 구축될 수 있어요. 물론 철학적으로 '생성'을 이해하는 다른 접근 방식도 있지만, 지금 논의는 철저하게 사회-정치-역사적 맥락입니다. 그래서 소수자-생성만 있고 다수자-생성은 없어요. 다수자는 생성할 필요가 없고, 그냥 권력을 행사하면 됩니다.

Q 『안티 오이디푸스』 영어판에는 미셸 푸코가 쓴 서문이 실려 있습니다. 혹시 그와 관련한 뒷이야기를 아시나요?

A 서문을 쓴 건 1977년인데, 이 시기에 푸코는 들뢰즈와 결별한 상태였습니다. 너무 이른 나이에 사상가로 성장한 두 사람은 처음 만났을 때부터 흉금을 터놓는 친구가 되지는 못했습니다. 마흔도 되기 전에 두 사람 모두 이미 너무 거장이었거든요. 하지만 초기에는 프랑스판 니체 전집의 공동 편집자로 활동했고, 감옥정보모임 함께했습니다. 서로의 저술에 대해 서평과 인용 등을 통해 극찬을 거듭하기도 했습니다. 그러다 1970년대 중반 신철학파(글뤽스만)에 대한 견해 차이와 테러리즘에 대한 찬반 문제로 결별했습니다. 푸코는 마오주의에서 전향한 신철학파의 반마르크스를 지지한 반면, 들뢰즈는 "텔레비전에 출연하기만 좋아하는 연예인 철학자"라고 비판했어요. 한편 들뢰즈는 팔레스타인 및 저항을 위한 투쟁에 찬성한 반면, 푸코는 그것이 너무 폭력적이라고 반대했습니다. 들뢰즈는 푸코의 『성의 역사』 1권이 출간된 후인 1977년에 편지를 보냈는데, 이것은 훗날 푸코가 죽은 뒤에 「욕망과 쾌」(1994)라는 제목으로 공개되었어요. 여기에서 들뢰즈는 우정 어린 마음으로 책이 봉착한 한계를 지적했고, 푸코는 연구 방향을 틀었다고 합니다.

『안티 오이디푸스』가 미국에서 출간될 때, 푸코는 미국에서 벌써 유명한 사상가였습니다. 서문을 쓰게 된 계기는 모릅니다만, 결과적으로 푸코의 이 서문 덕분에 들뢰즈는 미국에 성공적으로 데뷔할 수 있었습니다. 푸코의 극찬 때문입니다. 인간적으로는 서로 거리를 두었지만, 사상적 높이만큼은 끝까지 서로 인정했던 두 거장이라고나 할까요.

그러나 제 개인적으로 볼 때, 푸코도 이 책을 잘 이해하지 못했던 것 같습니다. 두 사람이 결별한 이후, 푸코의 길은 들뢰즈의 길과는 사뭇 달랐으니까요. 푸코는 68년 5월에 대해서도 소극적이었습니다. 들뢰즈와 과타리의 길이 훨씬 더 급진적이었습니다. 물론 어느 전략이 더 현실에 적합했는지를 평가하는 것은 별개의 문제이지만요.

들뢰즈의 실천 존재론

잠에서 깨어 새로운 하루가 오리라는 것을 알 수 없는데도 우리는 오늘을 살아간다. 이런 부류의 믿음이야말로 세상에서 가장 신비한 것이 아닐까? 삶의 가장 밑바닥에 있는 이 신비는 온갖 부류의 실험가에게서 잘 드러난다. 실험이라는 것은 항상 실패의 위험을 안고 있다. 실험가는 이 위험에도 불구하고 실험을 행한다. 실험이 성공했다 하더라도 다음을 확신하지 못하면서, 거듭.

들뢰즈가 말하는 실천은 바로 이 실험이다. 안전판이 다 마련되어 있어 그 안에서 쇼하듯 행하는 가짜 실험이 아닌, 제대로 된 바닥조차 없는 곳에서 자기 스스로가 바닥이 되어 가며 행하는 실험. 실천의 정확한 의미는, 일단 실천이 있고 나서야 뭔가 생겨난다는 데 있다. 존재보다 실천이 앞선다.

관념론에서 실천은 관념의 확인에 불과했다. 들뢰즈가 가장 경계했던 것이 바로 관념 속에서의 실천이다. 그런 건 누군들 못하겠는가. 하나 삶은 관념에 불과한 것이 아닌 것을. 안전한 도주로가 미리 마련되어 있다면 이미 도주가 아니라 관광이리라. 도주란 아무도 예측치 못했던 길을 뚫어가는 실천이다. 도주가 창조인 건 그런 이유에서다.

그렇다면 철학도 개념의 논리, 개념의 놀이에 불과할진대 그 자체가 관념이 아닌가 하는 반문이 있을 수 있다. 이에 대한 응답의 필요 때문인지 철학은 실천의 도구라고 주장된 경우가 많았다. 그러나 이

분법적으로 이해된 철학과 실천의 분리는 모두 뿌리 깊은 오류다. 실은 실천은 실험이며, 그렇기에 철학을 포함한다. 문학 실천, 과학 실천, 예술 실천, 철학 실천 등 정치나 경제처럼 상식의 규모로 눈에 보이는 실천 말고도 여러 부류의 실험과 실천이 있는 것이다.

무엇보다도 철학은 가치와 의미를 다루는 실천이라는 점이 중요하다. 가령 인간은 자기 삶의 가치와 의미, 또는 정당성을 묻지 않고도 살아갈 수 있을 만큼 뻔뻔한 동물이 아니다. 바로 이런 평가와 해석 작업을 수행하는 절차가 개념이다. 개념은 무색무취의 도구가 아니다. 개념은 그 자체가 평가와 해석이다. 개념을 통해 생각하는 것이 인간이고 보면, 개념을 어떻게 만들고 개정하느냐의 문제는 인간 삶의 핵에 닿아 있다.

가령 광기의 문제를 보자. 미쳤다는 것은 특정한 평가를 수반한다. 그런데 이 평가가 시대마다 사회마다 다르다. 즉 미친놈에서 미친분까지 다양한 스펙트럼이 있으며, 감금에서 권력 부여까지 다양한 실천이 연관되어 있다. 바로 이 평가를 다시 평가하는 작업이 철학의 본령이다.

'자본주의와 분열증'이란 부제를 달고 있는 『안티 오이디푸스』와 『천 개의 고원』은 개념들의 보석 상자로, 무엇보다 정신분석이라는 평가 방식을 비판하면서 다양체 생성이라는 대안을 마련한다. 시간과 이해관계와 자본의 투자 뒤에는 욕망과 무의식의 투자가 있다. 그 역도 마찬가지다. 그런데 욕망과 무의식은 인간의 범위를 넘어선다. 현실에서는 생산의 경과 자체가 욕망이고 무의식이다. 정신분석은 현실의 생산을 정신의 영역, 즉 인간과 영혼이라는 테두리에 가두며, 그럼으로써 현실의 생산을 가로막으며 실천을 방해한다. 정신분석은 현실 그 자체를 대가로 치르면서 잘못된 현실의 이미지를 투영하는 것이다.

나아가 정신분석은 현대판 사제 권력을 행사한다. 스피노자의 고전적 물음, 즉 사람들은 왜 자발적으로 예속의 길을 욕망하는가, 하는 물음은 20세기에 만연한 파시즘 속에서 그 답변을 절박하게 요구했고, 들뢰즈는 '안티 오이디푸스'를 패스워드로 제시한 것이다. '나'를 중심에 놓는 사고는 현실의 인식과 실천을 필연적으로 그릇되게 인도한다. 현실 그 자체로 돌아가야 한다. 『안티 오이디푸스』가 이런 문제 상황에 대한 비판의 실천이라면, 『천 개의 고원』은 한 걸음 더 나아간 대안의 창조이다.

분열증은 생산의 경과로서의 현실 그 자체이다. 현실과의 풍부한 접촉을 가로막는 것이 바로 오이디푸스다. 오이디푸스는 욕망과 무의식을 '나'를 중심으로 '엄마'와 '아빠'가 펼쳐 가는 가족극장으로 만든다. 이에 반해 밀러, 아르토, 로런스 등 여러 분열적 작가가 말했듯 중요한 것은 '나'가 아니라 흐름이다. 그 흐름의 생산이 인위적으로 정지될 때, 병원에서 목격되는 그런 분열증 환자가 나온다. 흐름을 개방하라, 이는 곧 실험하고 생산하라는 의미이다.

분열은 새로운 틈을 만들어 내는 실천이며, 그 자체로는 긍정의 운동이다. 분열증을 질병으로 평가하는 것, 그것이 우리 자본주의 사회의 특징이다. 그러나 그것은 질병이기 전에 모든 것을 코드에서 해방한 자본주의의 운동 자체이다. 자본주의는 끊임없이 모든 것을 삼키지만 다시 토해낸다. 이 변태의 과정 때문에 '자본주의의 바깥'을 말하기가 쉽지 않으며, 역설적으로 '미침'만이 자본주의의 극한에 이르는 길이라고 말할 수 있을는지 모르겠다. 물론 이 미침은 현실과의 접촉이라는 순수한 의미만을 지닐 뿐이다.

들뢰즈 주요 서지 및 약자

1953, *Empirisme et subjectivité: Essai sur la nature humaine selon Hume*, Paris: P.U.F. - ES (『경험론과 주체성: 흄의 인간 본성에 대한 시론』)

1962, *Nietzsche et la philosophie*, Paris: P.U.F. - NP (『니체와 철학』)

1963, *La Philosophie critique de Kant: doctrine des facultes*, Paris: P.U.F. (『칸트의 비판 철학: 능력들에 관한 학설』)

1965, *Nietzsche*, Paris: P.U.F. - N (『니체』)

1966, *Le Bergsonime*, Paris: P.U.F. - B (『베르그손주의』)

1967, *Présentation de Sacher-Masoch*, Paris: Les éditions de Minuit. (『자허마조흐 소개』)

1968, *Difference et Répétition*, Paris: Les éditions de Minuit. - DR (『차이와 반복』)

1968, *Spinoza et le problème de l'expression*, Paris: Les éditions de Minuit. - SPE (『스피노자와 표현 문제』)

1969, *Logique du Sens*, Paris: Les éditions de Minuit. - LS (『의미의 논리』)

1972, *L'Anti-Oedipe. Capitalisme et schizophrénie t. 1*, avec Félix Guattari, Paris: Les éditions de Minuit. - AO (『안티 오이디푸스: 자본주의와 분열증』)

1975, *Kafka: Pour une ittérature mineure*, avec Félix Guattari, Paris: Les éditions de Minuit. - K (『카프카: 소수 문학을 위해』)

1976 (1964년 초판, 1970년 2판), *Proust et les signes*, Paris: Les éditions de Minuit. (『프루스트와 기호들』)

1977 (1996년 증보판), *Dialogues*, avec Claire Parnet, Paris: Flammarion. - D (『대화들』)

1980, *Mille Plateaux. Capitalisme et schizophrénie t.2*, avec Félix Guattari, Paris: Les éditions de Minuit. - MP (『천 개의 고원: 자본주의와 분열증 2』)

1981 (1970), *Spinoza. philosophie pratique*, Paris: Les éditions de Minuit. - SPP (『스피노자: 실천철학』)

1981, *Francis Bacon. Logique de la sensation*, Paris: La Différence. - FBL (『프랜시스 베이컨: 감각의 논리』)

1983, *Cinéma 1. L'Image-Mouvement*, Paris: Les éditions de Minuit. (『영화1: 운동-이미지』)

1985, *Cinéma 2. L'Image-Temps*, Paris: Les éditions de Minuit. (『영화2: 시간-이미지』)

1986, *Foucault*, Paris: Les éditions de Minuit. - F (『푸코』)

1988, *Le Pli. Leibniz et le baroque*, Les éditions de Minuit. - PLB (『주름: 라이프니츠와 바로크』)

1990, *Pourparlers*, Paris: Les éditions de Minuit. - PP (『협상들』)

1991, *Qu'est-ce que la philosophie?*, avec Félix Guattari, Paris: Les éditions de Minuit. - QP (『철학이란 무엇인가?』)

1993, *Critique et Clinique*, Paris: Les éditions de Minuit, 1993. - CC (『비평과 임상』)

1996, *L'Abécédaire de Gilles Deleuze*, avec Claire Parnet - ABC (『들뢰즈 ABC』)

2002, *L'île Déserte et Autres Textes, textes et entretiens 1953-1974*, édition préparée par David Lapoujade, Paris: Les éditions de Minuit. - ID (『무인도』)

2003, *Deux Régimes de Fou, textes et entretiens 1975-1995*, édition préparée par David Lapoujade, Paris: Les éditions de Minuit. - DRF (『광인의 두 체제』)

2015, *Lettres et autres textes*, édition préparée par David Lapoujade, Paris: Les éditions de Minuit. (『편지들』)

기타 참고문헌

고쿠분 고이치로, 『고쿠분 고이치로의 들뢰즈 제대로 읽기』, 박철은 옮김, 동아시아, 2015.

루크레티우스, 『사물의 본성에 관하여』, 강대진 옮김, 아카넷, 2012.

이진경, 『노마디즘 1』, 휴머니스트, 2002.

이태수, 「범주」, 『철학과 현실』 1990년 가을호, 329~344쪽.

칼 세이건, 『악령이 출몰하는 세상』, 이상헌 옮김, 김영사, 2001.

파르메니데스, 「단편 8」, 『소크라테스 이전 철학자들의 단편 선집』, 강철웅 외 옮김, 아카넷, 2005.

호메로스, 『일리아스』, 천병희 옮김, 도서출판 숲, 2015.

宇野 邦一, 『千のプラトー: 資本主分裂症』 (上, 下)(河出文庫, 2006)의 후기(「세기를 넘어 이 책이 살아남을 이유世紀左超之⊂二∩本生支延乃理由」), 下권.

Baruch Spinoza, *Éthique*, tr. Robert Misrahi, Édition de l'éclat, 2005.

Baruch Spinoza, *Traité Théologico-Politique*, tr. Ch. Apphun, Flammarion, 1965.

David Sylvester, *The Brutality of Fact: Interviews with Francis Bacon* (3rd enl. ed.), Thames and Hudson, 1988.

Étienne Balibar, L'objet du 〈Capital〉, in Louis Althusser, Étienne Balibar, Roger Establet, Pierre Macherey, Jacques Rancière, *Lire Le Capital*, P.U.F., 1996(제3판).

François Dosse, "Les engagements politiques de Gilles Deleuze", *Cités* no. 40, 2009.

Friedrich Nietzsche, Die fröhliche Wissenschaft, *Friedrich Nietzsche: Sämtliche Werke, Kritische Studienausgabe in 15 Bänden*, Band 3, Ed. Giorgo Golli & Mazzino Montinari: Walter de Gruyter, 1999.

Friedrich Nietzsche, "Von den Verächtern des Leibes(몸을 경멸하는 자들에 대해)", *Also Sprach Zarathustra*, in *Friedrich Nietzsche: Sämtliche Werke*, Band 4, Walter de Gruyter, 1999.

Ian Bucanan, *Deleuze and Guattri's Anti-Oedipus: A Reader's Guide*, Continium, 2008.

Karl Marx, *Das Kapital. Band I*, in Karl Marx - Friedrich Engels - Werke, Band 23, 1962.

Michel Foucault, "Structuralism and Post-structuralism"(1983), *Aesthetics, Method, and Epistemology*, The New Press, 1999.

Sigmund Freud, *Vorlesungen zur Einführung in die Psychoanalyse*, in Studiensausgabe Band I., Fischer Taschenbuch Verlag, 1982.

Slavoj Žižek, *Organs without Bodies: Deleuze and Consequences*, Routeledge, 2004.

필자가 쓴 들뢰즈 관련 주요 논문은 모두 인터넷에서 파일로 구할 수 있다. 아카데미아에듀 사이트에서 Jae-Yin Kim 계정을 찾으면 된다. 논문들과 공저에 수록한 글들은 적절한 수정 보완을 거쳐 조만간 단행본으로 출판할 예정이며, 아래에 그 목록을 연도순으로 정리했다.

「들뢰즈의 긍정적인 프로이트」, 『문학생산』 1, 2002.

「들뢰즈의 흄 연구」, 『철학사상』 26, 2007.

「들뢰즈의 스피노자 연구에서 윅스퀼의 위상」, 『철학논구』 36, 2008.

「들뢰즈의 비인간주의 존재론」, 서울대학교 박사학위논문, 2013.

「지젝의 들뢰즈 읽기에 나타난 인간주의적-관념론적 오독」, 『진보평론』 56, 2013.
「질 들뢰즈의 존재론 새로 읽기」, 『처음 읽는 프랑스 현대철학: 사르트르부터 바디우까지, 우리 눈으로 그린 철학 지도』, 철학아카데미 엮음, 동녘, 2013.
"Deleuze, Marx and Non-human Sex: An Immanent Ontology Shared between *Anti-Oedipus and Manuscripts from 1844*", *Theory & Event* vol. 16, Issue 3, Johns Hopkins University Press, 2013.
「들뢰즈의 미학에서 '감각들의 블록'으로서의 예술작품」, 『미학』 76, 2013.
「들뢰즈의 예술론을 통해 본 예술가적 배움: 초기 프루스트론을 중심으로」, 『미술과 교육』 15(1), 2014.
「들뢰즈의 '부분대상objet partiel'이론: 그 존재론적·미학적 의의의 탐색」, 『미학예술연구』 41, 2014.
「들뢰즈의 칸트 해석에서 시간이라는 문제」, 『철학사상』 53, 2014.
「여성-생성, n개의 성 또는 생성의 정치학: 들뢰즈와 과타리의 경우」, 『철학사상』 56, 2015.
「들뢰즈의 '아펙트'개념의 쟁점들: 스피노자를 넘어」, 『안과 밖: 영미문학연구』 43, 2017.
「무의식을 생산하라: 들뢰즈의 정치철학」, 『철학, 혁명을 말하다: 68혁명 50주년』, 한국프랑스철학회 엮음, 이학사, 2018.
「매끈한 공간 대 홈 파인 공간: 전쟁기계, 또는 공간을 어떻게 구성할 것인가 — 들뢰즈의 공간의 정치철학」, 『철학과 현상학 연구』 79, 2018.
「모빌리티에 기반한 대안적 사회구성을 향하여: 매끈한 공간 대 홈 파인 공간 전쟁기계, 또는 공간을 어떻게 구성할 것인가 — 들뢰즈 공간의 정치철학」, 『모빌리티 사유의 전개』, 김태희 외 지음, 앨피, 2019.
「들뢰즈와 과타리의 철학에서 앙드레 르루아구랑의 『손놀림과 말』의 역할」, 『문학과 영상』 22, 2021.
「들뢰즈의 초기 베르그손주의」(해설 논문), 『베르그손주의』, 그린비, 2021.

「들뢰즈: 생각에 대한 새로운 상과 예술가적 배움」, 『이성과 반이성의 계보학: 이성의 역사』, 철학아카데미 지음, 동녘, 2021.
「옐름슬레우의 '언어의 지층화'이론이 들뢰즈와 과타리의 '도덕의 지질학'에 수용된 과정」, 『근대철학』 19, 2022.
「들뢰즈와 과타리의 '분리 종합'이론」, 『비평과 이론』 28(2), 2023.

주요 개념 찾아보기

들뢰즈 입문 - 파인 홈을 비껴가기

초판 1쇄 발행 | 2026년 1월 5일

지 은 이 | 김재인
펴 낸 이 | 이은성
편 집 | 김승현
디 자 인 | 백지선

펴 낸 곳 | 필로소픽
주 소 | 서울시 종로구 창덕궁길 29-38, 4~5층
전 화 | (02) 883-9774
팩 스 | (02) 883-3496
이 메 일 | philosophik@naver.com
등록번호 | 제2021-000133호

ISBN 979-11-5783-389-4 93100

필로소픽은 푸른커뮤니케이션의 출판 브랜드입니다.